修道士、世界を旅する

東西のスピリチュアリティーを生きて

ダーヴィト・シュタインドル=ラスト

櫻井 金昭［訳］

教友社

目次

著者はしがき

あらかじめおことわりしておくが、この本は自伝的なものを多く含んでいる。しかし、実のところ自伝ではない。九十年の私の人生を十年ごとに区切り、そのそれぞれに特徴的なテーマを選び、そのことについての思い出を書き記した。九つのインタビューが、その時その時のテーマを深めている。こうした構成に一長一短あることはわかっている。長所と思えるのは、ただ単に老人のおしゃべりだけをもとにした、せんさく好きだけに役立つようなこまごましたものを排除できること。短所は、私にとって大切なテーマの全部はこの枠組みの中に収まりきらないことである。

特に残念なのは、私が繰り返し関わらせてもらった科学と宗教との対話について言及することができなかったことだ。一九七〇年代からリンディスファーン特別研究員として、またチューリッヒ工科大学コルトーナ週間やメルク修道院ヴァルトツェル・ミーティングの講師として、Mind and Life Institute 研究員プログラムの協力者として、学術研究の先端をいく著名な人たちと知り合わせてもらった。そこから、ヨアヒム・バウアー、フリッチョフ・カプラ、スタニスラフ・グロフ、エイモリー・ロビンス、ピエル・ルイギ・ルイジ、ラインハルト・ネスパー、ヘルベルト・ピーチュマン、ルパート・シェルドレイク、タニア・シンガー、リチャード・ターナスらとの交友関係に恵まれ、私の人生を豊かなものにしてきた。

科学と宗教とは、一つの現実世界を外面的・内面的領域で示して見せる、分かちがたく相互に関係するものの、二つの立場からの認識の試みである。私のこの確信は、すべてこれらの出会いに負っている。さらに、本文中ほんのわずかしか友人の名前を挙げることができなかったことも悔やまれる。だが、この本を出すにあたって助けていただいた方々には、この場をかり、私の感謝の意をその名前を挙げて書き記しておきたい。ブリギッテ・クヴィッダ＝グレドラーさんには、一番最初に読んでもらって、細かな助言をいただいた。ヨハネス・カウプ氏は、豊かな見識でインタビューをリードしてくださった。ディエゴ・オルティッツ・ムジカ氏には、古い写真を修整し、さらに新しいものを加えていただいた。特に、表紙の写真。アルベルト・リッツッォ氏とジュリアン・フレーズさんには、その際非常に助けてもらっている。ベネディクト会のリヌス・アイビヒト修道士（出版部長）とVier-Tuerme出版のマルレーネ・フッリッチュさんには、私の原稿を忍耐強く待ってお世話くださり、出版していただいた。たくさんの友人たちの祈りと、名も知らぬ人たちとの数えきれないほどの出会いとが、執筆の際私を励まし力づけてくれ、この本は読者の手に届いた。そうした皆さんに、私は深く感謝している。

この本を私は兄弟たちに捧げたい。私の実の兄弟二人、ハンスとマックス、そして彼らの家族に、同じくまた修道の兄弟たち、マウント・セイバー、ニュー・カマルドリの、そしてザンクト・キルゲンのグート・アイヒ・ヨーロッパ修道院の、ベネディクト会修道士たちに。とりわけ、グート・アイヒのヨハンネス・パウシュ神父に。というのは、もっぱら彼のために、彼の要望で、この本を書いたのだから。

二〇一六年八月六日　マウント・セイバー修道院

ベネディクト会修道士　ダーヴィト・シュタインドル＝ラスト

一　人間になる

自分の心の中心とそこへ近づくための道を見つける　一九二六〜一九三六

楽園のアダム。人間の歴史の、神話的に輝かしいものとされたこの記憶が、私のおそらく一番初期の記憶に反映している。(1)——大きく伸びたチューリップを下から見上げなければならないぐらい私は小さい。それでも花のガクの中を見たくて、父がいつも私を腕に乗せ、上から花の中を見せてくれる。淡いおしべのある、まるで黒く輝いているようなチューリップの内側から、強い香りが立ち昇ってくる。

私たちは周りを花の縁取りでぐるりと囲まれていた。白い砂利道が小さな池に通じていて、その上にはものすごく古い菩提樹やマロニエが枝をなげかけていた——私の楽園。私にとっては守られていることの比喩だった高い塀が、遺産として父が受け継いだウィーン郊外のカフェハウスのあるその広々とした公園を囲んでいた。(2)両親と下の弟たち、(3)そして「デッタ」(4)と私が、女帝マリア・テレジア時代からある小さな館の側翼の一つに住んでいて、建物の主要な部分、大きな広間といくつかの小さな部屋がカフェハウスになっていた。

石造りのらせん階段が二階の方へ通じていた。それを私は「古二階」と呼んでいたが、そこに祖母と曾祖母が住んでいたからだった。「古二階」にいるのが私は一番好きだった。そこで祖母はよく私に、鮮やかな色のテーブルクロスを二つの椅子の肘掛に渡せ掛け、テントを作ってくれた。そこにいると私は守られていると感じ、おばあちゃんにもてなしてもらっていた。厚いカーテンの隙間から光の筋が部屋の中にさし込んでくると、その陽の光の中にただよう細かなほこりのダンスに私たちは一緒になって驚きの声をあげたのだった。一緒にお祈りもした。祖母から私は主の祈りとお告げの祈り、そしてやがてロザリオの祈りも全部教わった。

互いに大きくかけ離れた現実の諸領域は、この時期の私の経験の中ではまだ全体として混じり合っていた。クリスマスの少し前だった。あらゆるものがもうすでに待つ喜びに輝いていた。そんな時だ、両親の寝室の絨毯の上で何かがキラキラ光った。私は、そのとても小さな金色の糸端を親指と人差し指の間に取った。いったい何だろう?「もしかしたら、もうクリスマスの天使がやって来て、巻き毛を置き忘れていったのかもしれないね?」。母がそう言う。私をうっとりさせるにはこれで十分だった。振り返って見てもなお私は次のように言うほかない。「もちろん子どもらしい無邪気なものだが、あれは私にとって、計り難い秘密との、我々が人間としてその問題に取り組まなければならないものとの、本当の出会いだった」と。

これとは別の時だが、木の梢の間、雲のない青空の高く上の方に、白く小さな小鳩が消えていくようなのを、翼を広げ音もなしに滑空して、その航跡に巨大な雲の文字で「IMI」[5]と現れたのを、見たことがあった。私はデッタに、あれはいったい何かと聞いたが、彼女は取り立てて興味もない様子で、「あれは空に字を書くものよ」と答えた。この言葉がさらにまた私を深い畏敬の念で慄然とさせたのだった。

その後私は長い間このことについて誰とも話すことはなかった。これほど聖なるものが大人たちにとってそんなにどうでもいいものでありうるのなら、大人たちというのは疑わしいものだと思えたからである。空に字を書くもの！　あれはでも聖霊でしかありえなかった（それが洗剤の広告に関係しているかもしれないなどということは、私の心にはまったく浮かんでこなかった）。

この時期、四歳か五歳ぐらいの時、当時の私は気づかなかったが、自分にとって生きる上で感覚の基底となっていくことになる幻影と出会った。(6) 私は「古二階」から石造りのらせん階段を下に降りていた。その半ば、下から上にあがってくるイエス・キリストに会ったのだ。それは、祖母のベッドの上に掛けてある絵にあったのと同じに見えた。互いに移動していたのだが、すれ違うかわりに、私たちは一つに溶け合った。

楽園の神話には堕罪と園からの追放が含まれている。両親の離婚が私たちの生活を完全に変えてしまった時、私はローゼンヒューゲルの国民学校第二学年に同級生たちと進級したばかりだった。振り返って、両親がまだどんなに若かったか、と思う。私が生まれた時、母はやっと十八歳になったばかり。私たちのカフェハウスはシェーンブルン宮殿からそんなに離れてなくて、ウィーンの人たちにとって格好の行楽地だった。晴れて天気の良い週末には何百人ものお客さんが来て、準備したケーキが底をつきかけるし、雨天の場合、買い入れた高いものがそのまま残った。それに加えて一九三〇年代初頭の不況がやってくる。そんな事情から、毎週大騒ぎしたりイライラしたりで、こうした外的負荷が結婚生活の破綻につながったことは確かだ。

この時以来、私の視野から父は消えてしまった。私たち三人の男の子は、両親がラックス山脈のふもとプライン近郊に建ててあった別荘に、母と生活することになった。東アルプスの山間地では、当時まだ多くの点で生活は我々の今の時代よりも中世に近かった。この八十年の間で、そこではそれ以前の何百年間よりも大きく変化している。そこで私はキリスト教信仰を経験したのである。それは、文化とキリスト教的伝統とが融合したものであり、キリスト教の価値秩序を疑うことなく承認することでもあった（たとえそれがその価値秩序の現実化したものでなかったとしても）。聖暦年の祝祭や地域のしきたりが、一年の経過にしっかりとした枠組みを与えていた。待降節には私たち子どもが馬屋を作り、毎日アドヴェントカレンダーの新しい窓を一つずつ開けるのを許された。祖母がすごく自慢の種にしていたが、私たちにとってはとんでもないしろものだった聖夜の魚のスープとともに、クリスマスが毎年繰り返しやって来て、毎年新たなものとなるその奇跡を始めるのだった。プレゼントの中身を見ることが許される前の、私たち子どもにとっては際限ないように思われたクリスマスツリーの下でのお祈り、クリスマス二日目聖ステファノの祝日の親族訪問、三日目の聖ヨハネのワイン、新年に向けた晦日の夜の鉛溶かしの運占い、顕現日の東方三博士シュテルンジンゲン、そして聖母マリアお清めの日聖燭祭のろうそく奉献。謝肉祭で大騒ぎしたあと、水曜日には額に灰の十字架をもらい、四旬節の間小さな犠牲行為を自らに課した。枝の主日のもうとっくに前から、シュロの枝飾りのためにネコヤナギの芽の一番きれいなのを一生けんめい探し始め、そのあとにはもうあらゆる伝統行事と一緒になって聖週間もやって来た。この伝統的なしきたりの一部だったのが次のような行事だ。聖木曜日の嫌われもののほうれん草スープ、聖金曜日の恥ずかしくなるような十字架へのキス、聖者の墓碑の参拝、そして当時は聖土曜日だった復活祭、この時に聖木曜日のグローリアのあと「飛んで逃げていっていた」鐘がまた鳴ったのだった。復活祭の荘厳ミサのあとには、卵とハムがお披露目された。それからすぐもう五月柱立ての祭りが来て、そのあと五月柱切り、夏至には山の上で聖ヨハネの火祭りを祝うところも少なくなかった。この一年間の枠組みの中に聖名祝日も含まれていて自分の誕生日以上にお祝いされるのだった。そして聖人の祝日、特に聖母被昇天やほかの聖母マリアのお祭りもこの枠組みの中にあった。こうした「聖なる時」の数々は、私たち子どもにとってそれらがまるで輪になって踊るダンスのようだった。

エドラッハの国民学校には二つのクラスしかなかった。私たちの大好きだった女の先生(「リーグラー先生」)がはじめの三学年の授業を受け持ち、厳しかったシュトラスマイアー上席教諭が第四学年から第八学年までの授業を受け持っていた。学校の始まる前には、校庭にある昔からの古い二つの菩提樹の足元で女の子たちがダンスしたり、縄跳びや天国と地獄の跳び遊びをやって、私たち男の子は綱引きや手つなぎ鬼のようなもっと激しい遊びをやった。サッカーは校庭では禁止されていたが、とても流行っていた。それどころか当時はオーストリアの「奇跡のチーム」がイギリス選手団に勝ったといった時代だった。ラジオでチャンピオンシップの試合を一緒になって体験したし、私たちの英雄だったシンドラーは今でも記憶に残っている。その後私の人生で、見るスポーツに興味をかきたてられることは二度となかったけれど。

冬にはスキーで学校に行くのを許されることもあって、帰り道はたまに、村のパン屋「シンドラーパン」が大きなパンやゼンメル(小型ロールパン)を載せて運んでいた馬ゾリにつかまって帰ることもできた。

私はミサのお供役をするようになった。その時にはミサのお祈りをラテン語で丸覚えする必要があったし、待降節中の聖母マリアのためのミサの時には、まだ朝の空が薄明るくなる前に、深い雪の中、足を踏みしめ踏みしめ歩かなければならなかった。プラインの教区教会ではそれどころかミサのお供役はオルガンの送風機を踏む必要もあったが、エドラッハの労働者地区のはじにあった私たちのところの、慈悲の友会のシスターたちのいる小さな修道院の教会には、リードオルガンが何とか一台あって、日曜日、それでシスター・ヴィオラが歌の伴奏をしてくれていた。その上日曜ミサのあとは家でもう一度ミサ朗唱遊びをやった。友だちのガイアー・カーリはそんな時いつも神父で、説教の一言一言を繰り返しで言うことができるのだった（私たちにはそう思えた）。助任司祭のフランツ・ルドルフ・コップフ神父は神学校を出たばかりでとても若く、説教も上手だった。プッヒ社製のオートバイを持っていて、プラインのグシャイド峠から夜空を眺めて星座を教えるために、時には私を一緒に乗せてくれることもあった。彼は、再婚することのなかった私の母を助けてくれ、その後も生涯私や弟たちにとって父親のような友人であり続けた。

やがてすぐ私たち三兄弟には、ご公現の日、東方三博士のシュテルンジンゲン（星を掲げた歌行列）を一緒になってやるのが許された。その時は三人ともみんな黒の王様になりたがったから、その栄誉はクジで決めなければならなかった。それで母が、ご公現の日の特別なケーキに、聖ゲオルグが馬に乗って竜退治する姿を描いてある自分の指輪を入れて焼いてくれるのだった。誰かのケーキでその指輪が見つかると、自分たちでつくった星を掲げ隣近所に向け出発する時、その見つけたのが顔をすすで黒くして亜麻布をだらりと着、紙製の王冠のうち一番立派なのをかぶることができるのだった。

聖木曜日には、私たち男の子が新しく奉献された復活祭の火を教会から家に持ってくるのがならわしだった。そのあと、台所のかまどではそれで新たに火がたかれた。もうそのずっと前から、私たちはこの目的のために空き缶で提げ香炉を作っていた。それは、私たちのところでは木炭を使っていた火口のおきを吹き起こすため、紐で揺することができるようになっていた。この時、古いブリキ缶のどこにぴったり穴を開けたらいいのか、よくわかっている必要がある。そうしたわざは、校庭での遊びや数え歌が年上の子どもたちから年下に一言一言少しずつ受け継がれていくのと同様、年上の仲間たちからしっかり習った。ハーゼルナッツの枝から実際に音も鳴る笛を彫ったり、木のまたから使えるようなぱちんこを造るのは、ほんとにそんなに簡単なことではなかった。

そんな時ツェンス・フェードルはとりわけ器用だった。彼が私の目の前で電信ケーブルから撃ち落としたツバメが今でも目に浮かぶ。ツバメは死んでいた。でも、私の手の中ではまだとてもあたたかかった。共犯の責任を感じたが、「男の子は泣いてはいけない！」のだ。ツバメの巣は牛小屋の上のあまりに高いところにはりついていたし、ジョウビタキの巣も家の棟木の手のとどかないところにあった。でも家の裏の梨林には人が覗き込める鳥の巣が一つあった。一人では絶対にそこに行かないと名誉にかけて約束したあと、はじめてゾンマー・ハンスルは私にその秘密の場所を教えてくれた。その巣の何と精巧に編み上げられてあったことか！　その中には卵が一つだけあった。約束したのに私はあとから一人でこっそりまたそこに行って、そうすると覗き込むだけではすまなかった。どうしてもその卵に手でさわる必要があったのだ。すると突然、私は指で黄身をつかんでいた。この時約束を破ったのに加えて、さらに自分はやってないという嘘、それからすごい良心の呵責がやって来た。両親の離婚によってだけでなく、――当時この離婚は恥で、このことについては大人になるまで誰とも話せなかった――さらに自分自身の「罪」のために、私にとって楽園は失われてしまった。

だが、人生のはじめの十年の終わり、楽園のあとの私の生活に、まさに心のより所を与えることになった内面的経験をプレゼントされたのだった。夢見がちの子どもは、わんぱく小僧になった。ありがたいことに、病気になることは稀だった。そして、私たち子どもが病気になると、大好きなビットナー先生が昼夜いつでも急いで家に来てくれ、どこの具合がよくないのか、病人のいる部屋のにおいですぐに診断して、私たちをまた元気にしてくれる。そんなふうに単純なものだった。

その時、私は母とビットナー先生のところの待合室に座っていて、——どこの具合がよくなかったのかは、もう忘れてしまったが——だんだんじっとしていることができなくなってきていた。窓ガラスに張り付いたヒルのことはもう観察し尽してしまって、向かいに座っている女の人の頭のことも——できる限り目立たないようにだったが——あますところなく観察し尽していた。その時、「落ち着きがない」といつも叱られていたせっかちさが出てきた。でもこの時は母はそう言わなかった。頭の上に手をのせ、待合室にはほかの患者もいたのでとても小さな声で言ったのだった。「とにかく、まあ一度、ロシアの人たちがしているみたいにやってごらんなさい。あの人たちは何時間もほんとに静かに座っていることができるの。ただ息を吸って、そしてはいて、そのひと呼吸ごとに心の中でイエスさまのお名前を唱えるのよ」（これが「イエスの祈り（心の祈り）」とのはじめての出会いだった。どうして母がよりによってこれをロシアの人たちのものだとしたのか、今でも私にはわからないが、もしかしたら「Aufrichtige Erzählung eines russischen Pilgers」（邦訳、A・ローテル『無名の巡礼者——あるロシア人巡礼者の手記』）を読んだのかもしれない。母のアドバイスがこの時私に「心の祈り」をプレゼントしてくれたのだ）。私は目を閉じ、静かに息をしてイエスさまのことを思った。すべてほかのことはそれ自身から生じてくる。私は私の心を、イエスのところに自分がいる静かな内的空間として発見したのだった。自分が望む時、いつでも私はこの中に戻ってこられるのだということがはっきりした。この洞察は、その時から私の人生に失われることのない定着地を与えてくれることになる。この「家に帰ってくることができる」ということは、今や、私が夢で知った融合のどちらかといえば静的な姿に動的な力を与えたのである。

▩対話1

ヨハンネス・カウプ（以下ＪＫ）：ブラザー・ダーヴィト、すでに人生の最初の思い出の中で、あなたにはほかの子どもたちと同じようにものすごい好奇心、発見者の大きな喜びがあったことが示されていますね。あなたの世界は、深いつながりを経験する空間だった。そしてこのつながりの感覚が、あなたの場合、不思議なものへの驚きから与えられていたように思える。一方では、それは自然への驚きです。他方、たぶん、あなたの祖母と一緒にやった祈りが、何か理解しがたいもの、何かより大きなもの、直接的に与えられたものよりもいっそう大きなものがあるということをあなたに伝えた。たとえばクリスマスに見つけた金の糸だったり、飛行機が空に書いた広告文字だったり。あなたは振り返ってこうしたものを、究明しえない秘密との最初の出会いとして解釈しています。そして、こうしたもののすべてが、キリスト教信仰への今もなお変わらない向き合い方の中にはめ込まれていた。あなたが生まれ落ちたのは、どんな精神世界だったのですか？

ダーヴィト・シュタインドル＝ラスト（以下ＤＳＲ）：そういった驚きには、振り返ってみると、本当に大きな意味があった、すごく中心となる部分だったと思います。驚きには二つの方向性があると言えるでしょう。一つは、美しいものを不思議に思うこと、感心することであって、もう一つは、そのことについてあとから考えることです。あとから考えるということには、考えることよりももっと意味がある。それは、驚嘆すべきものと関係を結ぶということです。そうした意味でプラトンは、哲学は驚きと共に始まると言っているし、(7) 私が思うには、一方で美しいものに感心すること、称賛があって、他方、それを超えた何か秘密に満ちたものについて驚き、省察するということがあって、私にとっては二つとも人生で大きな意味があった。

ＪＫ：それには共鳴の場が必要になってきます。たとえばあなたの家族の中に。それでお聞きしますが、あなたが生まれ落ちた精神世界、そんなふうに解釈することのできた、それが可能だった精神世界とはどんなものだったのですか？　それがよくわからなかった。

ＤＳＲ：そうした態度を自分に可能にしたものは、守られているということだったと思います。そのようなことを経験するのを両親と祖母が可能にしたというのは、正直非常にびっくりするようなことです。それは実際簡単なことではなかった。私が生まれたのが第一次世界大戦が終わって八年後でしかなかったから、完全に社会が崩壊した時代だった。でも私は、そんなふうに守られた、小さな家庭的な世界の中で育った。実際のところそれは、まだ戦争の前の世界だった。家で守られていた。一方、私が育った公園の長い石垣の外では、デモや集会が行われていて、よく叫び声や騒然とした物音が聞こえてきていました。まだよく覚えています。

JK：それにはすでに勢力を拡大しようとしていた国家社会主義との関係はありましたか？

DSR：ええ、それは確かに当時もう始まっていました。だから、何でもあった。一九三〇年代の初めはほとんど内戦のような時代でした。覚えていますが、子どもの時一度私は、公園の大きな門を通り抜けて外に遊びに出たことがあった。そこで旗や叫び声があって、私はたくさんの足の間でずっとウロウロしていた。でもそのあと見つけられて、また連れて帰ってもらった。だから守られていることは、驚きの中で私が成長するのを可能にした一番重要な基底感情だったと思います。

JK：あなたとイエスが階段で出会って、すれ違った瞬間にあなたがた二人が一緒になって溶け合ったという印象深い夢を見たのは、四、五歳の時でした。「聖なるもの」とのこの融合は、あなたにとって土台となったものであり、その後の人生を生きる上での感情を決定づけた。あなたにとってイエスは、もうかなり早い時期に、魅了されるような人物だったように思えます。このことを今どのように説明されますか？

DSR：正直なところ説明できません。でも、すべての人間がそうした大いなる神秘へと向かう方向に向けられているのだと思います。我々は、何か私たちの理解できないものの前に自分たちがいるということを自覚しています。私の夢の中のイエスのイメージに心を集中させるよう、私を導いていったのは、たぶん特に祖母だったと思います。イエスと神は、正直、当時の私にはまったく違いがなかった。子どもの時、イエスは私にとって、神秘的なものの集合イメージだったと思います。

JK：でも、あなたは夢の中でその神秘的なものと溶け合っている。つまりリアルなイメージ、リアルに現存するものと溶け合っている。

DSR：だからそれが、その初めからそうした神秘自身が私に与えてくれた教えだと思うのです。それが何か子どもの考え出したようなものだったとは想像できません。考え出すという余地はまったくありませんでした。人生の贈り物です。そして、それは私にはずっとそのままになっている。

JK：今、それはあなたに何を語っていますか?

DSR：人生を振り返り、その一番最後に、二重になっている領域で話すようになりました。私は何といっても、もともとても早くからそうした二重の領域の中で育ってきたし、生涯そこにいました。私には今、それが知的にますます把握しやすくなってきています。自分の考えていることと感じていることが二つに分裂するという危険は、私の場合、そんなに大きくはありませんでした。振り返ってみると、これも大きな恵みだった。思い出す限りでは、自分の考えていることと感じていることが互いに矛盾に陥ったということは一度もなかった。

JK：それは、一方が他方を実り豊かなものにしたということを意味していますね。あるいは別の意味で言うと、何か感情的に調子が合っていないのに考えるということは、たぶんないと言っていいということです。このことを自覚していないことがよくあるというだけです。感じると、でも、それは思考にも影響を与える。

DSR：それでその線で先に進めていくと、それは、美と善とが私の場合は分かちがたいものだったということです。というのは、テオドール・ヘッカー[8]が言っているように、「美は感じることのうちに感じられ、善は意志することのうちに意志される」からです。私が言いたいのは、美と善と真とがバラバラになってはいけないということです。真は認識することのうちに認識せられ、善は意志することのうちに意志せられ、美は感じることのうちに感じられる。この全部が、私の場合、正直はじめから一体のものだった。それで、これらを区別するのに、まず少しずつ別々に分けて分析する必要がありました。でも、ほかの人を見ていると、時々、その人たちにとってはこれらが最初から一つだったわけでなくて、むしろ分かれていて、それからまず初めのうちはゆっくりと一つにまとめていく必要があるように見える。この点について、私の場合実際は違ったように進行していきました。

JK：世界を発見する喜びを促してくれる、そんな両親と祖母があなたにはいたように思われます。その人たちには、あなたの中に、自覚的に創造していく人格のための最初の礎石を置くことが可能でした。私の知っている人の中には、そうした生きる喜びに早いうちブレーキをかけられたり、幻滅させられたり、こっそり毒を盛られたりした人たちがいます。子ども時代の初めの方を振り返ってみて、親しい関係にあった身内の人たちに対してあなたが最も感謝していることは何ですか？

DSR：一番大切なのは、生きていく上での信頼感だと思います。私はそうした信頼感に二つの意味で恵まれました。一つには、そばにいる人たちが私にとってみんな信頼できる人たちだとはっきりしていたということがあります。子どもが必要とした時、まさにその小さな子どものために、私だけのために、みんないてくれた。このことに疑いの余地はありません。私がすごくいて欲しいと思っていた時にも母がいつも実際にそばにいてくれたわけではありません。いまだによく思い出すのですが、母が私を寝かしつけようとした時、私は言ってました。「でも、ここにいて、とにかくここにいて！　何で行ってしまわなきゃならないの？」。「お金を稼がなくちゃいけないの」。母はいつもこう答えていました。夜はカフェハウスで仕事しなければならなかったのです。でも、母のことは信頼できた。それから二つ目、同じぐらい大切だったのは、みんなが私を信頼してくれたということです。このことは少し他とまったく違っています。それどころか、監視されたりコントロールされたりすることなく、何をしても許されているということに、私はよくびっくりしていました。

JK：そのことでどんなことを覚えていますか？

DSR：たとえば遊びについて。弟たちや私は、もうかなり小さい子どもの時から、何時間も一人で森に行ったり、小川をさかのぼって歩いてまわったり、探検旅行をやったりするのを許されていました。母は当時、私たちがどこにいて、危ない状態にはないということが多かれ少なかれわかっていたのだと思います。私たちは一方で、守られていると感じていました。母が心配しているということがそれでも何となくわかっていたからです。でも別の面では、母は私たちを信頼してくれていました。それで私たちは自由だった。とりわけあとになって、私たちは何週間も旅に出かけて、それで、どこにいるのか、母にはまったく見当がつかなかった。当時はまだ、簡単に電話して知らせるということはできなかったからです。母はそれでも、自分たちがもうすでにお互いに気をつけあっていること、つまり、堅く信頼していることがわかっていて、それでお互いを頼りにしているということを信じてくれていました。こうした二つの見方をしてくれたことに、私は一番感謝しています。

JK：子どもの時私たちは、不安を経験するようになるまでずっと、守られていて自由だと感じています。親しみを持ったものを失う不安。自分自身の存在をめぐる不安。あなたにとってのそうした区切りとは、両親が早くに別れたことだったに違いないと推測します。一九三〇年代の経済的政治的低迷には、重苦しいものとなっていった個人の生活の中にほぼそれと類似したものがありました。あなたは、お父さんが出ていったことをご自分ではどんなふうに経験されましたか?

DSR：母と二人の下の弟たちは、程度の差はありますが、突然いなくなりました。私は兄弟の中で一人だけもう学校に行っていて、それでウィーンの父のところに残りました。父はすごく私の面倒を見てくれて、かわいがってくれていました。でも、一人で子どもを見て、それに加えて商売をやっていくというのは、父にとってまさにあまりにも多すぎた。それで父は私をローゼンヒューゲルの学校にある寄宿舎に送ったのです。そこにはもうどっちみち通学生として申し込んでいましたから。私のような小さい子には寄宿舎はもちろん恐ろしいものでした。でも、私がそこにいたのは短い期間だけだったと思います。それから、ある日、夜、母が来て、私をすぐに連れて帰ったのです。父との別れがつらいものだったという記憶はありませんけれど、そうした痛みを私は、まさに抑圧したのだと思います。両親がまた一緒になるようにと、いつも祈っていました。そのことはとってもよく覚えています。でも、父からの別離の痛みは、正直、自覚的に経験したわけではなくて、だからたぶん抑圧したのだと思います。

JK：あとで青年時代に、父親がほしいといったような状況はありましたか?

DSR：ありませんでした。正直、実際なかった。振り返って、母はできる限りのことをしてくれて、父親の役を十分果たしていたという感じをもっています。父親をすごく必要とした、欲しがった、あるいは求めた、そうした記憶はありません。戦争の後すぐの、青年時代の初めには、その時私はだいたい十八、十九歳でしたが、母親の助けで、私たちはいわば父を再発見して、それから父とは生涯非常にいい関係にありました。子ども時代の初めに形づくることになる父との関係も、まったく欠けています。

J　K：でも、あなたのおっしゃるように、痛みを伴ったものではなかった。

DSR：痛みを伴ったものとして経験したことはまったくありません。このことは同じような状況をくらべてみて言えることです。というのは、母親とたった三日離れていただけでも、いなくてとってもさみしいと思っていましたから。小さい時、まあ、父がいなくてさみしいと思ったというのは思い出せないです。まったくない。でも、それもみんな抑圧された可能性はあります。

J　K：お父さんはもうその前から家族システムの中でお母さんより存在が薄かった？

DSR：父にはとても存在感がありました。私にとってはでも父は非常に厳しい人でした。父はとても愛すべき人でしたが、私が小さい時、お皿に残さず食べなければならないといったことに関しては非常に厳しかった。もしかすると父がいないということは、一種の解放になったかもしれません。

J　K：シュネーベルクとラックス山脈の間にある地方での子ども時代は、季節のリズムに、地方にある祭りやならわしのリズムに、その土台があった。ミサのお供役をしていた頃、あなたは、キリスト教の民間信仰の伝統の中に包まれていました。それと、でも、あなたがわんぱく小僧と自称する、「落ち着きのない」、ただ約束を破っただけではなくて、やったこともあとで否定した、そうしたマーク・トゥエインを思い出させるシーンもある。私は、鳥の巣の一件のことをあてこすったのですが。心理的には、これは理解できます。人は外部に向けて自分のイメージを発する際、非の打ち所のないイメージを保とうとしがちですから。あなたはでも、自分に罪があると感じて、この出来事をいわば楽園からの堕落のように解釈しています。外から見ているとそれは一見小さなことで、本当のところ内面的に見たら、見かけと違う。当時、罪というものをどんなふうに感じ取ったのですか？　それと、それに対しての罰はあったのでしょうか？

DSR：罪は、完全に十戒と結びついていました。だからやっていいことと悪いことはみんなわかっていた。何かやってはいけないことをしたら、自分に罪を感じていた。そうしたことを疑ってみるということはありませんでした。その罰は告解に行くことだった。私は告解に行くのをいやだと思っていて、でもいつもまた解放されたというふうにも感じていました。あやまるというのは私には大変で、これは難しかった。

JK：自分の罪をどんなふうに感じてました？　そうした罪を抱えて生活しなければならなくなった時、何がこわかったですか？

DSR：ひどくこわかった、あるいはそうしたもの、それは私にはなかったですね。

JK：心理学的に言うなら、「当時、あなたには、そうした罪を抱えながら生きていくことができたのか？」ということです。確かに小さなことだった。しかし、あなたはとってもまじめだった。

DSR：私はいつもまじめでした。でも、そうした観念、たとえば永遠の罰といったようなものは、その時決定的なものではありませんでした。信仰にあって、最初から私には「神は思いやりがある」という結論を導き出すのに十分な確信があって、これが一番大事で、だからそれでもう全部うまくいきます。まだよく覚えていますが、母は、私にはがむしゃらに立ち向かって自分を守るというのをちゃんとやってないことがよくある、と感じていたに違いありません。ちょっと年上の男の子、ルッシュ・ロイスルが、私に荒っぽいことをすることがたびたびありました。一度母がそれを見て、「あんな時は、向かっていきなさいよ！」と私に言ったのです。それで跳びかかってなぐったら、彼はすぐに鼻血を出してしまった。でもこのことは、私には恐ろしいことだった。彼にはとっても気の毒なことをしました。これは大事な経験でした。

JK：彼に気の毒なことをしたことですか？　それとも、自分を守ることができたことですか？

DSR：そうではありません。彼に気の毒なことをしたことです。正直、必要だと思った時には自分を守れるということに疑いを持ったことはなかったです。でも、ことさら必要だと思ったことはありませんでした。他人を傷つけたくなかったからです。彼を実際に傷つけてしまって、それでそれがはっきりと示されたのです。

JK：お母さんと医者に行った時、我慢が続かなくなったということがありましたね。あなたはそれを非常に予期しなかった形で解消している。一時もじっとしていられない男の子のあなたが、そうした状態の中、お母さんの指示で「心の祈り」を習う。それが東方キリスト教会ではすぐれた長い伝統を有するということを知らずにです。あなたはでも振り返ってこのことを、その時最初の融合体験が、今や補完するようにそれに加えて、あるダイナミックな体験を引き起こす、そうしたはじめての転機として描いている。そうしたダイナミックな体験をどう理解していますか？　そうした宗教的次元にあっては、何が新しかったのですか？

DSR：もうすでに言いましたように、イエスと神です。イエスは、神、そして神の神秘への、まさに手がかりとなる言葉でした。その時新しかったのは、必要と思った時いつでもそうした神秘へとつながる通路を自身の心の中に持ったということです。「イエスの祈り」を通して私はいつでもそうした心の中心へと行くことができるし、イエスのところで守られてあるということが可能である。あの体験は結局、そうしたものに帰ってゆく。それが、もうすでに何か新しいことであり、そしてまたずっと変わらないことでした。

JK：あなたがそうした体験を非常に早くにすでにしていたというのは驚くばかりです。このことがあなたに精神的にわかったのは、たぶんずっとあとになってから、修道士になった時だったと思います。ということは、その時何かを強烈に感じ取ったということですか？

DSR：私にはそれは最初の瞬間からわかりましたし、一生の間、常によりよく理解し訓練していくことを学んできたのだと思います。でもわかったのは、その時すぐです。精神的なひらめきのようなものでした。

JK：「この時、最初の融合体験の中からダイナミックな推進力がそれに加えてやって来た」とあなたは言っています。この二極、融合と力動についてはどうお考えですか？

DSR：そこで動的であるのは、自分自身でその場所に行けるということです。私の夢は記憶に残った単なる体験でした。自分に影響を与えたとは、まったく自覚してもいませんでした。「イエスの祈り」によって、その時、何かまったく新しいものが始まった、つまり、「私の中に神が現に今いて、そこへ行くことができる、いつでもまた帰っていくことができる」、そうした力動が始まったのです。

ＪＫ：あなたがおっしゃるような「イエスの祈り」を祈るよう、つまり戻っていくよう駆り立てられた、あるいは魅了されたのは、どういった状態の中で感じたのですか？

ＤＳＲ：たぶん、外部の状況が難しくなった時はいつでも。その点、もちろんあの爆撃や戦争の劇的経験が思い浮かんできますし、実際に外から苦境に立たされたこと、そうしたことのすべてが思い浮かびます。でも、自分の癇癪も、何度も何度も私を面倒なことにしていった。この怒りが、正直、自分の周りの世界とのおもな軋轢となった点でした。

ＪＫ：どこからあなたの怒りは来ていたのですか？

ＤＳＲ：「全部お父さん！」。母はいつもそう言っていました。父もとっても癇癪持ちでした。たぶんそれを受け継いだのだと思います。

ＪＫ：その癇癪があなたを圧倒したというような状況は思い出せます？

ＤＳＲ：もちろん。たとえば、私たちのところにはまだ先祖の館から来た大きなカシの木の肘掛椅子があったのです。それを持ち上げて床に放り投げたことがあって、それでその椅子は真二つにわれてしまいました。

ＪＫ：どうしてか、まだ覚えてます？

ＤＳＲ：さあ、皆目見当がつきません。ちっちゃなきっかけでそんなふうにかっとなったのです。

ＪＫ：その時、「イエスの祈り」はもう何か救いとなるものでしたか？

ＤＳＲ：ええ。そうした怒りが、たとえば両親の離婚といったことに関しての抑圧された痛みから繰り返し放出されたのだということも、当然ありえます。

JK：話がそれでまた戻っていく……。あなたが早くからその接点を持つことになったカトリックにおける重要な精神的潮流は、一九二〇年代の、神学者でアウグスチノ修道会参事会員だったピウス・パルシュ(9)を中心とした、いわゆる典礼運動と呼ばれるものでした。パルシュは、聖書や典礼が会衆にとって見通しがきいて理解しやすくなるようにと、典礼運動に取り組みました。ラテン語の典礼を擁護した上司の初期の抵抗に対して、ピウス・パルシュ神父は、第二バチカン公会議のほぼ四十年前に、当時として前代未聞のことをやった。聖ゲルトルート教会で共同体ミサを執り行った際、ミサの多くの部分が会衆によってドイツ語で歌われるようにしたのです。これがその後、一九三三年のカトリック会議で実施され、そこで初めていわゆるBet-Sing-Messe（ドイツ語での歌ミサ）が執り行われました。あなたが七歳の時に、おばあさんの手に引かれ、そのウィーンカトリック会議に参加していたというのはびっくりです。そのことはまだ覚えていますか？

DSR：私が唯一覚えているのはマイクロフォンです。というのは、私にそれを、祖母が言葉にしてはっきり教えてくれたのです。「見なさい、あそこで枢機卿様がマイクロフォンにしゃべっているでしょ、だからすごくよく聞こえるのよ」。それに、その物体が大きな輪でできていたのです。その中に本当のマイクロフォンが長い羽根をつけて真ん中に掛かっていた。そのイメージが私にはすごくはっきり記憶にあります。他は何もない。人も、旗も、何もない。でも、ピウス・パルシュのところには、あとになってから、戦争中でしたが、若い時みんなで聖ゲルトルートに向かって徒歩でハイキングして行ったことがあります。その時はまずカーレンベルガードルフを越えて、そのあと下ってヌスドルフに向かい、それからドナウ沿いにクロスターノイブルグまで上っていきました。

あれはきれいな長い道でした。そうやって日曜日に何回か、みんなでピウス・パルシュのミサに行ったのです。

JK：それが当時すでにあなたに深い印象を与えた？

DSR：とっても。でも、ノイランド学校では、私たちも当時すでに会衆へと向けられたミサを行っていました。たぶんピウス・パルシュの影響を受けていたのだと思います。

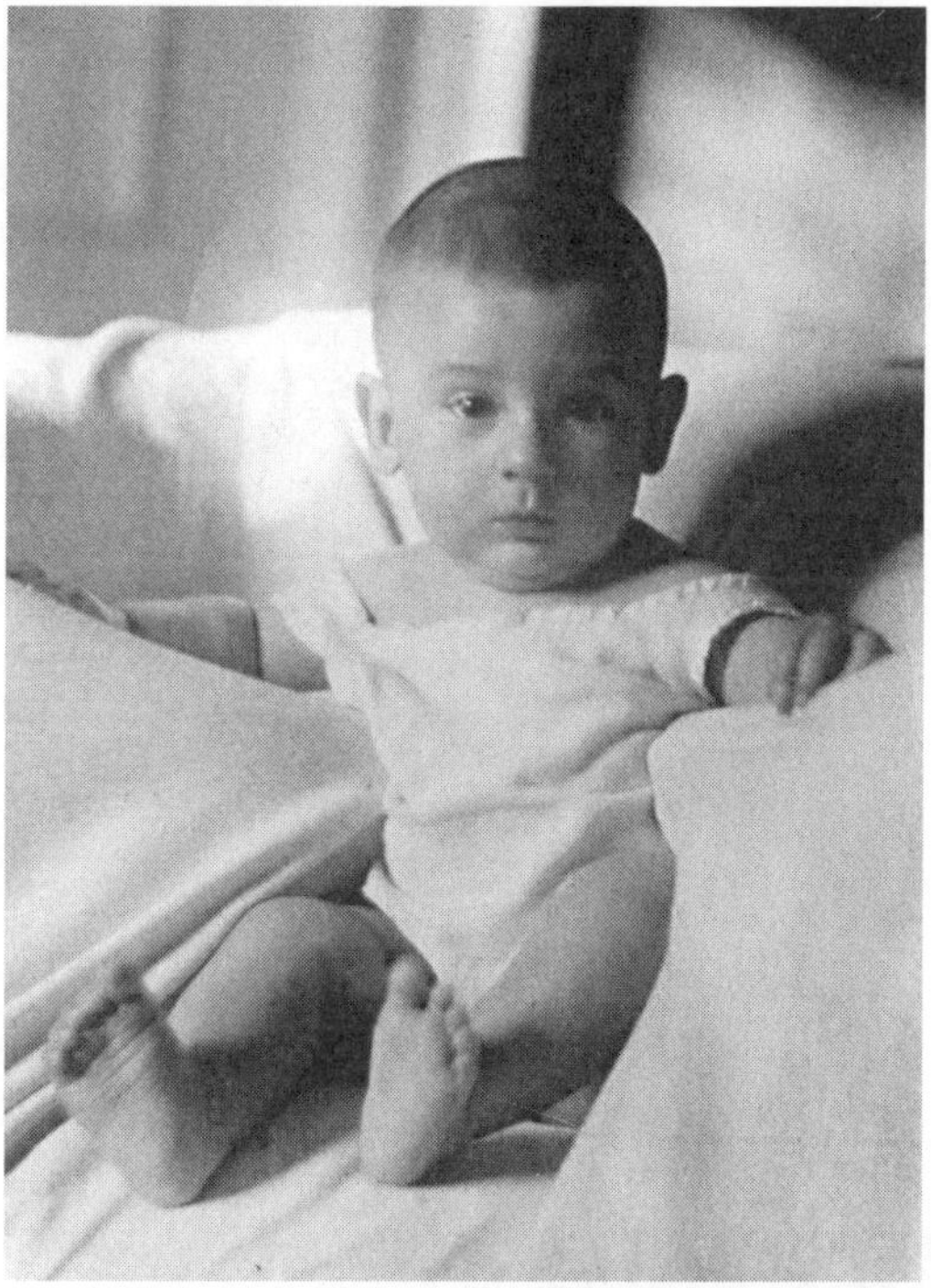

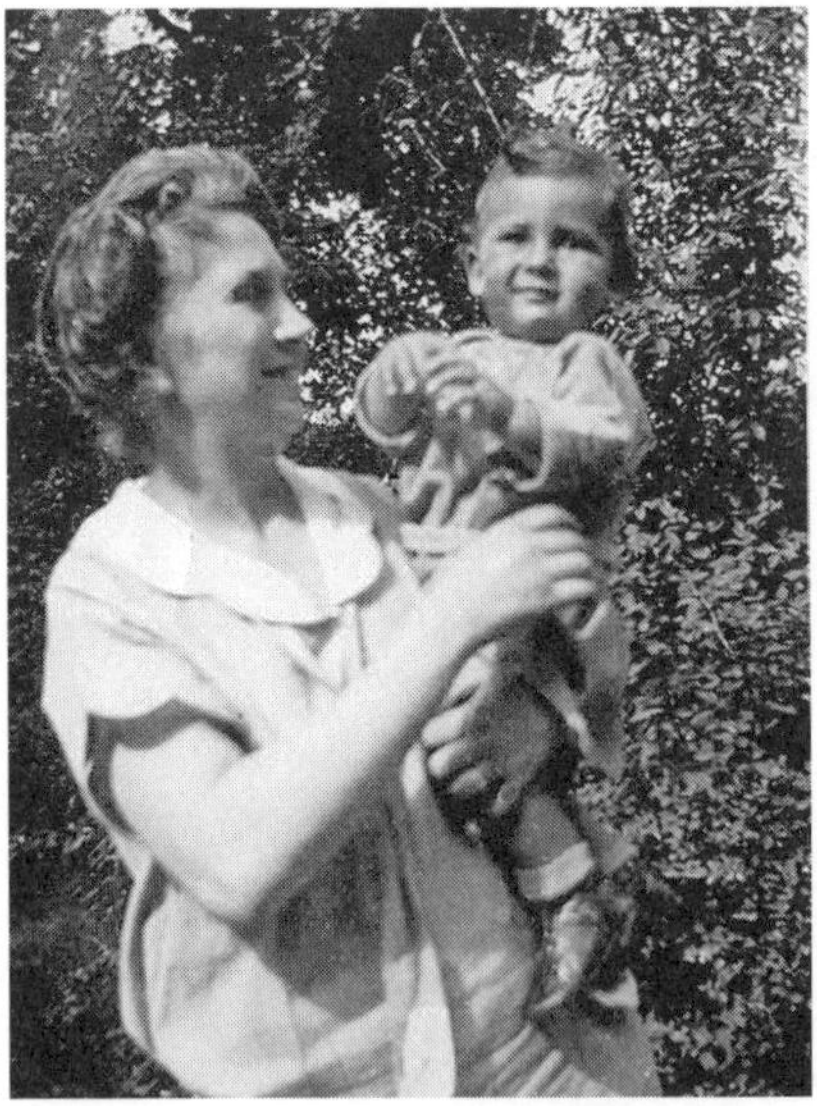

祖母の腕の上で

二　キリスト教徒になる

人間としての尊厳と屈辱の青年初期　一九三六〜一九四六

私たちの覚えていることは、忘れているものもあるにせよ、我々の自己理解について多くのことを語っている。私の記憶が経験したもの全部の中から何を選び出しているか、また、物語る際その思い出されたものにどんな構造と秩序を自分が与えているのか、いずれにせよ私は自覚している。それでも人生の初めの十年にあったイエス・キリストとの融合の夢と「心の祈り」との出会いを根本的で道しるべとなる経験としてそこから把握することは、正当化していいように思われる。それどころかあの夢には続く人生のすべての時期において深まっていくことになる自己理解がかすかに現れていた。それは一つのプロセスであって、今もなお続いているものなのだ。「心の祈り」については、心の奥底にあって自分は何者であるかというどちらかというと静的な意識に、そこに帰っていくことが可能だという動的構成要素を加えているのがとりわけ意味深いように思われる。どうすれば自分が自己の中心へと繰り返し戻っていくことができるのかということが今私にはすごくわかるから、人生の二つ目の十年の私を受け入れることが可能となるのである。

あの時あったのは、何よりもまず家から離れたことで、このことはつらいことだった。私はギュムナジウムに行くことになり、そしてそれは寄宿学校に行くということだった。ウィーンの学校Neulandschule（ノイランドシューレ）[10]は、確かに、私の熱中しやすい心を広く開かれたものへと向かわせる、そうしたもののすべてを与えてくれはした。しかし、田舎の家で週末を過ごしたあと、日曜の夕方、ウィーン行きの列車にまた座ると、ものすごいホームシックに襲われた。心の中心へ戻っていくすべがわかっているということだけがその時の私を助けてくれたのであり、またそれによって私はだんだんと「心の祈り」になじんでいった。

ただただそうやって、この人生の第二の十年間に自分の若いいのちを続けざまに震撼させたものをしのぐことができたのだった。「激変」は、弟たちと私が突然「混血」になったことから起こった。祖母はもうアメリカから戻ってくることができなくなったし、彼女の妹は強制収容所に消えてしまった。ナチスは、私たちの好きだったノイランドシューレのスピリットを徹底的に破壊していった。私は、兵役のためドイツ国防軍に召集された。軍隊にいた時、まさに「心の祈り」が人知れず本当の人生を導いていくことのできる世界への通路を内面的に与えてくれていたから、「外で」何が起こっているか、ほとんど意識しないこともしばしばだったと言っていい。また、爆弾が雨あられのように降る中でも、そして戦争末期の混乱の中にあっても、自分の心の内なる空間へと何度も何度も戻っていくことを可能にしてくれた。その空間は、ヴェルナー・ベルゲングリュンの詩句「お前を恐れさせるものは何もないし、お前はわが家にいるのだ」にふさわしいものだった[11]。

この時期の記憶をそれ自身の内的構造によって理解することが許されるなら、そこにはまた二つの体験があった。まったく正反対な二つの体験である。一つ目は、ノイランドシューレの生徒だった私たちの生活に区切りとなるピリオドをもたらし、一番大切なものへと統合していくものであり、このことで私は学校に感謝している。信心ぶることなど一切なかったが、聖堂での礼拝が私たちの生活の核だったことに疑う余地はない。すでに当時、第二バチカン公会議の一世代前だったが、私たちのところでは祭壇が教区を移動して回っていた。教会の家具など一つもなかった。私たちはミサの間立っていて、男の子は気取って足を広げているのがよくあるパターンで、むき出しの床にひざまずいた。典礼文の多くがドイツ語で朗読され、一緒に唱えた。その時、聖餐の際の祈りが繰り返し私の心を引きつけたが、それは次のような言葉で始まっていた。「神よ、あなたは人間をその尊さにおいて見事に創造され、そしてさらにその上、より見事に新しくされました……」。

尊さ。日常の会話の中でおそらくこの言葉はまだ一度も私の中に出てきてはいなかったように思う。それが、この言葉がなぜ私にとりわけ強い印象を与えたのかの理由かもしれない。それでも人間の尊さということが問題となっているものの中心点にあることは、私にも少しずつわかってきた。このことは、キリスト教徒になるということにおいて、我々の受けた教育において、そしてまたおそらく人生全般においても言えることなのだと思う。

自分たちの先生にその人の名前で話しかけることが許されていたことは、すでに私たちに尊厳が与えられていたことになる。その尊厳は、私たちに与えられていたと同時に、話しかけられた人たちにも与えられていた。なぜなら「先生」はただの肩書きでしかなく、姓も洗礼名と同様、そのように直接的にまったく個人的なものを指し示すものではないからだ。人格的な出会いの中に、価値認証があり、尊厳があるのだ。それがノイランドシューレで自分たちの経験したことだった。

おそらく、人格的な関係や他者の尊重に関して、どこであってもドイツの軍隊よりも際立って対照的なものを見つけ出すのは難しいだろう。ノイランドシューレにはキリスト教徒であるということはどういうことかの自覚を与えてもらった。クレムスの工兵隊兵舎では、その逆がどう見えるのかを学んだ。人間の尊さについてのあらゆる意識をぬぐい捨てることがそこではすべての目的にされていた。私たちは、人間を殺すためではなく、「敵」を殺すための訓練をさせられたのだった。私たち個々人は完全に非人格的で、精密に動く戦争のための機械の、取るに足らない、簡単に取り替え可能な部品以外の何ものでもなかった。個人の自意識は徹底的に解体された。たとえば、当時、私たち初年兵を指導する時間があって、そこでは機関銃の部品すべての名称と、その機能の説明を学ぶことになっていた。下士官が簡単な解説をして、そのたびごとに口述の試験がそれに続く。「それでは、機関銃のこの部品の名前は何と言うか?」というような質問内容だった。その時、「機関銃は解体されると……」といったように回答を始めようという考えが頭に浮かんだ。この言葉、「解体される」が、すぐに怒りの爆発を呼び起こした。「ドイツの機関銃は『解体され』ない!」。下士官は怒鳴った。そしてすぐに懲罰もまたあとに続いた。「自分のロッカーに座って、『私はぶざまで、ちっぽけなこびとです』と八十六回叫べ!」。軍服用にブリキでできたロッカーはほとんど天井までとどくものだった。その狭い空間の中に無理やり入っていなければならなくなると、誰でもそのうち本当に自分をぶざまなこびとだと感じるようになる。ちなみに、八十六は自分たちの工兵大隊のナンバーだった（もっと小さな数だったらいいのにと、よく私たちは思ったものだ）。

人生の第二の十年ではそのすべての体験が尊厳と屈辱の間の幅広いスペクトルムの中に入れて整理することが可能で、この二つの極のどちらかに関係していた。私はノイランドの同志のスピリットをわずか二年ほど体験したにすぎない。しかしそれは私にとってキリスト教徒であることが人間の尊厳の承認とどれだけ密接に関わっているかを、もちろん自省的というよりも直観的にではあったが、自分の中で意識させられた時期だった。そのあとヒトラーがやって来た。進駐するドイツ軍部隊に向かって何千人もの人たちが街頭で歓呼の声をあげているのを、私たちはラジオで聴いていた。ユダヤ人の親類たちは、マリア・アム・ゲシュターデにあった自宅で、カーテンを閉め切った薄暗がりの中に座り泣いていた。その後、この人たちの多くとは二度と再会できないことになっていく。それからすぐユダヤ人商店のショーウィンドーが打ち砕かれた。不買運動に参加しない者は、「このアーリア人の豚野郎はユダヤ人のところで買い物しているぞ！」と社会的制裁を受けた。私の母は「半分」ユダヤ人であるだけだったから、黄色い星を身に着ける必要はなかった。だが私にはブルグカペレの日曜ミサでユダヤの星を身に着けた一人の若い女性からそんなに遠く離れていないところに立っていたことがあって、その時、「あいつらを追い出せ！　ここはユダヤ人のための場所ではない！」という大きな声があがった。その若い女性はなお少しためらっていたが、その後立ち去って行った。私は走って彼女の後を追おうと思ったし、何か慰めになる言葉をかけようと思った。でも、何と言えば？　その時にはもうすでにチャンスを逃してしまっていた。このことで私は今でも自分を恥じている。

ヒトラーのオーストリア統治はちょうど私がティーンエージャーだった時期に重なる。それで、私の年齢に典型的な権威に対する反抗は、ナチプロパガンダへの抵抗の中に発散のための明白なはけ口を、また、キリスト教徒であることの理想の中にはっきりとした定義を見いだしたのだった。私たちはたぶん単純に、「〝私たちの〟統率者はキリストである！」と言いたかったのだろう。命が惜しいなら、当然そんなふうなことは言えなかったが、私たちは「もしみんなが裏切ったとしても、〝私たちは〟変わらず忠実なままで……」と言っていたし、また、この言葉で自分たちが何を言おうとしているのか、内々ではわかっていた。私たちはまた、感激しながら「思想は自由だ」と歌っていた。ノイランドシューレの友人の多くがドンコサックのコンサートのあと逮捕され、警察の車で移送された時、彼らはこのフレーズをできる限りの大声で歌ったのだった。秘密警察は、「反抗的な」若者たちが抗議のためにロシアの歌を歌い、常に集団でドンコサックのコンサートに来ていたことを知っていた。セルゲイ・ジャーロフ指揮のそうしたコンサートの一つがあったあと、私と弟たちは即座に逃れることができたが、ほかの約二百人が、――その中には私たちの友人のベルンハルトやゲオルグ・フォン・シュティルフリートもいて――、二日間、エリザベートプロムナーデの未決拘留所でゲシュタポに尋問され、警告を受け、その後釈放されたのだった。しかし、この若い人たちのうちの十数人以上は、二度とその姿を見ることができなくなった。

人間の尊厳の軽視は、前線での若者たちの大量虐殺にその恐ろしい形態を見いだしていった。アーノルド・ドレツァル神父と私たちが半ば非合法に執り行っていた青少年のためのミサは、何度もたった今戦死したばかりの友人たちのためのミサとなった。それでもこれだけ若いと、友情はどんなに情熱的だったことか！　だが、一人また一人と友人が軍隊に召集され、やがてそのあと死んでいった。誰しも兵役を免れることはできなかった。

そして、私自身が入隊しなければならなくなる。一九四四年三月三一日の予定だった召集を、私は死刑判決だと感じたのだった。数えきれないほどの奇跡の組み合わせで前線に立たされるかわりに八か月間兵舎で過ごすことになり、その後ウィーンの家に戻って姿をくらますことができるようになるとは予想だにしていなかった。

私の記憶の中での、兵舎でのあの非常に暗澹とした日々の真っ最中ですら、人間的なものの光は輝きを放っていた。このことはいつまでも忘れられないものとして残っている。自分の中隊が前線に派遣された時、またもや私はたった一人残留することになった。そしてこの時、私は、兵員全員が同じ地域出身の訓練部隊に配属されたのだった。それは黒海ドイツ人で、ウルム一帯に住んでいたその祖先がドナウ河下流に移住した人たちだった。この若い兵隊たちは、おそらく百年以上前に私たちのところで聴くことのできたであろうドイツ語を話した。ヒトラーがこの人たちを連れ帰り、女性や子どもたちはどこかの収容所に詰め込んで、男たちを国防軍に徴集したのである。何という尊さをもってこの人たちが現れ出てきたことか、何という敬意をもってお互いを遇していたことか、私は決して忘れることはないだろう。夕方、寝るための広い部屋が暗くなった時、何という優しさで、ほとんど恥ずかしがっているかのように、自分たちの妻子のことを話していたことか。何という深い悲しみをもって語っていたことか。数週間の工兵隊員育成訓練のあと、彼らは前線に送り出されていった（私は、またあとに残った）。その後彼らを移送した列車は、すでにロシア軍部隊に占拠されていた駅に誤って乗り入れてしまったとされる。この人たちは、当時彼らがみなされていたロシア国民としてその場で射殺されたという。

爆撃で破壊された百万都市の、水もない、電気もない、食糧の供給もない戦争末期は、当然、戦時中よりもさらに混乱していた。私たちは近辺にまだあったつるべ井戸のところでバケツを持って何時間も行列を作って立った。主な食料はメルデで、爆撃で破壊された家々のがれきの上に生えた雑草だった。

こうした混乱の真っ只中だったが、私たちのチャプレンだったアロイス・ガイガー神父は、人間の尊厳の明白なしるしを示してくれたのだった。毎晩、決まって同じ時間に、破壊された家々のがれきの山を越え、私たち生き残った者に聖体を運んだのである。さらにロシア兵の多くとも人間らしい関係があった。特に占領軍の第一波の中には私たちにパンやスープを手に入れてくれた思いやりのある青年たちがいて、加えてドイツ語を話す者すら何人かいた。その中の一人に手を負傷した青年がいて、母は自分の「不思議の軟膏」を使ってその青年に包帯を巻いてあげていた。青年は、包帯を新しくさせるために毎日繰り返し私たちの家にやって来た。一度、彼がひどく酔っぱらっていたことがあって、その時は母が包帯を結びながら本気でさとした。次の日、青年はもう家の中には入らず、通りから呼んで、庭門の隙間から包帯の交換のために手を伸ばしたのだった。

占領軍第二波はかなり思いやりのない人たちであることがはっきりする。昼夜となく女性が助けを求めて叫んでいるのが聞こえた。多くの女性が強姦された。母は何度も奇跡同様に切り抜け、そうした時十五区の修道院に逃げ込んだ。ロシア兵たちは隣の家で働いていたウクライナから来た強制労働者の女性を熱心に追い回していたが、その時は彼らから逃げていた。ロシア兵は、ナージャを「引き渡さない」なら、私を撃ち殺すと脅したのだった。この脅しを聞いた隣の家の人が私を助けにやって来た。その時、ロシア兵たちは私を見逃し、そのかわりに彼を撃ち殺した。「友のために自分の命を捨てること、これ以上に大きな愛はない」（ヨハネ15・13）。私の人生は、毎日がヴィクトール・シュプリンガーにその命を負っているということを自覚する日々である。

こうした混乱の中、一九四五年の初夏、新たに建国されたチェコスロバキアから追い出され何千とマルヒフェルトへ流れ込んだズデーテンドイツからの難民を助けようと、インニッツァー枢機卿が学生たちに呼びかけたメッセージが口づてに伝わった。私たちは司祭の聖職服を着て出かけて行った。というのは、それがロシア兵からの敬意をいくらかは引き出してくれたからだ。最低限の指導訓練もなく、指示もなく、薬もなかった。私たちにできたのは、故郷を失った人たちの苦しみを前にした畏敬の念が、私たちの装備のすべてだった。私たちにできたのは、司教館や学校に難民の収容所を設け、トイレや給水の際の衛生に最大限の注意を払うことだけだった。この時も、惨禍の只中にあって、彼らの尊厳を尊重し認めることが最も大切であるということがはっきりしたのだった。いやそれどころか、もしかしたらこれがそうした気の毒な人たちに私たちの捧げることのできた唯一のことだったのかもしれない。今、オーストリアでの新たな大量難民を前に、私にとってこの記憶は再び重い意味を持つようになってきている。

私の人生の二つ目の十年、その終わりには小さかった頃の思い出と同じようにチューリップのイメージがまたもう一度出てくる。この時のは、戦争の終わった初めての春、オランダ女王ヴィルヘルミナがウィーン市に贈った何万というチューリップだ。あの時そのチューリップはどんな小さな公園にも、「三人のロシア兵と五人のドイツ兵。氏名不詳」と手で書いた銘板がまだ集団で埋葬された場所を指し示していたところにも、本当に華やかに咲いたのだった。私たちウィーン市のみじめな思いをしていた人々にとって、この本当に王たるにふさわしい贈り物よりも感銘深く自分たちの尊厳への自覚を再び与えることを可能にしたものはほかになかった。

■対話2

ＪＫ：ギリシャの哲学者パルメニデスから基本的信頼感としての存在への確信が始まるとされています。あなたの青春時代はこの基本的信頼感に伴われていて、それがその後、実際上の宗教的実践の中でその具体的な姿を現していったように思えます。あなたは、少年であった時に、キリスト教徒であること、あるいは、あなたの言うように、キリスト教徒になることを学んだ。あなたの学校時代はカトリックが新たな展開を始めた時代、ノイランド運動の真っ只中にあたる。ウィーンのグリンツィングに一九二六年設立されたノイランドシューレに、あなたは行っている。三〇年代後半は、いわゆるヒトラードイツへのオーストリア併合の時期にあたり、屈辱の時代、人間の尊厳が貶められた時代だった。キリスト教精神に基づく人間の尊厳という点からは、それでもノイランドシューレには、それが生かされている精神的な気風がありました。当時、それはあなたにどんな影響を与えましたか？

ＤＳＲ：振り返って考えてみると、ノイランドシューレで私のもらった一番大切なこと、一番決定的だったことは、まったく新しい形態での、一種の自立の中での、生きる喜びでした。それにはおそらく、人格的に尊重されるということも含まれます。私たち生徒を、本気で受け止めてもらった。私たちは自分たちに敬意が払われていると感じていました。今、私が詩編五一の詩句、「Spiritu principalis confirma me（自由の霊によって支えてください）[12]」と祈る時、一人の若い王子の心に思いをはせます。そしてそんな時は毎回ノイランドシューレのことを思い浮かべる。この学校での最初の二年、つまりまだノイランドの同志の精神が学校を生気あふれるものにしていたその頃、私は自分を若い王子だと感じていた。

JK：それはどんな影響を与えたのですか？

DSR：生きる喜び、そして、すべてうまくいくという完全な信頼感、それから、もちろん冒険心もそこには含まれます。世界へ乗り出す若き英雄の時期、それを私は非常に早い年代に、つまり十歳から十二歳の間に、とても明瞭な形で経験しました。それはまた私たちが旅に出た時期でもあった。自立ということを身をもって知ったのです。

JK：人生を共に歩んでくれる人、良き助言者、助成者としてわかってくれる、そうした教師たちが当時明らかにいた。

DSR：そのうちの何人かのことはまだよく覚えています。特に、当時、二年間私の指導者だったフリードル・メンシュホルン。この人は怖かったけれど、本当に厳しかったから。でも私に夢中になれるようなことをすごくたくさん教えてくれた。それからドクター・フランツ・ザイヤー。私のドイツ語の先生で、私と私の家族にとって非常に親しい友人にもなった人です。私たちは運がよかった。ナチスが進駐して来た時、彼は逃げる必要がなく、私たちにその期間もノイランドの精神を精力的に伝えることができたから。

JK：でも、最後にはナチスに忠実な人に代えられたのではないですか？

DSR：ドクター・ザイヤーは校長ではなくて、私たちのクラスの先生でした。政治的なことに関しても繰り返し私を助けてくれました。一度、私が難しい局面にあった時、彼は私のために力を尽くしてくれました。私にはナチスの学校管理職との間で大きな問題があった。彼のできた最善のことは、私の成績証明書に、「国家社会主義の学校に対する肯定的姿勢が望ましい」と書くことだけでした。今でもまだ持っています。この文面からして、もう非常に危なかった。でもそこでさらに怒りを買うことのないようにやってくれた。その時、そうやって私を支えてくれたのです。彼は、私がマルティン・ブーバーの思想に親しんでいくようになった時にも、またすごく助けてくれた。フェルディナント・エーブナーの時も。ドクター・ザイヤーはあとで自分でフェルディナント・エーブナー著作集の編集者になりました(13)。

JK：人格的対話の哲学者で、実際はウィーン近郊のガブリッツで国民学校の教師として働いていた人ですが、二十世紀の最も重要な思想家の一人です。残念ながら不当にもブーバーより知られていない。

DSR：マルティン・ブーバーがその後『我と汝』に書いたいくつかのことを、フェルディナント・エーブナーはすでにその二年前に『言葉と精神の現実』の中で公にしています。ブーバーは、「私が先に考えたのだが、それを彼が先に公表したのだ」といつも言っていて、生涯ちょっときまり悪い感じでした。自分が公にしたのよりもいくらか先に、かなり多くの見解をエーブナーがほとんど文字どおり公にしていたことを、ブーバーはわかっていた。

JK：二人はお互い、個人的に知っていたということですか?

DSR：そうは思いません。

JK：ナチ支配下の生活は、人々にとって当時、旗しを鮮明にするということを意味していました。あなたや、ノイランドシューレの友人の皆さんは、精神的にGröfaz[14]（あらゆる時代において最も偉大なる将軍）に対する抵抗の中に生きていた。あなたが「私たちが対抗して立てた指導者は、キリストだった」とおっしゃる場合は、だから精神的な指導者という意味でおっしゃっている。ナチスの恐怖政治による権力支配に対して、自らは何もできなかった指導者です。それでもこの指導者はおそらく、抵抗の際のモチベーションの強力な源泉だったと思います。野蛮行為、迫害、暴力を目の前にして、当時、信仰はあなたにとってどんな役割を果たしたのでしょうか？　なぜぶれずにいられて、それどころかほかの人のためにはたらくことができたのですか？

DSR：ラインホルト・シュナイダーの詩[15]が、私たちにとっては非常に助けになりました。私たちは軍隊にいた友人たちに宛てて頻繁に回状を送っていました。その中に、繰り返しラインホルト・シュナイダーの詩が出てきていたのです。もちろんリルケのも多かったし、私たちが自分で書いたのもいくつかありました。私たちの英雄、私たちの指導者、キリストが、まったく無力だと思われたわけではありません。その時は、自分自身に対してしか話せないけれども、「こんなひどいことはいつかみんな終わって、キリストが永遠に支配することになる」と私は思っていました。

JK：でも、そうしたこの世の支配権力はほとんど全能であり、抵抗の多くはそれに対して、まあ、ほとんど勝ち目のないように思えた。信じていたものは、思うに、政治や戦場や強制収容所で起こったことに対して、まずはわずかな力しか持ちえなかった。

DSR：そうした学問的視点で私たちが考えていたわけではありません。力とは神の力であり、キリストの力であることにまったく疑いはありませんでした。ほかのこともとっても強くそれは出てきていて、確かに困難な、非常に不快な状況だったけれども、でもまったく別の問題だった。

JK：そうは言っても、ただ不快なだけでなく、時には命に関わるものでした。

DSR：恐ろしい現実でした。でも、私たちにはそれを笑うことができた。その頃、次のような笑い話がありました。「第一巻は『我が闘争』だった。第二巻はどんな名前になるの？──『島で絵筆を持って』」、かつて画家だった男が、昔のナポレオンのように島流しにされるという。ヒトラーとナポレオンの比較はわかりやすかった。そんなにも長くは続かないだろうし、あとには消えてしまうだろう、と私たちは思っていました。そういうふうに、もう早くから想像していたのです。恐怖とばからしさとは、同じように並べて見る必要があります。一面、ばからしいことだと。私たちはしょっちゅう、それも最初から、永遠の帝国を三千年帝国を茶化していました。ばかばかしくそれでも命に関わったというのは言葉のはんぱない意味で、生き残った時には私の友人たちにとってはさらに命に関わったし、もちろん間一髪私自身にとっても命に関わるものだったから、こうしたことはとにかく互いに同時に存在しているのです。

JK：アドルフ・ヒトラー、この男は二十世紀における巨大な扇動政治家であり、国民をたらしこんだ人物だったわけですが、フリートリッヒ・ヘール(16)が示したように、カトリック教会の歴史的権力を素晴らしいものだと感心していた。彼が聖職者や教会を外面的には見下し、血まみれの迫害をやったのだとしても、ヒトラーの『我が闘争』には絶滅計画への、ホロコーストへの、神学的根拠づけが見いだされます。「かくのごとく、私は、今日、全能なる創造者の意図において行動すべきであると信じている。ユダヤ人たちから身を守ることを通して、私は、主の御業のために闘っているのである」と彼は言っています。ヒトラーは神学者ではなかったし、彼の指向は完全に無神論的な特質を持つものでした。でも彼は、自分の政治行動を神学的概念の助けをかりて構想し、正当化しました。神の意志の体得は、このことについてのまた別の例です。つまり彼は、宗教的言葉遣いや、彼の信奉者たちが少なくとも文化的記憶の中でまだ知っていた象徴の理解といったものを、まとめて束にすることができた。ニュルンベルクでのような、あの壮大に演出された帝国党大会を見るとわかりますが、人々を自分たちに役立つようにする目的があり、そのために宗教的儀式を政治的にとらえ、新たな解釈の枠組みの中で再演出するというのを、国家社会主義者たちがどれだけうまく心得ていたか。どう思われます？　当時、どうしてあんなにもたくさんの人々が、こうした魅惑に、エリック・フォーゲリン(17)の言うような政治的宗教に圧倒されたのでしょうか？

DSR：簡単に言うと、彼らはのぼせ上がっていたということです。私はそのように理解しているのですが、だからヒトラーやヒムラーも、こうしたすごい悪事をする者たちは、みんなのぼせ上がっていた。自分がどれだけひどい行為をしているか、ヒトラーは全部詳しくわかっていたのに、それでもそれを美化し、実行したかのように私たちは今描いている。私にはヒトラーの身になって考えることはできませんが、彼が完全にのぼせ上がっていたということは現実にかなり近いと思います。たとえば、ユダヤ人を根絶やしにするのは正しい行為だと、彼は本当に信じていました。

JK：人は常に、sub specie boni（善きにかこつけて）(18)やるのは、いいことだという考えで何かをやる。でも、ヒトラーは、ユダヤ人を絶滅させると公言していたのです。『我が闘争』の中ですでにその準備は整えられていて、この本で確かめることができたはずです。

DSR：彼は、最後まで自分はいいことをやっていると思っていました。そこに悲劇があった。このことはイデオロギーの危険性というものを示しています。そして、このことが、どうして非常にたくさんの人たちがあのようなことになってしまったのかの答えでもある。多くの人たちが同じように度を失って、イデオロギーに目をくらまされてしまった。

JK：度を失うことやのぼせ上がることで、もしかしたらさらに説明できるかもしれません。でもそこで問題になるのは、私が、のぼせ上がりや度を失ったことで、他者を殺すということを始めるのか、ということです。

DSR：まさにそういった中に、他者に対して不当なことをしてもいいのだ、あるいはそうしたことをする必要がある、なぜならそれが神の意志だからだ、なぜならそれが正しいことだからだと信じて度を失うということがあるのです。こうしたことは残念ながら今でもまだあります。

JK：そうした危うさは過去のものではないということですか？

DSR：ある誰かを、所属している社会の輪から締め出している限り、我々は罪を犯している。つまり、我々がこの世界という織物、人類という織物を引き裂いている、ということです。私たちが、織物に裂け目を与えている。私たちの所属感がすべてを包括している場合にだけ、人は愛について語れるのです。愛とは、互いに所属しているということを自分で生きて、それを肯定することです。これは決して情緒的な愛ではないはずです。今、こうしたこと全部が、難民問題でまた非常に喫緊の課題になっている。

JK：特にどこにその時事性があるとお考えですか？

DSR：私たちが同じ全体に属していて互いに関係しているのか、それとも、私たちとは「異なった人たち」なのか？　という問いかけの中にです。

JK：今、不安を持っている人たちはまったく別の問いを立てています。多くの人たちは、もしかしたら、「秩序的に上位にある次元で、自分たちが同じ全体に属しているということは、確かにありうるだろう。だとしても、私の周りにはあまりにもいっぱいいすぎる」と考えているのかもしれません。

DSR：それはもちろん実際の場面では非常に難しい問題です。でも、自分たちは秩序的に上位の次元で同じ全体に属していると、本当に言うのだったら、どうやったらその下の次元で問題に対する解決策を一緒に見つけ出すことができるのか、問うてみる必要があります。我々はどうやってそれを成し遂げるのか？　我々にとって問題なのはあの異なった人たちで、これをどう解決するか考えましょう、というのが重要な点なのではありません。そうではないのです。私たちには共に一つの未解決の課題があるということです。どうやったら私たちは一緒にその問題を解決できるのか？　常に共通のものから出発する必要があります。

JK：もう一度ナチスの時代に、ヒトラーと彼の国家再興運動に発したあの陶酔のことに戻りたいと思います。あなたの家族や親戚の中でも、このことについての激しい議論といったものはありましたか？

DSR：そのことについて異なった意見があったわけではありません。でも一緒に生活していた家族の人たちの多くがユダヤ系だったことは、もちろんはっきりしています。このことが問題になることはまったくありませんでした。自分たち自身、弟たちと私も、同じようにクォーターのユダヤ人にあてはまりました。このことについて私たちはそんなにたくさん話したことはありませんでしたが、自分たちが危険にさらされているというのは自覚していました。

JK：それがニュルンベルク人種法に従っての記述だった。文化的、あるいは宗教的所属の意味で、自分をユダヤ的だとは感じてました？

DSR：いいえ。でも私たちは国を出なければならなかったユダヤ人の親戚たちのことは重く見ていました。私の大好きだったおばさん、祖母の妹ですが、おばさんは、アウシュヴィッツで殺されています。

JK：またもう一度戻りたいのですが、つまりそのより大きな意味での親族の中では、まったく議論はなかったのかという……。

DSR：もしかしたら何かいいこともあったのではないかということですか？

JK：あるいは、多くの家族でそういったケースがあったように、日和見主義から、いくらかはあの立場を擁護したのだという……。そうした人はもしかしたら「何だかんだ言って、自分たちもやはり合わせていかなければ」と言っていたかもしれない。あるいは「そんなに悪くはないはずだ。まずは、待とう」、あるいは「それでも私たちには仕事がある」、あるいはまた、このテーマで論拠として常に持ち出されたようなことも言っていたかもしれません。

DSR：いいえ、家族の中の、私の知っていた人たちの中では、そういったことはありませんでした。

父と母の離婚のあと、私たちは実際のところ、もっぱら母の家族のところでだけ過ごしました。私の母は半分ユダヤ人だったから、そこではもうまったくそんな話にはなりませんでした。

JK：お母さんがニュルンベルク人種法でユダヤ人ハーフとみなされ、その妹や近い親類の人たちが絶滅収容所に収容されて、お母さんのことがすごく心配になりませんでしたか？　それと、逆に、お母さんもあなたや弟さんたちのことを心配しませんでしたか？　思想的な抵抗の中であなたは常に、つぶされたり、ナチスに追われたりする危険の中にあったから。

DSR：一つには、危険を察知するということがあるし、またそれとはちょっと違って、不安を生々しく感じ取るということがあります。私なら不安についてよりもむしろ用心深くすることについて話すでしょう。私たちもそんなふうに慎重でした。誰を信用したらいいのかわかっていました。私たちはそれどころか、青少年運動に紛れ込んでいた密偵のことまで知ってました。誰か私たちにその密偵の人たちの写真を見せてくれた人がいて、警告してくれたのです。まだはっきり覚えています。繰り返し紛れ込もうとしていた男のことを一度、市電三八号線の終着駅(19)ショッテンリングで教えられたことがありました。私たちは慎重になっていました。でも、「我々は絶え間ない不安の中で生活していた」とは言えません。むしろ、状況はひどいがいずれ終わると信じていました。

一度、母親が病気で寝ていて、そこにゲシュタポの男が来て、子どもたちが誰と交流しているか、彼女に聞いてきたことがありました。母親は心構えができていて、私たちの本当の友だちで、でも何も疑われるところのないような人たちのことを言った。たとえばクラウス・ブレームやロピ・ブレーム。二人は作家のブルーノ・ブレーム(20)の子どもで、この人はずっとナチスにいました。だから私の母は、その二人の少年のことを出したのです。ゲシュタポの男は、母が夫婦のうちの、アーリア人の方だと思った。彼には完全にアーリア人に見えたからです。それと、男は母に向かって言ったのです。「いやあ、ユダヤ人の男と結婚したというのは、本当に残念なことです。まるでサラブレッドがロバと交配させられたようなものですからね」と。母はもう言ってました。「あんなふうに病気じゃなかったら、ベッドから飛び起きて絞め殺してやったのに」って。

JK：勇敢な女性だったみたいですね、お母さんは。

DSR：みんなで母ライオンって呼んでました。戦争が終わって、ドイツ兵がロシア人たちを前に逃げ出した時、言ってみれば戦場の前線が私たちの家の向こう側へ動いていったのです。夜、負傷したドイツ兵たちが私たちの家の中にやって来て、聞いてきた。「ここには誰か自分たちをドイツ軍の前線に連れていってくれる男の人はいませんか？」。母は、仲間の男の人をかくまってから、私のことも隠して、その男の人たちに早くまた家から出てもらうために、「男の人はここにはいませんけれど、私が皆さんを案内します！」と言いました。それからバスローブを着たままその二人の兵士を、夜、霧の中、ワイン畑を抜けてドイツ軍の方に連れていったのです。そのあと、ロシア人たちがドイツ人のあとに来る前に家に帰るため、すぐに走って戻ってきた。母は偉大な登山家でもあって、当時もうマッターホルンに登っていました。あの時代はまだ今のように観光のアトラクションにはなっていませんでした。子どもの時私たちはブレッヒマウアーの絶壁やほかの岩壁を見上げて、「見ろよ、あそこの上に母さんが上ったんだよ」と言っていました。私たちにあんなきつい登りは絶対できないと思いました。

JK：当時の状況に戻ります。カトリック教会は、今日的観点からすればもっと勇気を持って抵抗すればよかったのにと思うにしても、疑いなく厳しい圧力のもとにありました。当時、今とは精神の異なっていた時代を、あなたはどう生きたのですか？　人種差別的・民族主義的な救済のイデオロギーに対して、真のキリスト教信仰が自己を主張する必要のあった時代を、どう生きたのですか？

DSR：私はそれを、もっぱら小さな中でだけ、自分たち自身の状況の中で経験しました。私たちは当時、自分たちの精神的な同伴者だったドレシャル神父に、「私たちにヒトラーを殺すことはできますか？」と聞いたことがあります。暴虐的殺害があったあとの問いかけです。神父の答えは、「みんなが捕まえたら、可能だ」というものでした。その見込みは低かった……。

JK：ドレシャル神父を囲む仲間の集まり、いわゆるドレシャル派と呼ばれたものですが、そうした仲間の集まりは、精神的抵抗の中での非常に重要な組織網であり、また、信仰を形づくっていく上での中心でもあったのではないですか？

DSR：ドレシャルを囲む仲間たちの集まりは、信仰を形成する上でも、抵抗する上でも、私たちにとって最も重要なものでした。ドレシャル自身、私たちのうちの一人、アルフォンス・シュトュンマーを二年間、プラーター通りにある聖ヨハン・ネポムク教会の司祭館で、戸棚の後ろの小さな部屋に隠して面倒をみていました。アルフォンスは脱走兵でした。私たちはそのことについて何も知りませんでした。当時は誰も知らなかったのです。ドレシャル司祭は非常に勇気のある人でした。実際、私たちに力とより所を与えてくれた中心人物でした。もともとそうしたドレシャルを囲む仲間の集まり自体が、自分たちにとって非常に大切なものだったのです。私たちは毎週ミサをあげ、その後車座になって話し合う会をもちました。それが私たちの本当の力の源泉だったのです。

J K：集まりはどれぐらいの大きさだったのですか？

DSR：だんだん小さくなっていきました。私たちの中からもう次々に入隊していきましたから。でも、あの時は女の子もたくさんいました。思うに、二十人か三十人の間ぐらいでしたか。

J K：戦争のあったこの時代、キリスト教的なものが抵抗の精神的支柱であった一方で、別面あなたは、友人との集まりやドレシャルを囲む集まりでもライナー・マリア・リルケをさかんに読んでいますね。『時祷詩集』やリルケの小説『旗手クリストフ・リルケの愛と死の歌』。破壊と死を目の前にして、どうしてこうした文芸作品を？

DSR：もしかしたらそれはまさに逃避だったかもしれません。積極的に攻めるのではなく、実際はむしろ引き下がっていったのだと今この種の抵抗運動は非難されています。私たちはすでにトラークルも読んでいました。「人間は砲口の前に立たされたのだ」[21]。こうした詩の一節をまだすごくよく覚えています。でも、何といっても私たちにより所や慰めを与えてくれたのは特に『時祷詩集』でした。騎兵隊の旗手の物語。これはむしろ青少年運動から遺産としてもらったものです。それと、この物語は私たちとまったく同じようにナチスにも受け入れられました。青少年運動はまずはじめ、一九三〇年代の半ば、徐々に分裂していきました。その一つは宗教的なものをよりその中心に置くようになります。その中にノイランド運動も含まれます。ほかの運動はそのあと徐々にヒトラーユーゲントに吸収されていきました。でも、私たちの根は同じもので、そのあとに残ったものの中にはポジティヴなものもすごくたくさんありました。ヒトラーのもとでも。今はこういうことを言う時代ではありません。でもポジティヴな面もあったのです。

JK：たとえばどんなものを思い出します?

DSR：たとえば、自然とのつながり、自然と触れ合うことの喜び、シンプルな生活といったもの。ヴィーヒァート(22)の『シンプルな生活』は当時私たちのよく読んだ本でした。私にはこうしたものがカムフラージュとして前面に押し出されていたのだとは思っていません。イデオロギー的に間違った方向に引きつけられた人たちは、おもにこうしたポジティヴな面を見ていて、その他のものを一緒に背負い込んでしまったのです。こうしたものの虜にならなかった人たちも同じポジティヴな面を見ていたのですが、その裏の面を背負い込むことはなかった。本当のところ、これが違いです。

JK：リルケに戻りますが、何が魅力的で、何がそうした重苦しい日々の中で力を与えてくれたのですか?『時祷詩集』の何があなたにとってそんなに魅力的だったのですか?

DSR：この詩は、私たちのすごく気に入った言葉で書いてある祈りでした。礼拝の時の祈りとはとにかくまったく違っていて、楽に自分たちのものにできた。祈ることは当時私たちにとって中心となるものでした。ラインホルト・シュナイダーの詩の一つは、次のような言葉で始まっています。「剣を我等の首もとにとどめておくかどうかは、いまだ祈る者たちにのみかかっている」。これがほんとに、まったく中心的な考えでした。ゲオルグ・トゥルメール(23)も私たちには重い意味を持っていました。ユーゲントハウスのカレンダーには、絵に合わせて、彼の詩の一節がいつも載せてありました。

JK：戦争のあった数年間、その中では大変多くの友人と仲間たちが戦場やウィーンの爆撃弾で命を差し出さなければならなかったわけですが、あなたは過去の対談の中で、この戦争の数年間を「究極に生きていた数年間」と述べています。これはどう理解すればいいのでしょうか？　というのは、その人その人に運命の一撃があった時、望みを失ってあきらめることができたからということですか？　そんな中でも生きていること、そして生きる勇気はどこから来ていたのですか？

DSR：生命の危険のある状況に陥った時、命がそれだけよりいっそう燃え上がるというのは、たくさんの人たちが今でも経験していると私は思います。根底には、その時人が、完全にこの今を生きなければならないというのがあるように思えます。私たちが生きているということの度合いは、過去に執着したり、これからの未来を思うことの広がりにではなく、むしろ現実にこの今ここにあるのだということの広がりではかるのです。当時私たちはこうしたことを強いられていました。だからそれで非常に生き生きとしていたし、喜びにあふれていたのです。いろいろなことがあっても。

JK：死を目の前に見ていたからですか？

DSR：死を目の前で見ていたから、もしかしたら命の最後となるかもしれない瞬間をすべて楽しむということを、私たちは強いられていたのです。

JK：つまり、「汝のこの日を生きよ、それが最後の日であるかのごとく」ということ。

DSR：完全にそうした意味でです。

JK：お前が明日も目を覚ますかどうか、お前にはわからない。

DSR：私たちが子どもだった戦争の数年間は、実際、毎晩防空壕の中にいなければなりませんでした。

JK：そうした爆撃の際に一度、それがうまくいかなかったことがありましたね。

DSR：カースグラーベンの自分たちの家でのことでした。大家さんが自分で防空のための地下室を作ったのです。小さな子どもがいたので。それで私たちもいつもその地下室に逃げていいことになっていました。一回、その重いドアを閉めることができなくなったことがあって、というのは、落ちてくる爆弾の爆風がほんとに凄く強くて、そのドアが何度も何度もサッと開いてしまうのです。あの時代私たちは、夕方自分の服をすぐに見つけて着られるようにちゃんと置いておかなければなりませんでした。真っ暗な中でもです。たくさんあかりをつけるのは許されていませんでしたから。灯火管制の命令がウィーンには出ていました。夜中に空襲警報があると、だから暗い中全部すぐに見つけて着て、それで防空壕に入らなければならなかった。今でも私は脱ぐ時、真っ暗な中でも見つけられるように、全部そういうふうに置いておきます。それが習慣になっています。

JK：戦争終結のあとには、あなたがアンビバレントに書いているロシア人の占領が来ます。つまり、占領軍の第一波はどちらかというと解放的で、第二波は非常に抑圧的なものだった。今私たちが知っているような、占領軍兵士たちによる、何万人もの女性たちへのシスティマティックな強姦があった。あなたが近所のナージャという名前の、ウクライナから来た強制労働者の女の子を守ろうとした時、あなたのところに隣に住んでいる男の人が助けに来た、あの場面には、私にとって深く心に感じるものがありました。隣に住んでいたその男性は、自身が市民として行動する勇気を、その命をもって支払った。当時も、自分の最後の瞬間がやって来た、あるいは、運命の定めでもう一度命が助かったというふうに感じ取っていましたか？

DSR：私は完全にショックを受けていました。そんなことはまったく考えませんでした。でも、私たちがナージャを守ることができなかったことについては、整理しておく必要があります。私たちには、彼女がどこにいるのかわからなかった。彼女はいなくなってしまっていた。つまり、逃げ出していたのです。私は心配していませんでした。このことについてそれ以上話すことはありません。私はただもうショックを受けていたのです。

J K：では、どうして隣の人は射殺されてしまったのですか?

DSR：ロシア兵たちはたぶん酔っぱらっていました。その女の子を見つけようとして、うまくいかなかった。それで、もし彼女が出てこなかったら誰かを撃ち殺すと脅したのです。私たちのことはそのあと許して自由にしました。隣の人は手もとに残った。でも、彼一人だけではなかった。だいたい十人か十二人の人たちを、上の教会の方まで歩かせたのです。そのあと、そこでその人たちを壁にそって立たせ、ロシア兵たちがその周りを撃った。そしてついにその中の一人が死んでしまった。もしかしたらそんなことをするつもりはまったくなかったのかもしれません。ほかの人たちにけがはありませんでした。ヴィクトール・シュプリンガーは、私たちの隣の家で生活していました。シュプリンガー一家のところにもソフィーという名前のポーランドから来た強制労働者の女性がいました。彼女は軍服姿の私を何度も見ていたのです。ロシア人たちが彼女に、「あいつも兵隊じゃないのか?」と聞いた時、「違う、違う、とんでもない、ただの子どもです」と彼女は言ってくれたのです。つまり彼女が私の命を救ってくれた。

J K：でも、ヴィクトール・シュプリンガーも。

DSR：ええ。私の命を救ってくれた人として彼には感謝しています。兵隊が別の家の中にいた私たちを脅してきた時、彼が庭の扉の方にやって来て、その扉を揺さぶった。兵隊たちがその騒ぎを聞いて、私たちを自由にしたあと、下の方に走っていって、それで彼を射殺した。

J K：その状況を私がもう一度再現するなら、こうなりますね。二人のロシア人がそのナージャのことを捜していて、でもそれであなたたちの家の方にやって来て、言ってみれば尋問した。

D S R：私はちょうどその時どこか近くに立っていたはずです。全部、通りで起こった。まったく往来のない郊外の広い横道で。その時兵隊たちは私を、私たちの住んでいた家には連れていかないで、道をはさんで反対側の真向かいにあったある邸宅の二階に連れていきました。そこには、かつて第一次世界大戦で将校だった抵抗運動の闘士が住んでいた。あの時、たぶん入隊するには年齢がいきすぎていたのでしょう。抵抗運動で活動していて、非常に勇敢だった。その間彼はずっと、私たちに機関銃を突きつけていた兵隊たちに向かって説得を試みていました。彼の奥さんもその横に立っていた。兵隊たちは彼女の頭の上にバケツをかぶせました。彼は絶え間なくロシア人たちに向かって説得しようと話していた。ドイツ語で。そうやって説得しようと話している間は、たぶん彼を撃つのは難しかったと思います。そうこうしている時、下でシュプリンガーさんが扉をガタガタ揺さぶったのです。それで兵隊たちが振り向いて、私たちのことを放っておくことになって、私たちは自由になった。

J K：それがあなたの命を救った。戦後の混乱の中、何百万人もの難民がやって来て、あなたはインニッツァー枢機卿(24)の呼びかけに応じて、ズデーテンドイツを追い出された難民の世話をすることを友人たちと一緒に自発的に申し出ましたね。そのための特別の訓練も知識もなかったとあなたは書いています。「私たちにはただ同情と、苦しんでいる人たちを前にした心づかいがあっただけだった」と。そうした行動は皆さんにどんな影響を与えましたか？

DSR：ある別な種類での、人間の大きな苦しみとの出会いでした。

JK：ズデーテンのドイツ人たちの一部は歩いてやって来た。

DSR：みんな歩いて来ました。多くの人たちが全財産をまとめて載せた小さな荷車を引いていました。自分で実際に気の毒な人たちの世話をしなければならなかったというのも、もしかしたら私にとっては初めてのことだったかもしれません。私たちはほとんど何もできませんでした。少しは人間的に寝泊まりしていたことや、コレラや赤痢を回避するためのきれいな水といくらか衛生的なトイレのようなものがあったのを見ただけです。

JK：今でも思い出すことのできる出会いにはどんなものがありましたか？

DSR：私が覚えているのは、たとえば、すごく血だらけのくるぶしをしていた子どもたち。ものをねだる時ひざをついていたので。あの時私たちはちょっと徒党を組んでさくらんぼを盗みにいってました。どっちみち収穫する人が誰もいなかったのです。ある晩、子どもが何人か荷車を引いてやって来て、「自分たちの後ろの方で、お母さんが道に横になっていて、今赤ちゃんが生まれる！」と言ったのです。私たちには自転車一台しかなくて、その自転車でお母さんを捜した。それで見つかりました。幸運なことに子どもはまだ生まれていなかった。それで、私たちはお母さんをゆっくりと収容所に連れていきました。それからそこで彼女は赤ちゃんを授かったのです。

JK：生と死の間を行ったり来たり揺れ動いて、あらゆる感情を経験した、本当に信じられないぐらいな大騒ぎの時代です。

DSR：確かにそうしたことに特徴づけられた時代でしたが、私たちはでも、「今、これはなされなければならないのだ」ということ以外、何も経験することはありませんでした。一瞬一瞬、考え込んでいる時間はまったくありませんでした。今やっておかなければ、本当に今助けないと、それ以上は考えませんでした。みんなどんなにひどいことになっているかといったことを気にするなど、私たちの心に浮かぶようなことは全然なかったと思います。

J K：いわばそれがすごく人間的な心の動き、あとになってからですが、あなたが信仰のより大きな解釈の枠組みの中でもまた見ることができた心の動きだった。

DSR：私たちに教会の枠組みの中でそうした仕事をすることが許されたというのは、正直、素晴らしいことでした。私たちはカトリックの青年として、出来事の起こった現場の真っ只中にいたのです。私たちがいつでもあてにできた唯一の助け、それが司祭だった。司祭たちはあとで私たちに学校を自由に使えるようにしてくれて、私たちが必要とする物を説教の時に頼んでくれました。司祭の多くが司祭館で女性たちをロシア人からかくまっていましたし、それどころか守ったりもしたのです。

J K：どんなふうに守ったのですか？

DSR：私たちがある村に到着した時のことです。その集落では司祭が四十人ぐらいの女性たちを司祭館にかくまっていました。ロシア人兵士が一人家の中に押し入ってきたのですが、その司祭がつかまえて引きずり出したのです。小さな川で溺れ死にさせようとしたら、その兵隊が司祭の親指を噛み切ってしまった。私たちには、だから司祭は、一つの親指だけで挨拶していました。

ＪＫ：結局、実際に溺れ死にさせたのですか？
ＤＳＲ：いや、そのロシア人兵士は逃げました。
ＪＫ：それで、また来たのですか？
ＤＳＲ：いいえ、二度と見ることはありませんでした。
ＪＫ：すごい話だ……。
ＤＳＲ：そのあと私たちは、当然のことですが、みんな下痢になりました。もちろん、難民の人たちもたくさん。私にとってはそれが終わりで、またウィーンに戻らなければなりませんでした。

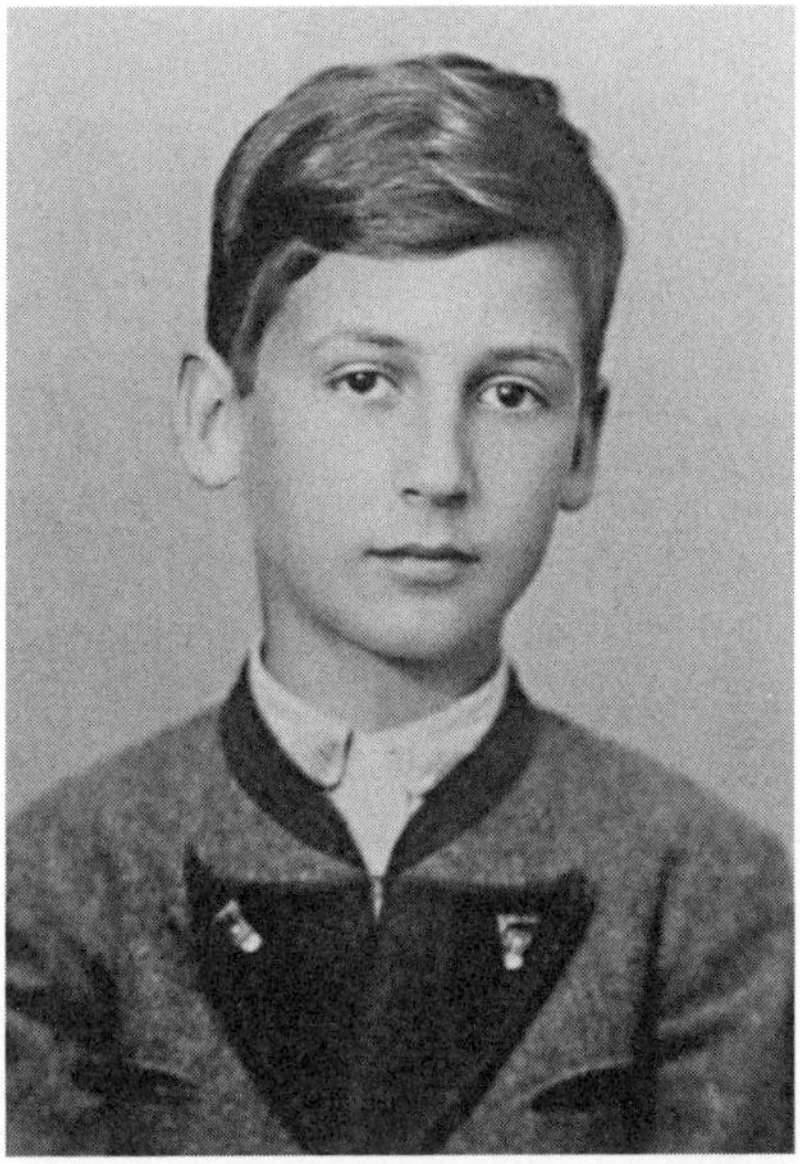

三　決断

一九四六〜一九五六

私の驚きには際限がなかった。「戦争は終わって、私は生きている！」。心の中にかすかに、ゆっくりとしか現れてはこなかったが、その時突然それははっきりと私の目の前にあった。「全人生が、今自分の前にある！」。この考えで私は、有頂天になったと同時に怖くなった。怖くなったというのは、そうした大きな恵みが、それと同じ大きな課題を自分に与えるものであることを何となく感じたからだった。自分の命で何を作り出すべきなのか？　仮に私が数えきれない可能性の中の一つを掴み取るのだとするなら、それはそのまま、ほかのすべてを手放さなければならないということを意味した。では、何が自分にとって一番大切なのか？　先を見通すようによく考えてみると、「何を」するかは、喜びを持ってするということよりもそんなに大事なことではなくなるような感じがした。戦時中のことを振り返りながら私は考えた。自分にとってまさに一番大変で、一番不幸だった時期に推進力を与えたもの、幸せか不幸せかにはまったく左右されない喜び、あの内なる喜び、それが問題なのだ、と。しかし、ではそうした喜びはいったいどこからくるのか？　私はこのことについてその後思い悩んだ。

そこに突然、澄んだ空から、次のような意味の言葉がやって来た。「死を常に念頭に置く」。本当に、まさに「澄んだ空から」だった。澄みきった空！　ザルツブルクの光あふれる八月だった。私は友人たちに招かれていた。その友人たちの中に一人かわいいと思った女の子がいて、その子に私は恋をした。街は音楽であふれ、通りや広場、アーケードの下で、開け放たれた窓の数々から、いたるところ夏の風の中に楽の音が響き渡っていた。この年初めてザルツブルク音楽週間が自由になったオーストリアで再び開催された。アメリカのタバコを一箱あげると、祝祭劇場の案内人はまるでわかりきったかのように一階平土間の自由席を二つ見つけてくれ、私たちはモーツァルトの「ドン・ジョヴァンニ」を一緒に観ることができた。

ドン・ジョヴァンニの終わり、それがまた再び私に「死を常に念頭に置く」という考えをもたらした。この言葉が頭の中で歩き回る。言葉は聖ベネディクトの戒律から来たもので、一千五百年近く前の古い小さな本から来ていて、その本は学生の時に読んでいた。私たちは反抗心から全体主義政治体制を逆なでするようなものはみんな読んでいたから。よりによってこのわずかな言葉が私の心に刻み込まれ、やがて、「過去数年間ずっと私たち若者が、死を、手を伸ばせば届くほど近くに、目の前にしてきた」のはどういうことだったのか、という感情が心の中にかすかに現れてきた。その時、生き残った友人よりももっと多くの友人が前線で命を失ったことを思い出した。そして爆弾がわが家に日々破壊と死をもたらしたことも。思わず小声でささやいたたった一言に死刑をもたらす可能性があった。そうしたことで自分たちの助任司祭の一人は逮捕され、処刑されている。(25)だが、それでもここでどうしても言っておく必要がある。「このひどい戦争の日々は、私と友人たちにとって、まじりけのない本当の喜びの日々、私が決して失いたくないと思ったあの喜びの日々だったのだ」と。そこから、「ついこの間までまだあったあの喜びは、いったいどこから来ていたのか？」という問いかけが生まれてきた。そのあと、今度は思いがけない答えが私の前にあった。「死を常にはっきりと思い浮かべるということよりほかにできることがなかったから、私たちはあんなに喜びにあふれて生きていたのだ」。それが私たちにこの瞬間を生きざるをえないようにしたのだった。そっくりそのまま、この今を。そしてそこに、生きる喜びの中に秘められたものがあった。

だから、この、喜びにあふれて生きるよう燃え立たせるものを失わないために、私はこれからも「死を念頭に置く」必要があるのだ。だが、この導きの言葉はベネディクトの戒律の中で見つけたものだ。つまりこれは、ベネディクト会の修道士になることを求められているのだろうか？　そう考えると居心地が悪くて、むしろその分だけポルカを踊りにいきたくなった。私のエリザベートのように、あんなに激しく、火のようにザリガニポルカを踊る子は誰もいなかった。

ザルツブルクで私たちはフェストシュピールシュティーゲの坂の上に宿をとっていて、毎朝私は、聖ペーター教会の後ろにあるベネディクト会士のところのミサに通った。持っていたショット版ミサ典礼書で私は、日々のミサのラテン語テキストをドイツ語で一緒に読むことができた。読み進めていく中で、日ごと、今後どうするかということの決断が問題となっていった。中途半端な自覚でしかなかったが、この問題に集中的に取り組んだのだった。この喜びが自分にとってそんなにも価値があるものなのか、それどころかいったい修道士になることに価値がありうるのかどうか。ためらいながらも考えてみた。心の中で引き裂かれ、決断を前にしたが後ずさりした。次の日の朝、ミサの最初の朗読で、有名なソロモンの判決(26)の部分が語られた。二人の女が王の前に赤ん坊を持ってきて、二人ともその子を自分の子だと言い張る。ソロモンは一本の剣を持ってこさせ命じる。「子どもを二つに切って、この女たちのおのおのに半分ずつ与えよ！」。その時、女の一人が、「彼女にその子を渡してください！」と叫び、そうやって本当の母親がはっきりする。

この瞬間、自分の中でも何かが叫びをあげ、もうその時にはソロモンの判決が突然私の中で内なる分かちがたいものへの憧れを解き放ったのだった。そしてそれが自分をとらえて放さなくなった。論理的なものではなかったが、私は、「そこに至るまでがどんなに遠回りな道であろうと、修道士になることが私の道なのだ」と知ったのだった。

こうした決断が結実する前に、それからさらに七年間逃げ出すことになる。私は次から次へアリバイを見つけていった。芸術大学で勉強、美術品修復者の免許、成功をおさめた子ども向け雑誌(27)の共同創刊、修復の仕事、アメリカへの旅、人類学を大学で勉強、ウィーン少年合唱団の世話人としての旅、ウィーン大学で心理学の博士号……。

本当は自分の「召命体験」のために準備させられていたのだった。それと知らずに。戦争が終わったあと、私と弟たちは父親と新たに連絡を取った。父はその時東チロルに暮らしていて、そこで私に夏休み期間中農家の仕事を世話してくれた。体を使う健康にいい仕事に、農家のまかないがたっぷり。これが、誘いかけているように聞こえたのだ。何しろもう二日目にはアルム（アルプスの高原の放牧地）に行かされ、そこのまかないは貧弱だったが、それでも自分にとってドロミテの峰々の真っ只中での孤独と静寂は、内省と内なる喜びの深い体験となった。

ケルシュバウマーアルムには、私を除くと「おじさん」と「おばさん」しかいなかった。二人はケルシュバウマー村の農家の遠い親戚で、戦争でふるさとを失った人たちだった。私たちはシュテルツ[28]（オートミール）を食べて生活した。おばさんが料理して、おじさんと私が互いに向かい合って座ると、おばさんがテーブルの上の二人の間に鍋を置くのだ。最初の晩、真ん中に向かってスプーンですくって食べ始めたが、おじさんの方が速くて、真ん中を越えてどんどん私の領域の中に入ってすくって食べてくる。それからは食事の初めにすぐ私が鍋の真ん中に境界線を引き、そこから自分の方に向かってスプーンですくって食べた。そんなふうに私たちは仲良くやっていった。私は乳搾りを教わり、子どもの家畜や羊たちとつき合った。何時間もアルムを歩き回って、静寂に耳を傾け、持っていたポケット版の聖書の中に入り込んで読んだ。とりわけ詩編のいくつかは繰り返し読んだが、賛美歌、他の知恵の書、それに、同じく羊飼いとしてその人生を始めたダビデ王の物語も読んだ。

戦争の終わった最初の年のことで、ある瞬間が思い出の中によみがえってくる。それは、アルムでのこの上ない幸せと、あとに見習い僧になった時の、それと似た経験との間に光を投げかける。――市電三八号線の満員の路面電車の中に、二、三人の友人と私は立っていた。私たちは自分たちの将来設計について話した。友人たちにははっきりした職業の見通しがしっかりとあるように見えた。だが、私の中ではそれにどこかで反発していた。私は、「自分は、決める前にむしろちゃんとたくさんいろいろなことを知っておきたい」と言うと、びっくりして自分自身に聞いてみた。「底辺が広ければ、それだけピラミッドは高くなる」という私の頭の中に自然と浮かんだイメージをどう表現したらいいかと。

それで、この「ピラミッドの底辺」を広げるため、今度はまだ戦争中だった頃にその入学試験に合格していた美術学校で学ぶことになる。そして、子どもの美術作品、それに原始美術にも関心があって、発達心理学と文化人類学も大学で同じ時期あわせて学んだ。爆撃で授業の建物が破壊されていたため、私たち学生は最初まずその再建を一緒に手伝わなければならなかった。だが、新たなる始まりと再建の喜びをいだきながら私たちはこの仕事をやったのだった。がれきをスコップで掘った時間が決められた数になると、それが証明書に記載され、それで大学で学ぶのが認められた。

一九四七年の夏、私は初めてアメリカに行けることになった。古い兵員輸送船だったが、アメリカ海軍の小さな艦船ファルコンでの渡航からしてもうすでに冒険だった。シカゴであったキリスト教徒学生の集まりに招待されたのだ。今でもまだよく覚えているが、自分たちオーストリアの代表団に祖国の歌を披露してくださいということになったのが、故郷を思い出してみんな泣き始め、先を歌えなくなってしまったのだった。シカゴからはアメリカの学生たちが私とガールフレンドのイザベルをカリフォルニアに一緒に連れていってくれて、そこから私たちはバスでニューヨークに戻った。戻ってくるのにまる一週間かかった。そのあとはオランダとアメリカを結ぶ連絡船でヨーロッパにまた戻った（大西洋を飛行機で行くというのは、当時世間一般の人たちには手が出ない、法外な金額のものだった）。

二回目のアメリカ旅行は、さしあたり祖母を訪ね、それにニューヨークで大学に行っていた弟たちも訪ねる計画にしていたが、思いがけない形で延びた。ニューヨークにいた時、ウィーン少年合唱団から電報が来たのだ。付き添いの一人が最後のところで入国許可をもらえなかった、私にその人のかわりに合唱団の北アメリカ巡業に同行できないか、と聞いてきた。学生時代私はチロルのヒンタービッヒルにあったウィーン少年合唱団の夏の施設で付き添いとして働いていたことがあって、それで校長のヨーゼフ・シュニット先生をよく知っていた。そこからこの誘いが来たのだった。それで私は三か月以上も、男の子たち、同僚のパウル・グランデ、合唱指揮のペーター・ラコヴィッチと、ウィーン少年合唱団のバスで合衆国中を旅した。カナダとメキシコへちょっとした寄り道をしつつ、平均して一日に二百マイル以上を踏破、三日に二回コンサートをやった。これは子どもたちにとって簡単なことではなかった。彼らの音楽的なトレーニングには私は何も関わらなかったが、身体と心の健康を気づかう必要はあった。当時のウィーン少年合唱団の一人だったヴェルナー・ショルツ氏は、長年ザンクト・ペルテンでカトリック慈善福祉団体カリタスの所長として貢献した方だが、生涯私の友人だった。

私にとってウィーン少年合唱団との旅でとりわけ大事なものになっていったのは、アメリカの少年合唱団との出会い、フロリダ州パルムビーチのアポロ・ボーイズ・コワイアーとの出会いだ。この合唱団の指導者だったコールマン・クーパー氏に、ウィーンの合唱団が帰国したあと、彼の創設したこのコーラスで世話人として働くよう誘われたのだ。フロリダで暮らすチャンスというのは魅惑的なものだった。そうしたら思いがけなく、とんでもなくきれいな宮殿に住むことになった。イタリアルネサンス様式で創造力豊かに設計されていて、その石造りの外壁には彫刻家デッラ・ロッビアのオリジナルレリーフが半ダースもはめ込まれていた。フィラデルフィア出身で芸術を奨励したジョセフ・E・ヴィドゥナーが、一九二〇年代初め、建築家モーリス・ファティオにこの「イル・パルメット」を建てさせ、当時その楽園はこのアメリカの少年合唱団の本拠地になっていた。レイクワースと海の間の、長く、とても広い土地を、緑豊かな公園がしめている。私は人生で特別に美しい場所を繰り返し自分の住み家にできたが、ここを超えるところはどこにもなかった。ここには「ママ・クーパー」と男の子たちが呼ぶ人がいて、私のこともまるで母親のように世話してくれたからだ。

加えて、合唱団所有のテープ録音器械を自由に使えたのも、思わぬ幸運だった。というのは、学位論文に取り組んでいた時期、声の表情をテーマに取り組んでいたからだ。録音器械は当時まだ非常に高価で、その取り扱いは決して今のようにそう簡単でもたやすいものでもなかった。録音テープが何度もリールから飛び出し引きちぎれて、継ぎはぎする必要があって、私はよく頭のてっぺんからつま先までまるでラオコーンが蛇にからみとられたようにその中に巻き込まれた。最後にはでも必要な資料を集めてウィーンに戻り、学位論文を書いて、一九五二年十一月フーバート・ローラッハー教授のもと心理学で学位を取った。だからクリスマスはもう家族とニューヨークで祝ったのだった。四年後、初めてまたヨーロッパに戻ることになるが、そのあとは飛行機だった。冬の嵐の中のこの船旅は、汽船での最後の渡航になった。

アメリカ合衆国への移住――人は修道士になるためにアメリカに移住するものではないのである――それは、合衆国での三度目の滞在だったが、最初は私にとって危機的な時期となった。いや、今度はただ人を訪ねるためだけに来たわけではない。

確かに、家族のところにいるのはうれしかった。だが、マンハッタンでの都会暮らしが自分にとってぞっとするぐらい嫌なものになっていったのだ。本当にくつろげる唯一の場所は、四十二番街にある公共図書館の、ものすごく大きくて薄暗い、まったく音のしない閲覧室だった。数えきれないほど幸せな時間をそこで過ごすことができた。このことを思い返すと今でも感謝の気持ちでいっぱいになる。

いとこの一人がニュージャージーで精神科医をしていて、彼のもとで心に障害のある子どもたちのために働けることになった。ウィーン芸術大学のかつての仲間がフィラデルフィアの芸術大学ですでに指導的立場にあり、彼からも仕事の依頼があったが、私の気持ちはその仕事の方には向いていなかった。自分の気持ちがどこならばぴったりくるのか、私にはわからなかった。

この「新世界」でのカルチャーショックは鬱々とした日々をまねくことになり、初めは逃避だったものが、だんだんと、しかるべき修道院がやはりどこかで自分を待っているのではないか、それが合衆国だとしても、という問いかけになってきた。そのあとそれは予期しない形で浮かび上がって来て、「自分はたどり着いたのだ」という確信を一発で私に与えてくれることになる。

というのは、私はある友人に向かって次のように言っていたからだ。「中世に生きていたらたぶんベネディクト会修道士になったかもしれないけれど、ヨーロッパの修道院ではしきたりがあまりにも多くて重いんだ。私の探しているのは」——そうだ、自分が探していると告白するのを、自分で聴いたのだ。「本来の戒律を実践しようとしているような修道院なのだ」。「奇遇だ!」。友人は応じた。「ニューヨーク州のエルマイラに、ついこの間そういう改革的な修道院が作られたらしいよ」。バス会社のグレイハウンドに電話してエルマイラ行きの夜行バスを見つけると、翌朝にはそこに着き、少し探すと、一年前に三人のお坊さんたちがマウントセイバー(29)で修道院生活を始めた農場を見つけた。午後にはその中の一人、プラシドゥス神父と一緒に働いた。私たちはかぼちゃを植えたが、彼は質問に私が満足するまで答えてくれ、翌朝にはもう二人の別のゲストと一緒にニューヨークに帰った。一九五二年の五月半ばだった。この修道院への受け入れを願い出ると、八月二〇日にはついにマウントセイバーに入った。そこでずっと暮らすためにである。まったく無造作で突然のことだった。

修道院での最初の数年間、志願生、修練生、そしてあとに若い修道士として、私はケルシュバウマーの高原牧場にいた時とまったく似たようなものを感じていた。私の二十代は、アルプスの高い山の上で始まった時と同じように、イロケーゼ族の丘陵地で終わった。その時、私はアルプスにいた頃と同じように、ただもう毎日毎日、静寂と広がりの中へと深く入り込んで耳を澄ませていた。

■対話3

JK：良く生きるためのわざは、良く死ぬためのわざでもある。ars vivendi est ars moriendi. あなたは戦時中聖ベネディクトの戒律を読んで、自分にとって日々ありうる死を目のあたりにした時、霊的な原理の核心にも出会っています。現代では宗教や霊性が話題になると、多くの人たちは、他人に操られ、おきてや戒律に特徴づけられた生き方を思い浮かべます。こうした人たちにとって宗教は、問題のあるもの、非合理的で争いを招く可能性のあるものになっています。ごくわずかな人たちだけが、スピリチュアルなものと、生命力、覚醒、充実した生といったものを結びつけている。ところが、このいのちの力が、ブラザー・ダーヴィト、あなたにとって今や戦争が終わったあとの解放されたオーストリアで、そのあらゆる可能性と共に開けてきた。あなたは常にただ死だけを目の前にしていましたが、今度はそればかりでなく、可能性のすごい束もまたはっきりと目の前にすることになった。最初はどういったものが一番性に合うと思われたのでしょう？

DSR：まず私は、軍に招集される前にすでに始めていたことを続けたいと思いました。ウィーンの美術学校での勉強です。でも、とっても尊敬していて、好きだったカール・シュテッラー教授が政治的に失脚してしまったのです。言ってみればスケープゴートにされた。ナチではなかったのですが、自分やほかの人たちを守るために入党していた。いずれにせよ教授は、辞めてしまうか、あるいは、美術学校ではもうこれ以上教えることはできないと思うぐらい幻滅してしまったのです。その時私は、自分に合った画家の先生を他に見つけることができなかった。だからそのかわりにアイゲンベルガー教授のところで修復の勉強をすることにしたのです。すごくワクワクしました。戦争のあと、私たち修復者は、壊された物件をたくさん手がけました。

JK：それで、修復する場合には、たとえばどこで作業していたのですか?

DSR：例外はちょっとありましたが、いつも美術学校のアトリエで作業していました。たとえばルーカス・クラナッハの絵などで、あの絵は火災の際に、シュテファン大聖堂だったと思いますが、気泡ができてしまっていました。それにアルブレヒト・デューラーの作品も私たちは修復しなければなりませんでした。聖母マリアで、オーストリアの、国のものでしたが、そのあと、今はチェコ領になっているオーバープランの財団の美術館のと交換されたと聞いてます。それと、自分たち学生にとってすごくワクワクしたのは、家の美術品が本物か偽物か判定したいと思っている人たちに、毎日、十二時から十三時まで、教授が無料で鑑定してあげていたことです。私たちは毎日見学していいことになっていました。たいていはそんなにすごく価値のあるものではなかった。絵は多くの場合複製であることがわかりました。でも一度、折りたたんだカンバスを持ち込んだ人がいて、その時すぐに教授は、「これはちょっと面白いものかもしれない。細かく見る必要がある」と思った。

画面上に何が描かれているのか、まったくわからない。すごく埃をかぶって真っ黒くなっていました。何週間も作業して、それがファン・ダイクの今まであまり知られていなかったものだとわかりました。私たちのところで初めて発見されたのです。いやー、あの時はもう、すごく面白い経験をさせてもらいました。でも、あの時期一番私の琴線に触れたのは、コッパース教授[30]の講義で、神の観念の起源についてのものでした。

J K：その人は神学者だった？

DSR：いいえ、人類学者ですが、シュタイラー布教会（聖霊会）の司祭だったのです。ここの人たちは当時、人類学科に何人もの教授を出していました。いやー、あの講義にはすごく感動しましたね。あのあと国立図書館でヴィルヘルム・シュミット[31]の「神観念の起源」を何巻も借り出しました。ショッテンリングのカフェ・バスタイに座って、読んでいてただもう涙がこぼれて。そのあと人類学を勉強したのです。

J K：当時、その本を読んでいて泣くほどあなたの心に触れたもの、それが何だったか思い出せます？　そこに特別な考え方、あるいは何か、自分に見えてきたもの、自分を揺さぶったものがあったのですか？

DSR：ヴィルヘルム・シュミットの文化圏の理論は、現在広範囲にわたって乗り越えられています。それでもやはりずっと残っているもの、当時の私の心に本当にすごく深く触れたものは、神の観念は人間の普遍的な原体験だということです。これが当時ヴィルヘルム・シュミット神父のあの本で、自分の中にすごく照らし出されたのです。

JK：いわば、根源的宗教性、根源的信仰が、あらゆる民族にあらゆる時代を通じて存在するということですか？

DSR：彼は当時それをまったく別に表現していました。でもこの考え方は私の場合、そのあとも続いていきました。要するに、それが私たちを初めて人というものにするのだ、私たちはあるすごい神秘と対峙しているのだ、と今私は思っています。それが、慎重にではあるけれども、神と名づけうるものなのだと。このことについての手がかりが、あの時まるで希望の光のように私を照らして、すごく心を動かしたのです。

JK：それで人類学を学んだわけですか。一九四六年の夏をあなたは、解放的で、魔法のようなものとして描いていますね。私の解釈が正しければ、あなたは当時二十代で、エリザベートという名前の女の子に恋をしていた。その子とはザルツブルク音楽祭に行っただけでなく、ダンスのステップすら踏んでる。恋をした時、もしかしたら一度は結婚して家族を持つかもしれないといった考えを思い浮かべて楽しむということもあったのではないでしょうか。

DSR：ありません、思い浮かべて楽しんだのではなくて、計画していました。すごく細かいところまで具体的に考えました。子どもは十二人欲しかった。あの頃はでも、人口が過剰に増大していくという考えも繰り返し心に浮かんできて、それでこの考え方が異性と交わらずに生きるという私の決断に、実際、本当にびっくりするような影響を与えたのです。

JK：ただでさえもあまりにもたくさんいるから、それに加えてさらに子どもをもうけるということはしたくない、と考えたのですか？　でも、何しろまだ一九四五年です。当時、世界にはようやく二十億の人間が暮らしていくようになったのですよ。

DSR：あれから人類は三倍になりました。想像もつかないことです。

JK：恋をすると人は過剰な人口のことを無条件に考えるというわけではありませんが……。

DSR：このごろ若い人たちは、そうした時も必然的に家族や子どものことを考えるということはしません。でも、そういうことを当時私たちはやはり考えていました。そうしたものが私たちの思考の枠組みの中にあった。

JK：お二人に？

DSR：我々の世代全部の思考の枠組みの中では、愛と夫婦関係と家族は一緒のものだった。それを私は言っているのです。

JK：つまり、そのことをあなたはいろいろ考えていたのだと。エリザベートさんの側はどうだったのですか？

DSR：それはわかりません。でも、いろいろ考えたのは、どちらかというと一方的にだったと思います。

JK：あなたの恋も？

DSR：広くいろいろなことを。

JK：いずれにせよ二人の関係の面では、そこからはもう何も生まれるものはなかったのですね。でも、当時、一人で生きていこうと思うのか、自分にはまだはっきりとしてなかった。違います？

DSR：ザルツブルクの聖ペーターでの体験から、どこか自分の深いところで、修道士になるのが私の道だともうわかっていました。

JK：あなたは今、聖ペーター僧院教会での礼拝中、聖書のソロモンの裁定の文章を聞いた時の場面を思い浮かべているのですね。一人の子どもが刀で二つに分けられることになって、本当の母親があきらめることでその子を救うという話です。でもあなたは、このテキストを自分自身に結びつけている。あなたは分裂した中で生きたいとは思わなかった。でも、どうしてそれに自分を結びつけたのですか？　この不分性をどのように理解したのでしょうか？

DSR：当時の私には、まさにそうした「あれか、これか」が常に頭の中にあって、内的分裂状態になる危険性を経験していました。自分たちはこれまで、いつも分かたれることなく、現に存在していたのだと自覚させられたのです。だから私たちは戦争の真っ只中さえ、すごく幸せだった。私たちはこの瞬間の中に生きなければならなかった。常に死を目の前にしていたからです。私はこの「死を念頭に置く」を修道士であることと結びつけました。この言葉を聖ベネディクトの戒律で読んだからです。修道士として分かたれることなく瞬間の中に生きることで幸せになれるのではないか、と思ったのです。つまり修道士になりたいと思ったのですが、でも同時に、それを望んでいなかった。

JK：同時に、言ってみれば、子どもが十二人というのも魅力的ではないかと。その時は人口過剰ではなかったのでしょうか？

DSR：とっても魅力的でした。それに他にもたくさんあって、あの時期私は、修道士というものを、どちらかというとひどいものだと思っていました。そうした「あれか、これか」の中で、まだ決めていなかったのです。

ＪＫ：当時、たまたま偶然、ゼーレン・キルケゴールを読んだのですか？　彼の著作、『あれか、これか』を？

ＤＳＲ：私たちはキルケゴールを読んでいました。もう戦争中すでに。でも、私の決断には何も影響はなかったと思います。ついでの話ですが、あるご婦人は妊娠の時、キルケゴールの本『あれとこれ』のおかげだったと感激していたという話です。私もまったく同じで、「あれとこれ」両方欲しかった。ソロモンの判決だけが、自分で自分を振り返らせたのです。

ＪＫ：つまり、不分性の中で生きたいということが、二十歳で自分に明確になったとおっしゃるのですね。それでもそのあとさらに数年、「あれもこれも」というモットーに従って生きた時期が続いた。

ＤＳＲ：そうなのです。人生の中で、ある洞察がその現実化にはるかに先んじ、その上現実化への意志にすら先んじていくということがよくあるのです。私はそうした「あれとこれ」を生きて、同時に、分裂したものの中で生きたくはないと気づくこともできたのですが、喜んで快く決断するということはありませんでした。完全にはっきりと認めることができたのは、聖書のソロモンの判決を読んだあとです。

ＪＫ：よりによって、その箇所がそんなにも語りかけてきて、明確なものを伝えたのはどうしてか、今でも覚えてますか？

ＤＳＲ：そのイメージはすごくはっきりしています。女の人二人は私にとって、一方が教会で本当の母親、それからこの世、それが「この子は私のものよ！」と言い張っている。本当の母親が、生き延びさせるためにその子を手放した。しかしソロモンの判決は、最後には彼女に与えることを認めています。このイメージがもう私をとらえて放さなかったのです。常に意識から排除していただけです。

JK：そしてそのあと、さらに、まったく別の学問を追求していきました。「底辺が広ければ広いほど、それだけピラミッドがより高くなる」。ウィーン大学でのさまざまな勉強の動機を、あなたはそう説明しています。人類学に行ったし、美術、修復、それに心理学も。最後のは、東チロル出身でウィーンで教えていた心理学者、フーバート・ローラッハー[32]のところで勉強した。大学でのこうした勉強を、あなたは今眺めて、修道士になるという最終的決断を前にした逃避とも見ています。あなたが一度私に、ほかの理由も同じように重かった、と話してくださったのを思い出すのですが、つまり、当時あなたは自分自身を反教権主義的だと理解していたのであって、それもより厳密に言えば、教会がいまだなお非常にブルジョアジー的なものを持っているという意味でです。ノイランド運動全体が、当時その意味で、反教権主義的であったのであって、反宗教的ではなく、むしろ徹底的に信心深いものだった。しかし、古い、旧弊化したカトリック制度の拒絶の意味で、反教権的だった。

DSR：そうした旧弊化した制度の中に、私にとっては、広く自分の知っている修道院も含まれていたのです。私が本当にわが家のように感じた唯一の修道院が、私の霊的助言者だったヴァルター・シュッカー神父[33]のいたハイリゲンクロイツ修道院でした。でも、ベネディクトの戒律を読んで感激してしまって、もともとの戒律に従って生活する修道院をずっと求めていました。これが、当然ですが、まさに頭を悩ますものになっていた。

JK：そうした「原点へ立ち返る」ことに、何を期待していたのでしょう？

DSR：そんなに細かく考えていたわけでは全然なかったと思います。自分が望んでいるものよりも、望んでいないものの方を、むしろわかっていました。それで、自分が見たものは望まなかった。

JK：たとえば？　何を望まなかったのですか？

DSR：司祭のすごくたくさんいる修道院。どういう意味かというと、本当は司祭になろうとして、修道士にはあまりならないということ。理想は次のようなものでした。「仮に、そうした完全に歴史的な重荷抜きで、戒律の原点の現実化にとにかく本当に立ち返っていくことができるのなら、それが理想的なのではないか」。このことは、オラトリオ修道会の会員で、アメリカ合衆国にいた私の友人のフィリップ・ヴァルシュ神父にも話しました。それでその人が、まさにそうしたものを目的にして新しく創立された修道院のことを聞かせてくれたのです。これが私にとってマウントセイバーについての初めての示唆でした。

JK：そのことについてはあとで戻ってくることにしましょう。あなたの二十代はじめの頃のことにもうちょっと詳しく光をあてたいと思います。東チロルのケルシュバウアーアルムの山の農家で、かなりの間、山の静寂の中にいたことがありましたね。今から見るとこれは、ある種、後の修道士生活に向けての孵化期とみなすことができる。アルム（アルプスの放牧地）では、分裂していたものが解消されていたのかもしれません。あそこでは、生活は簡素ではっきりしています。あそこでは、はっきりした一日の流れがあります。雨風、動物たち、水、ミルク、ベーコンにパン。あそこで人は、あっさり、ストンと自分に行くことができる。気を散らすようなものはほとんどありません。それでも自分のいろいろな可能性とともに谷間の平地に戻ってくると、数々の誘惑がもとどおりにそこにはある。それでいつかは山からまた下へ降りなければならないのです。それが、道のりを一つ行った先で当時あなたの中で分裂していたものの象徴、あるいは、そのあともしばらくの間人生でいだくことになる、アンビバレントな感情の象徴だった。

DSR：あのアルムで私にとってすごくよかったのは、深く入っていくいい機会だったことです。そして、その下の谷の平地ですごくよかったのは、それが広がりへと入っていく可能性だったことです。ちょうどこの時期、初めて自分で旅行に行くことができるようになったのです。スイスに行きました。自由と豊潤の国。あれは私にとって発見だった。私は二人の友だちと一緒で、その友だちとは今でも親しい関係なのですが、前、合唱団の少年だったヴェルナー・ショルツと、リンツ出身のハインツ・トーンハウザー、二人と自転車旅行に行ったのです。私たちは東チロルを横切ってスイスに入って、それからイタリアの上の方の湖の方に向かって、それでまたスイスに行きました。私たちにとってあれは発見であり、解放でもありました。世界を見ること、自由であること、目いっぱい動き回れること、行きたいと思った所へ自転車で簡単に行くこと。こういうことが戦争のあとの時代、私たちにとって何を意味していたか、こういうのはもう今ではほとんど想像もつかないでしょう。広がりの中に向かっていくというのは大きな経験でした。そしてそれが、深みへと向かっていくのか、それとも広がりへと向かっていくのかという私の葛藤だったのです。

JK：もう一度アルムに戻ります。そこで観想的な生活が「自然の修道院」という形で初めて可能になった。修道院は自然だった。隠棲の体験だった。

DSR：平穏な生活というものを経験したのだ、ということでしょう。アルムで私は、おおらかな瞑想の時間を経験しました。一日中ずっと、自然とのふれあいに喜びを感じるか、あるいは、常に持ち歩いていて読めるようにしていた小さな聖書に触れて喜びを感じるかしていました。

JK：ということはつまり、自然という本の中に読み取って、それから聖書という本の中でも？

DSR：当時はまったくそんなふうには考えていませんでしたが、このことはクレルヴォーの聖ベルナルドゥスがやはり同じように、その中に私たちが神を見いだす二つの本が存在すると言っています。聖書という本と、自然という本。

JK：それでそれが言ってみれば、当時あなたが東チロルで味わい尽くした、自然という本だったわけですね？

DSR：ええ。あのケルシュバウマーでの経験より素晴らしいものは絶対見つけることはできないでしょう。すごく徹底的に浮世離れしていて、私たちのほかには夏の間中ずっと誰もいなかった。ほんの一回か二回、巡礼の人が立ち寄っていったぐらいでした。当時イタリアとの国境は立ち入り禁止地域で、放牧地をぐるりと囲んで、ドロミテの、線条細工のような山々の頂を見ることができました。青い空に向かって白く、すごく壮麗だった。

JK：ここでまた出会いがあった。驚くほど美しいものとの出会いが。それは、すでにあなたが子ども時代の初めから知っていたもので、お父さんと一緒にチューリップのガクを初めて覗き込んでうっとりさせられた場所であり、あなたには、そこで、もうすでにあったことがわかったものだった。

DSR：アルム全体がまるで花のがくで、山々の頂で周りをぐるっと花びらに囲まれているようになっていて、その真ん中に私たちはいたのです。

JK：二回目のアメリカ旅行のあと、一九五一年、合衆国へとあなたは家族のあとを追うことになります。そうこうするうちに身内がもうそちらに移住していた。初めはニューヨーク、マンハッタンで生活しました。しかし、修道士になるかどうかの最終的な決断をめぐる問いかけがあなたをとらえて放さなかった。あなたが、まさに無限の可能性の国で、その後自分の可能性を見つけ出した、自分で修道院を選び出したというのは、歴史の皮肉です。ちょうどその三年前、ベネディクト会の修道院マウントセイバーが新しく創立されて、それがエルマイラにあった。そこで何があなたを引きつけ、そして最終的に何が強められたのでしょうか？ 修道士であること、これが自分の道、自分はそれになりたいのだと？

DSR：自分にとって一つだけ大事だったのは、そこで本当に聖ベネディクトの戒律が、完全に、文字どおりに生きられているかどうか、という問題でした。それがすべてでした。私はこの考えに観念的に完全にとらわれていました。入る前、マウントセイバーに行ったのは、ある午後の日一回きりでした。昼に着いた。午後にはもうプラシドゥス神父と一緒にかぼちゃを植える役を割り振られました。それが私にその神父に聞く機会を与えてくれたのです。「皆さんここマウントセイバーで、本当に注釈なしのベネディクトの戒律に戻っていこうとしているのでしょうか？」と。答えは、「はい」でした。二つ目の質問は、「皆さんのところでは聖職者修道士と別に、平信徒の修道士がいるのでしょうか、それとも修道士はみんな平等にされているのでしょうか?」。この二つの質問が自分にとっての試金石でした。中世、平信徒修道士が導入され、それでその時修道院の共同体は二分されていた。これが私の目にはベネディクト本来の修道院生活に反するものだったのです。だからそれが私にとって戒律に忠実かどうかの試金石だった。私の質問に対する答えはまたもや満足できるものでした。「私たちはここではみんな同じで、自分たちを平信徒の修道士だとみなしています。私たちのところでは、私たちが修道院で必要とするだけの数の司祭しかいません」。これで満足でした。私の動機は非常に頭を悩ますものでしたが、でもそれが私を正しい道に連れていってくれた。それであの決定的な一歩を踏み出せたのです。一度も後悔することのなかった一歩でした。私たちには誤りの数々を通してでさえ、自分のあるべきところ、あるいはありたいと望むところへとたどり着くということがあります。決断は、本当はもうずっと前に、ソロモンの判決の形でくだっていたのです。あの時ザルツブルクで、七年前に。

J

K:仮定の質問をするために、さらにもう一度少し戻ります。不分性、あなたにそのソロモンの比喩で道を示した、分かつことのできないものは、また別の違った方向に向かっていくことが可能だったのではないでしょうか。考えてみてください、うっとりするような女性にくびったけになってほれ込んでて、その人もあなたにほれ込んでいたとしたら。それから、考えてみてください、あなたにとって人口過剰などまったくどうでもよくて、子どもの十二人いる家庭を持ちたいとあなたが言ったのだとしたら。これも分かちえないものの中に生きるということの考えうる一つの可能性だったのではないですか?

DSR：たぶんありえたのではないでしょうか。でも、思い返してみても正直あの時の気持ちはわかりません。一つにはそうしたことにはならなかったし、私はザルツブルクでの最初の経験の時から修道院の方向にすごく傾いていたのです。けれども、常にそのことを考えていたということとは違います。決してない。実際にほかことに対してオープンでいたのです。でも、心の中ではやはり、もうすごくそちらの方向に傾いていました。

JK：仮に私がきちんと覚えているとして、昔一度対談した時、あなたはおっしゃいました。「戦争のあと、私には二つの道があった。ここでぴったりの女性がやってくるか、それともぴったりの修道院か。それで、ぴったりの修道院がちょうどその時、より早くやって来た」。

DSR：それはむしろ私がよく言っていた冗談だったのです。でも心の中では、もしぴったりの修道院がやって来たら、その時はそれで全部合っているのだと、もうわかってました。私にとってむしろ問題だったのは、「そもそものような修道院は存在するのか？」ということでした。

JK：あなたは初めの頃、批判的にとらえてですが、自分はちょっと原理主義的だったと見ていませんか？

DSR：それどころか厳格主義的でした。そしてそれが明らかに若い修道士だった私の生活の中で障害もまた作り出していたのです。というのは、マウントセイバーが私には決して厳しいところではなく、規律に忠実だとして足りるところではないと思ったからです。でも、もしそれが運命によって、幻滅によって打ち砕かれなかったら、私はひどい厳格主義者になっていたところでした。すべての幻滅がでも私たちを錯覚から解き放つのです。私が求めていたような、そして正直なところ、いまだに求めているような、戒律に忠実に生活している修道院は、まったく存在しないのです。たとえば若い修道士だった頃、私は常に変化する一日の経過がどんなふうに見えるか、日ごと、週ごと、月ごとに、あとから計算してメモするようにしてみたことがありました。太陽の位置は常に変わるし、ベネディクト会修道士はもともと日時計を使っていたからです。当然それは、私たちを訪ねて来たり、どうしても決まった時間にミサに来たいと思うゲストの皆さんには合いません。そんなことで私はとっても忙しかった。修道院で今やっているのよりも、もっと戒律に忠実に生活するなどというのは、今でもびっくりするのではないかと思います。

JK：それは、戒律が、特にベネディクトの戒律が、そうした初めの頃、生活の中であなたに特別な手がかりを与えたということを言っているのですよね。あなたには、自己の人格形成のために、自分の人生を組み立てていくために、何か自分の身を支えることのできるものが必要だったように見受けられますが。

DSR：しっかりした構造というのは、私にとって、もともとずっとすごく重要なものでした。

JK：どうしてそうだったのですか?

DSR：性分だと思います。もう体質なのだと思います。

JK：そうしたいと思うのは、あなたが、ふだん実際は美術や詩の才能にも恵まれた人間で、芸術や規制されないものに対してオープンな人間だからですね。これが別の面だ。

DSR：私は両方の面を見ています。もう戦争中には、みんなでポール・クローデル(34)を、『繻子の靴』を読んでました。その中に、「秩序は理性の喜びであり、混沌は想像力の歓喜である」という言葉を見つけることができると思います。これは私にとって重い意味を持つ言葉でした。この緊張関係を伴いながら、私は生きることを学ばなければならなかったし、今なお学んでいます。この緊張関係のど真ん中に私は立っていたのです。

JK：二つともできたのですか？

DSR：それはできませんでした。でも、秩序と混沌、理性と想像力、二つとも同じように大切なのだということを学びましたし、学んでいます。

ケルシュバウマーアルム

四　修道士になる

一九五六～一九六六

修道士になるということが自分にとって何を意味しているか、これを私は一瞬たりとも逡巡することなく人がよく言うような答えの一つにまとめた。修道士になってからその時二、三年経っていた。ある友人が私に聞いてきた。「皆さん一日中修道院にいて、いったい本当のところ何をしているのですか?」。私は、自分が深く考えることもなく次のように言うのを聞いたのだった。「みんなで祭壇を囲んで立って、賛美と感謝の歌を歌っています。そこから、必要なら、ほかの任されたことをするため、外に出ていきます。でも、いつもまた自分たちの生活の中心にある祈りの唱和へ戻ってくるのです」。

ベネディクトがその戒律で意図しているように、私たちはマウントセイバーでこのころ、日中七回、そして夜一回、祈りの唱和を行っていた。また、いわゆる小時課（一時課、三時課、六時課、九時課）を私たちは、ほかの多くの修道院で慣例となっているように合わせて一緒にしてしまうことはなく、実際に日中七回、短い祈祷の時にも、唱和のため鐘が私たちを呼び集めるのだった。時々刻々変わっていく日の光が、周りの景色にだけでなく祈りにもまた固有の趣と色合いを与える。祭壇をぐるりと囲み、共同体として私たちが行う神への賛美は、その時、私が修道士としてその合間に行うことを許されたほかのすべてのものの中へと入り、光を放つ。神への賛美はしかし、それ自身すでに極めてダイナミックな行為であり、絶えずより深くなっていく洞察と、絶えずより感謝の思いを持つようになっていく賛美の、一生涯続く道程である。こうした成長の過程を通して、修道士生活のすべてが修道士「になること」になっていく。

「賛美、これだ！」[35]。ライナー・マリア・リルケは言う。そして、この言葉で三つのことを示唆する。詩人の職務を、人間の使命そのものを、そして賛美のために、賛美以外の何ものでもないもののために沈黙の中から生まれ出る言葉の、最も奥深いところにある本質を。詩と人間性と言葉（ロゴス）としての神秘が三重になったこの現実の中へと入っていって成長していくこと。私にはこのことが修道士になることの中心的意義であるように思われる。そうなのだ、詩との関係もまたそこに含まれているのだ。ニューマン枢機卿[36]が、詩人的世界観をキリスト教精神史に対するベネディクト会修道士特有の貢献とみなしていたことは決して偶然ではない。修道士はもともと、まさに人間として、あらゆる動物に名前を与えたアダムとして[37]、その最も奥深いところにある自己が賛美すべきロゴスである人間として、詩人なのだ。修道士生活は私たちに、こうした賛美を中心にすえること、そしてその喜びとしてのエネルギーをすべての領域へと及ぼすことを許す。

するとここで、当然、次のような問いかけが正当化されてくる。「それで、聖歌を唱和して歌ってない残りの時間は、皆さんどう過ごしているのですか？」。その答えを端的に言うと、修道士生活は驚くほど変化に富んでいる、ということになる。祈りの唱和に並ぶ私たちの二つの大きな活動領域に、学びと手仕事がある。仕事、つまり心と手を伴ったもの。私たちの副修道院長ダマスス・ヴィンツェン神父は、日々の学びにおいて私たちは自己の知力の限りを尽くさなくてはならないが、その時私たちの心もまた大きく開け放たれるべきである、と強調している。黙想的読書、lectio divinaに対しては、スコラ哲学や神学の授業が（厳しい試験を伴って）ある。ローマにあるベネディクト会コレジオ、サント・アンセルモでの勉強を自身ついこの間終えたばかりのここのブラザーたちが、その時の自分たちの教授だった。図書室では常に最新の書籍や雑誌を見つけることができた。こうしたことをダマスス神父は見ていたのだった。神父は定期的に指導もしてくれた。というのは、彼は、修道院長の役割を管理官ではなく、教師と見ていたからであり、また、私が、「doctrina Abbatis」にできるだけ深く入っていこうと一心に書き写していたからだった。

もちろん修道士生活はその厳しさ抜きにはありえないし、私には早起きがその中に含まれていた（当時は午前四時ちょっとすぎ）。これに私は生涯慣れることができなかった。ダマスス神父がよく話して聞かせてくれたのが、マリア・ラーハ修道院で以前修道士生活についての本も一冊書いたことのある大変博学な若い人が修練士になった話だ。彼もこの過酷な現実を手におえないと思った。最初の朝、起こす人が（これを彼はエレガントにラテン語を使って「Excitator」と名づけているが）、「Benedicamus Domino!」（「主をほめたたえよ！」）と言いながら部屋のドアをノックした時、彼は定められているように「Deo gratias!」（「神に感謝！」）と答えずに、半ば眠ったまま、「これじゃ、犬の生活だよ！」とブツクサ言ったのだという（この人は長くは持たなかったそうだ）。

修道院が新設でまだ自前の修練期はなかったため、私たちは修練士の時カナダにある修道院サン・ブノワ・デュ・ラックに行かされた。そこではフランス語が話されていて、これが時々小さな混乱を招くことになる。守護天使役とフランス語教師として私に割り当てられた若いお坊さんがどもりながら話す人で、私はかなりの数のフランス語の単語を最初の音節が重複形になった形で習った。たとえば、一年経って菩提樹を「ti-tilleul」ではなく「tilleul」と呼ぶのがわかったりした。また、電球を割り、過失告白の集いの際に申し出たのだったが、語彙がそれほど確かでなく、電球を割ったと言うかわりに、マッチを折ったと告白したこともあった。修道院長オードゥール・シルヴァン師は、それでみんなに笑われたのを、私が犯した罪にふさわしい懲らしめとして認めたのだった（このように、当時はまだ過失告白の集いがあり、金曜日の夕方、鐘が鳴り、みんな大きな声で詩編五一のミゼレーレを唱えている間、自分の部屋でする自らの鞭打ちもあった）。この修道院長は、やがて彼から私が高く評価すべきもの、感嘆すべきものを学ぶようになった人だった。大きな祭日には彼が「尊師」の役割を体現するのだが、祝典行列の際、彼が豪華な祭服を一つひとつ着せてもらう部屋に、私たちはその尊師を迎えに行くのだった。平日、彼はりんごの収穫ではしごの高いところに立っていたり、トイレの床に寝そべって水道管を修理したりしていた。彼は水道屋でもあったからだ。

サン・ブノワ・デュ・ラックは、そこで大切にされてきたラテン語の聖歌で有名で、私たち修練生はこの伝統の指導的中心地であるソレム修道院(38)の霊性の中で修行させられた。この、礼拝で歌うということは、これまで生きてきた修道士生活での最も大きな、一生の贈り物の一つになっている。高く長い教会の身廊は、修道士共同体の核となり生活の源である祭壇をそんなにはっきりとわからないようにしているが、それでもそうなっていた。このカナダのフランス語地域で私はベネディクト修道会の伝統をその豊かな形態の中で初めて知って愛するようになった。私たち修練生はこのことに感謝していた。それでも自分たちのささやかなもとの修道院に再び戻ることが許された時は、やはりうれしかった。

私たちの修道院では毎日さまざまな作業があった。私たちに雇い人は必要なく、それどころか建物の中、庭、教会、畑、そして家畜小屋での仕事、すべてを自分たちで引き受けた。私以外ブラザー・ローレンスしか乳搾りをやれなかったから、家畜小屋には喜んでよく行っていた。それに「デポ」の責任も負っていた。メモ帳、靴の紐、歯磨き粉など、ブラザーたちが必要とするものをそこから持ってこられるようにしてある備品室だ。料理はみんなでお互い交代でやった。料理をした人や、台所の仕事をした人は、日曜日の当番の初めと終わり、特別に祝福をいただいた。幸運なことに、仲間のブラザーが一緒の時自分が「第一料理人」にされることは一度もなく、いつも料理の手伝いをする役だけだった（家で弟たちと私はさまざまな家事を教えてもらっていて、縫い物や編み物さえ教えてもらったが、私たちが料理を試してみるには食料品が非常に貴重で、もしかしたらだめにしてしまうのではと、母はリスクを冒してやらせることができなかった）。自分たちで建物を建てる必要があって、新しく建てる時には私の芸術家としての営みに多くのチャンスが与えられた。私たちは干し草用の納屋で寝ていて、真冬には古い農園の家の中に逃げ込むしかなかったが、そこは私たち全員だとまさにぎゅうぎゅう詰めだった。だから私たちには建てる必要があったのだが、そうした時にはいつも自発的に手伝ってくれる人たちがいた。その中には熟練した大工のロッコさんのようなプロもいた。たぶん自分たちだけでやり遂げることはできなかっただろう。それに、ボースカウトの人たちも植林の時私たちを助けてくれた。何千本もの樹木を彼らと一緒に植えた。朝、一時課の時、ブラザーのそれぞれにその日の仕事が割り当てられる。そこで時々びっくりするようなことがあった。

一度、私は、ブラザー・イルデフォンスとコネチカット州まで行かされたことがあった。ものすごくたくさんの缶詰を受け取りに行くためで、その缶詰は倉庫にあって洪水があったためもう売ることはできないが、まだ使えるというものだった。でも一番好きだったのは、修道院にいて掃除の仕事をしていることだった。この仕事はいつもたっぷりあって、ほかの人たちにはそんなに好かれなかった。でも私には、大きく、静かに、妨げなしに驚くことのできる機会を与えてくれた。そうした時代の三行詩がこのような経験を表現している。

ほうきがへびになって
汚いシャベルがゴングになる。
ああ！　日の光の中の細かなほこりたち！

当時、小さな手持ちのちり取りはまだブリキでできていて、手ぼうきの取っ手は木だった。今は、プラスチックとプラスチックの響きが不思議な忘我の境地を呼び起こすことなどまったくないだろう。あの頃、家でのこんな一発のゴングが神秘に満ちたあらゆる領域への通路を私に開いてくれた。それを詩人リルケは「世界内部空間」と呼んでいて、「あらゆる存在物を通して、この一つの空間が差し出されている。それが世界内部空間だ」と彼なら書くだろう。

また、たとえば、ガタガタ震えるほど寒く澄んだ冬の夜、我々が漠然と感じ取る外の空間世界も、これと同じ実在を言い表したものだ。こうした経験が若い修道士だった頃のほかの三行詩の背後にあって、そのたぶん一番古いものでまだとってあったものが次の詩だ。

修道士たちが眠る
頭上高くオリオンは見守る
冬の空に

毎年、復活祭の時、祝祭の典礼を一緒に祝うため私の家族が修道院に来ていた。復活祭前の聖週間、まったくの沈黙が支配し、その時はお互いほんのちょっと挨拶できるだけだ。でも復活祭の日曜日はお祝いだ。初めの頃はまだ祖母と二人きりだった。あとには、彼女のひ孫たちが復活祭の朝、ランタンに入った復活祭の火を修道院の向こう側の丘にある墓地へ運んでいって、芝が一面におい茂った祖母のお墓のところで復活祭の卵を食べながらみんなでお祝いのピクニックをしたものだ。

私たちの修道院には多くの友人がいる。たいていは近郊から来るが、遠方から来る人たちも少なくない。皆さん、家で作った焼き菓子や、ほかにも私たちに非常に役に立つたくさんのものを持ってきてくれるが、自分たちの心配事や悩みも持ってくる。家庭には痛みや苦難は時と場合によりやってくるだけだが、修道院では私たちが助けを祈るようにと、あらゆる大変なことが毎日私たちのところに持ち込まれてくる。私は、人生のこうした影の面も賛美の中に一緒に含まれていることを学ばなければならなかった。リルケは言う。「琴をすでに陰の下に置いた者だけが、無限の称賛を予感しながら償うことを許される[39]」。「無限の称賛」、これを私たちの祈りの唱和と言い換えかえてもいいように思える。無限なのは、ロゴスの歌う時を超えた称賛の歌への共感があるからであり、無限なのはまた、何ら前方で止まることなく、何ら締め出すことなく、また重苦しい圧力をかけるものもないからである。だから歌うことを学びたいと思った。思うに、次のように言えるようになった時、初めて私たちは修道士になるための最も厳しい試練を克服したのだった。「ハンマーとハンマーの間には、我々の心がまるで歯と歯の間の舌のようにあるが、この舌は、それでもやはり称えるべきものは、残る[40]」。

私が知ることのできたすべての修道院で、唱和による祈りがこのように明白に共同体生活の中心点だったわけではないが、どこでも祭壇は共同体にとって活力の源だった。ほかの多くの人たちのように修道院から修道院へ探し回る必要がなく、マウントセイバーが私にとって非常にはっきりと「一目ぼれ」だったことを私は大きな贈り物だと感じている。でも私はたくさんのほかの修道院も知ることができた。すでに学生時代、ハイリゲンクロイツ修道院は私の霊的なわが家だった。ヴァルター・シュッカー神父がそこで助言者として私に寄り添っていてくれたからだ。修道院長カールの下、ハイリゲンクロイツは当時大胆な行為に門戸を開いていて、驚くべきことに、チベットにシトー修道会士の修道院を設立することすら考えていた。当然、交渉は、一九五一年、中国の侵入によって突然の終わりを見た。

普通でない修道院創設をすぐ近くで一緒になって体験させてもらったことがある。一九八〇年頃、三人の若い男性と知り合った。カリフォルニアの反体制文化の騒乱の中に育った人たちだ。彼らは、多数者文化の規範や価値に対する問題提起をすごく真剣に考え抜いて、最終的に、自分たちの立場は本来修道僧としてのみ本当の意味で実現可能なのだ、という結論に至った。それで、まったく独力ではじめたのだった。そのあと彼らは教会とのつながりを求め英国教会派の教会に打診したが、そこでは「ちっぽけな野心家修道士たち」をどう扱ったらいいのかまったくわからなかった。ローマ・カトリックの司教もまた当惑したが、多少好意的な姿勢を示した。とうとうその三人は、その時にはすでに数年来、ベネディクトの戒律に従ったまさしく厳しい修道士生活を送っていたのだった。空き家になっている修道院の中に寝る場所を見つけ、お返しとしてそこで庭と建物の維持をやっていた。この時、マウントセイバーに何らかの方法で助けてくれないかと聞いてきたのだ。私たちのところの副修道院長はその時マーティン・ボラー神父だった。神父は数日カリフォルニアに行き、この若い修道士たちを信頼できると認め、一年後には修練生としてマウントセイバーに帰属する修道院となることが可能だと提案した。私はその際、修練生担当の主任として寄り添わなければならないことになっていた。残念なことに私はその前からほかにいくつか責任を果たさなければならないことがあって、また、そうしている間にその三人に刑務所での司牧の職が提供されたのだった。そこで彼らはものすごいことをやってのけたが、修道院設立の計画はそれでおしまいになった。

　でも、私にとってはこのことが一つの運命的な転機となった。ビッグサーにあるカマルドリ会修道院の副修道院長ブルーノ・バーンハート神父が、すでに数年来、その時私が必要とされなくなったこの三人の若い男性たちに、霊的に付き添っていた。「私たちのところで君を必要としている」と神父が言ってくれて、それで十四年続くことになるニューカマルドリエルミタージュ修道院での滞在生活がはじまった。この「エルミタージュ（隠れ家）」は、私の知っていたほかの修道院すべてと異なる着想がされていた。共同体生活は最小限に限定されていた。私たち修道士は、自分の小屋に住み、自分の庭を手入れする。任されたその庭に私はいちじくの木を二本、幹の黒い竹、そして種類の違う九つのラヴェンダーを植えた。自分の前には、深く百メートル下、無言の大海原が横たわっていた。その青い広がりの中に、絶壁が水平線へと向かって立ちのぼっていくように思えた。自分が「世界内部空間」の中に沈むのをこんなに容易にするところはどこにもなかった。しかしまた、ここでも修道士の共同体は、毎日、聖体拝領の時に、力の源泉と中心としての祭壇の周りを囲んで立つのだった。

私は、もう一度自らの老いの日々を、祭壇が生活の中心を形づくる修道院で暮らすことになる。オーストリアのヨーロッパ修道院グート・アイヒだ。そこで展開する修道士生活の形は、同心円的な円環のイメージに近い。祭壇から癒しの力が修道院共同体の心の輪へと流れ出、これを囲んでヴィンクルの村の共同体がひと塊りになっている。修道院が村の真ん中に位置しているからだ。さらにより広がった輪を、ベネディクトの霊性の中にこの修道院と緊密に結びついている修道者、女性、男性たちが形づくっている。その最も広がった輪を形づくるのが、ここで内的・外的な健康を得ようとするたくさんの人たちだ。修道院は教会のためのものであるべきであり、教会はこの世の人々のための何ものかであるべきであり、癒しの場であるべきなのだ。ここには、心の悩みのための相談室があり、それにハーブガーデン、植物性医薬品の製造、ヒルデガルト・フォン・ビンゲンに奉げられた療養所、修道院医学のセンターもある。すでに三、四世紀の初期キリスト教修道僧たちは「therapeutes」――癒し人と呼ばれていた。癒されているとは、自分の中で一つになっていることであり、また「monachos」（修道僧）という言葉には「monos」の色合いがあって、これは「一人で」ということを意味するだけでなく、共同体が一つになっていることをも示唆し、永遠なる中心の力によって、すべてが一つになっていることを示唆している。

■対話4

JK：ブラザー・ダーヴィト、あなたはもともとはFranz Kuno Steindl（フランツ・クーノ・シュタインドル）という名前で生まれていますね。

DSR：ダーヴィトは修道士としての私の名前です。私たちは、修練期の初めに新しい名前をいただきました。もともと私は、前からずっとダーヴィトを希望していました。ケルシュバウマーの高原放牧地で列王記とサムエル記を読んでいて、ダビデの話も全部読んでいたからです。それでダビデが自分にとってヒーローのような形になって、だからこの名前を希望したのです。でも、マウントセイバー修道院にはすでに一人ブラザー・ダーヴィトがいて、それで私はもう望みは捨てていました。ところが、私が修練生になるちょっと前に、その別のダーヴィトが共同体を出ていったのです。すぐあとの修練生が、その後、脱退した人の名前をもらうということは頻繁にありました。私の場合もこのケースで、だから幸運だったわけです。修道士名を自分で探して選び出すというのは当時私たちには許されてはいませんでしたし、私も自分がダーヴィトを望んでいることは誰にも言っていませんでした。あとで、それでもダーヴィトという名前でいいということになったのは、私にとって大変な驚きでしたし、大きな喜びでした。

JK：かつてイロコイ族が暮らしていた人里離れた地にあるマウントセイバー修道院で、あなたはケルシュバウマーアルムの静寂を再発見されましたね。そこで純粋に観想的な生活を送った。そこから推測するのですが、この生活がその時期、別の、新しい種類の経験を可能にした。生きている限り我々には存在と時間とが与えられていて、これは不可逆的事象です。でも、それが一度我々の心の中に立ち現れてくると、そのあとそれが、何か根源的なもの、あるいは把握しえないものがおおいを取って現れる、そういったものの源泉を経験するようなことになる。ご自分でこの時間の不思議をより深く経験しえた時はどんな感じだったのですか？

DSR：修道院に来るゲストの人たちは、「ここでは時間が止まっている」と繰り返し言います。修道院で養われ見いだされる静寂には、いわばこの時間が止まっているということも含まれているのです。これは、急がされず、せかされないということ、そして理想的あり方としては、瞬間において生きるということです。これが正直なところ決定的なことなのです。でも、これにはまた、鐘での時間区分も含まれます。鐘は、修道院では常にとても重要です。鐘が祈りを呼びかけます。これは何か心を高めるような、美しいものです。「一打目の鐘ですぐにお前の今やっていることをやめなさい」と私たちはいつも言われてました。もしお前が何か書いていて、紙に垂直の一画を置いたら、もう「i」の上に点を置くな、「t」の横線を引くな。やめなさい、時間が来たらすぐにやめなさい！　修道院では、その時間の間だけ働くのです。そして、時間が来たら祈る。祈りの必要性を感じてからそのあと初めて祈る、というのではないのです。与えられた時間秩序に自分を合わせること、そしてまたこのことによって調和のとれた一日の時間の流れにも合わせること、それが時間との関係をまったく違ったように経験させるのです。

JK：修道院では時間が、ある面、構造的な意味で外側から規定されています。でも、そうした中にあって、違った時間の質も体験できる。このことについて私たちはすでに話していますが。

DSR：まさに構造化された枠組みによって時間を超越し、瞬間において存在することになるのだと思います。我々が瞬間において存在する時、この今にある時、我々は時間の「中に」存在すると同時に、また時間の「外に」存在することになる。

JK：どうして？

DSR：つまり、私たちがいつも思い描いているこの今が時間の小さな一区間であるというのは間違っているからです。仮にそうだとしたら、そうした短い時間の間隔は思考によって二等分することが可能になる。そうすると、半分は過去のことになって、もう存在しないのだから、まったく何もないし、ほかの半分は未来のことで、まだ存在していないのだから、ない。それが時間の一区間である限り、どれだけ短くてもまったく同じようにずっと細分化していけます。だったらこの今はどこに残ってます？　本当のところ、時間の中にはまったく何も見いだすことはできないのだと我々はわかっています。そして、それでも我々はこの今というものがどういう意味かを心得ている。本当に理解されたなら、この今は時間の中にはまったく存在せず、むしろ時間が今の中に存在しているのです。というのは、私たちが過去を思い出す場合、それは今ですし、未来がやってくるとしたら、それは未来として体験されるのではなく、同じく本当に今として体験されるからです。つまり、「すべては今なのだ」、T・S・エリオット(41)が言っているように。

JK：私が現に生きているということは、ある種常に一緒に存在する過ぎ去ったものの中へと広がっていっているということになります。国民学校での勉強、親との関係、人生経験、私の人生であったこと、すべてが、ある種一緒に存在している。私はそれを繰り返し思い出すこともできるし、生き生きとよみがえらせることもできます。でも私の存在は、いつも来たるべきものへと手を差し出してもいます。「自分は、過ぎ去ったものに未来を与えることができる」というのは大事な見方です。いくつかのものに自分で未来を与え、ほかのたくさんのものには与えない。

DSR：私たちが身をもって知ったことが、この今を、いわば豊かにする。この私の今は、自分が過去に経験したすべてのことによって豊かにされている。

JK：豊かにされている、確かに。でも、過ぎ去ったものに対して自分が開くことによっても、この今、私は存在しています。いくつかは、自分で自覚的に閉じる。いくつかは自分で開け、そうした過ぎ去ったものに未来と新たな意味を与え……。

DSR：未来への可能性を……。

JK：逆に次のように言うこともできます。「未来、つまりそれに自分が関わり、手に入れようと努力しているものが、方向性を持って自分の居場所を、自分の存在を、自分のこれからを決めていく」。あなたが修道士になることを決めた時、その時あなたは方向性を持って、過ぎ去ったものに未来を与えた。それがそのあとあなたのそれから先のすべてのありようを決めることになった。

DSR：レイモン・パニッカー(42)が言っています。「未来はあとからやって来るものではない。来るのは今であり、あとではない」。

JK：神というようなものについて何らか信頼に足るようなことを言おうとしたら、存在と時間によって作り出される経験というものを抜きにしてはうまくいきません。この時間経験と創造経験がなかったら、あらゆる信仰は底が抜け落ち、中身のないもののままに留まります。創造とは何か、時間とは何かをわかる必要がある。それがどうしても哲学的理知的でなければならないということはなく、むしろ直感的に起こりうるものです。ご自身の経験はどんなものでしたか？　しっかりとした信仰を固めるものとは？

DSR：私の答えは次のような形になるでしょうか。「信仰は徹底的な信頼であり、いのちへの信頼であって、またそのまま神への信頼である」。ここで私たちは完全な意味での信仰について話しているのであって、そうでなかったらただ「何かを信じている」こと、真実だと思っていることを問題にしているにすぎません。でも、それは信仰とはまったく違うものです。よく人は、信仰が鉄道列車のようにすでにあるものだと思っていて、ただ自分たちは乗り込まなければならないだけで、それでもう目的地に運んでくれると思っています。そんな単純なものではありません。信仰のうちに前へと歩いていくというのは、いわば信頼しきって水の上をいくことです。信仰生活とは繰り返し新たに現れる信頼への試練なのです。

JK：「自分の全人生を試練におく」と言ってもいいでしょうか？

DSR：そうです。試されます。その時、信仰箇条が示唆になり、もしかしたら支えや助けになるかもしれないし、時には信頼しきった生活に対する挑発もまたそうかもしれません。

JK：マウントセイバー修道院での生活を、祈り、神の賛美、手作業、勉強とで厳しく規定された一日の流れとして描いていますね。当時どんなテキストを勉強したのか、また修道士になる過程でどんな特別の影響を受けたか、まだ思い出せますか？

DSR：ええ、スコラ学派の哲学や神学に大変厳しくそった形で勉強しました。私たちの教科書はヨーゼフ・グレット[43]の『アリストテレス・トマスの哲学』でした。この時私たちは、全部の章句や定義をラテン語で暗誦することがよくありました。これには今でも感謝しています。私たちに哲学的思考の明確な枠組みを与えてくれた。すべての枠組みに限界があり、繰り返しそれを乗り越えていく必要があることがあとになってわかるのだとしても、やはり思考の枠組みを持っているということは、根底的な問いかけを心に留め、それに答える道に向かわせてくれる大きな助けです。そうした基本構造を持つというのはいいことですし、私にとってものすごく助かりました。とにかく、たとえばあれこれ哲学者のものを読んで哲学を勉強するという話ではなくて、むしろ、この世界に立つための基礎的な方向づけを得るということが問題なのです。私にとってこのことはものすごく大事なことでした。

JK：それで、それは与えられたのですか？

DSR：ええ、私たちに与えられたのは、スコラ学派、ネオスコラ学派の伝統的な思考構造でした。でも、もう当時は「この枠組みは越えていい」という開放性がいつもテーマになっていました。概念でとらえることのできるものは究極の現実ではありません。現実はいつも言いうるものを超え出るのです。

JK：あなたに影響を与えたのはどんなテキストでしたか？

DSR：私たちはおもに砂漠の教父たちのものを読んでいました。

JK：エヴァグリオス・ポンティコス[44]ですか？

DSR：エヴァグリオスはまったく別格ですが、教父たちの箴言集、"Apophthegmata"[45]も読みました。

JK：その時あなたにとってそれは助けになりました？　そうしたテキストや伝統は古代末期のまったく別の時代、現実、文化によるものだからお聞きするのですが。

DSR：完全に生活に即したものでした。私たちはそうした霊性の中で生活していました。でもユダヤ教のテキストもたくさん読みました。たとえば、サムソン・ラファエル・ヒルシュ[46]、十九世紀ドイツの偉大なラビです。当時私たちの修道院長だったダマスス神父がしょっちゅう彼を引用していました。それどころか時々神父は言い間違って、「あの聖サムソンは言っています……」などと言ってました。

JK：サン・ブノワ・デュ・ラック修道院にいた時代に、グレゴリオ聖歌をとりわけ愛するようになりましたね。その、ほとんど二千年前の歌は、形としては非常に単純なものです。ユダヤ教シナゴーグの聖歌にさかのぼると推測されています。アブラハム・ヨシュア・ヘッシェル[47]の詩の終わりには、「神へと恍惚となった歌と共に大気を吸い込めという下知がこの世界から立ちのぼる」とあります。グレゴリオ聖歌は沈黙からやってくる歌われる言葉です。あなたにとってそれが魅了するものとは、正確には何でしょうか？

DSR：グレゴリオ聖歌は、音楽史の枠組みの中にあっても、まったく独特の美しさを持つものです。今でも教会旋法で歌われている。長調と短調はありませんでした。若い修道士だった頃、私たちはこのどちらかというと難しい歌を徹底的に教わりました。信じられないほどの美しさです。本当のところ、あの美しさが一番私を引きつけるのです。感覚的なものと感覚を超えたものとの境界を揺れ動く。一番美しいポリフォニー音楽のことをあとから思い出してみても、たとえばパレストリーナ、オルランド・ディ・ラッソ、ガッルス、それでもその種の音楽は二番目になってしまいます。ポリフォニーは、グレゴリオ聖歌の次に私の一番好きな音楽です。感覚的であると同時に超感覚的でもあるところがグレゴリオ聖歌の魅力なのです。

JK：構造の単純さがそうしたものを作り出して、ほかのものに余白を残すのでしょうか？

DSR：確かに関係ありますね。たとえば、単声だということが一つの役割を演じています。私は東方教会の聖歌も好きなのですけれど、あそこではどちらかというとそうしたものを担っているのはハーモニーですね。マウントセイバーでやはり東方教会の典礼を執り行ったことがありますし、聖歌も習って覚えました。私たちには友人が一人いて、東方教会のしきたりで叙階した人だったのです。その人とは一緒によくあの長い典礼をやりました。あれも不思議に美しく、非常に荘厳で、超感覚的なものへと向かう境界にあるものです。たくさんの人たちが修道院を訪ねて、歌うことの持つこの美しさに心を動かされます。

JK：あなたの修道院には支えてくれる多くの友人がいた、とおっしゃっていましたね。今のあなたの「年をとってからの居場所」、ヨーロッパ修道院グート・アイヒでもそうです。その人たちは好奇心がすごくあって来ているのではなくて、まずは自分の人生を背負って、心配事や悩みを持って来ているわけです。修道院で心の支えを見つけている。かわりに祈ってくれることによっても。ここで私は手がかりをつかみたいと思います。というのは、祈りと能動的な援助とはしばしばお互いに対立したものとされます。ここに祈りがあって、向こうには生活がある。ここでは祈って、向こうでは交渉している。あるいは、「ここではただ祈ることしかできない」といった意味で。人はそんなふうに言います。あなたご自身にとって祈りとは何を意味します？　援助や祈りの力の本質はどこにあるのでしょうか？　また、自分たちで実行すべきことや自分たちで変えていくべきことを幼稚に神へと投影することなしに、どのように祈るのが我々にはふさわしいのでしょうか？

DSR：あらゆる形態でなされる祈りというものは、まず第一に、神を向こう側に立てて何かお願いするといったことを意味するものではありません。よくそのように間違って理解されています。祈りはむしろ、大いなるものの神秘へと、神へと、自分を開くことです。それが私たちを変え、さらにそのことによって私たちの生活の状態もまた変えるのです。世界のそうした大きなネットワーク、いのちのネットワークの中で行われている個々の小さな変化が、ほかのすべてのものに影響を与えるのです。祈りのうちに大いなる神の神秘へと開いていくと、そうした神秘の方向へと自分たちを整えていくことになります。いのちが方向性を持っているということは、やはり、驚くべきことです。このいのちはいくつかのものを望み、ほかのものは求めません。いのちは生き生きとしていることを望み、いのちは変化を望み、いのちは多様性を、共同作業を望んでいて、このすべてがいのちの方向性の中に含まれています。そして、それに反するものは、ぞっとするぐらい嫌になります。いのちとは大いなる神秘の現れであり、その神秘と私たちとの出会いの場です。このいのちに対して自分を正しく適合させる時に、私たちはこの世界をより良いものへと変えていくようになるのです。主の祈りの中では、日ごとの糧を私たちにという願いは「みこころが行われますように」という願いのあとで初めてやって来ます。このことがもう、まず神の「みこころ」を指し示すいのちの方向性にそって自分たちを整えるべきであるということを示していて、そしてまた、自分のめざしているものの実現について私たちがどう考えているか、はっきりと口に出す勇気を持つべきだということを指し示しています。でもたいていは逆で、何かお願いして、「このことを実現させてください。そしてまさかの時には、みこころがその通りに行われますように」と言うのです。そんなふうに考えているところがある。

JK：前にお話の中で言っておられて、それがこうした問題へと私の意識を向けさせるのですが、ご両親が別れた時、あなたは、二人がまた一緒になるようにすごく祈ったということでした。ここで私には、神にそのことをお願いしている子どもたちのことが思い浮かびます。両親がもう一緒になることがなかったため、言ってみれば聞き届けられなかった経験のある子どもたちで、それで完全に神に絶望して、神についてもう何も知ろうとはしない子どもたちです。というのは、神が彼らにとっていわば無力なものになったからです。自分は何も悪いことをしなかったのにと感じています。あなたにとってはどうでしたか？　ひそかにすごく願っていたことが自分の祈りによってはかなわなかったにもかかわらず、あなたが信仰を失わなかったのはなぜですか？

DSR：私が初めから神への信頼へと導かれたのは、大きな贈り物だったと思います。このことについてはもうお話ししました。この信頼は、神が私の祈りを聞き届けられなかったように見える場合でもぐらつくことのない、私にとって根本的なものでした。もしかしたら、あとになってほかの子から聞いたように、「神様は僕のお願いを聞いて、残念だけれどだめとしか言わなかった」ということも言えたでしょうに。教育を通じた神への信頼があまり根づいてない場合、「そもそも、思いやりのある神が存在するのなら、自分の願いを満たしてくれるはずだ」と言うようになるのは容易に理解できます。私の場合はこのケースではありませんでした。自分の親に信頼を持っていて、何か頼んでも受け付けられない、ことによると百回でも、それでも親への信頼を失わない、そうした子どもたちとまったく同じでした。

JK：もう一度根本的なところに戻りますが、我々が神を納得させ、説得し、何らかのやり方であやつるというようなことを思ってはならないのだとしたら、祈る力の本質はどこにあることになりますか？　キリスト教の中心的な徳である、祈ること、日々祈りと共に生活することが、それでも良いことだ、そして望ましいというのは、どういうことでしょうか？

DSR：私にはひょっとしたら自分が概念的にまだ完全には取り込めていないかもしれない経験からしか言えません。我々がその中にいるこのいのちの織物には、エネルギーが、いのちのエネルギーが流れていて、祈りによって私たちはそうしたエネルギーをある一定の方向へと開いて通すのです。これは同時に、私たちの自由に含まれています。でも、証明できるのは本人の経験によるしかない。私にとってこれは問題ではありません。自分で経験させてもらえました。私のために祈ってくれている人たちがいると、私はそれも感じますし、そのことにとても深く感謝しています。健康やそのほか全部、自分のことでどれだけたくさんのことがうまくいったか、私にはわかります。結局は神から与えられたいのちのエネルギーのおかげだということ、それがこんなにもたくさんの愛する心を通して自分に向けられているのがわかるのです。こうした確信はちょっと合理性を超えていて、それは認めます。合理的に証明しうるものを超え出ている。でも私たちもまたそうしたものを超え出る領域について話しているのです。

JK：祈りの際、それでも人は幼稚になる、非常に幼稚に考える危険を冒します。私が言っているのは子どもの時のことではなくて、大人としてです。自分がどれだけ変わる必要があるか、自分自身の人生の中で何かが変わるためには何をすることができるか、そうしたものを見ていくことがあまりにも少ない。加えて、その場合もう別の面でしか解消できなくなっている問題を霊的なものとしてしまう危険もある。でもあなたは、人にはこうしたことをうまく区別していく必要があることを、霊的同伴者としてご存知です。私が問題にしているのは、人生の中での重要な変化と本当は対峙しなければならない時に、人々が祈りへと逃げてしまってはいないかということです。そうだとしたら、ある種、祈りの濫用ではないかと。

DSR：ええ、それは広く広がっている厄介な問題です。祈る時には、秘められたものに、いのちに向き合うということが繰り返し関わってくるのです。その場合、そのいのちが、私たち自らがいのちにそっていかなければならないということを、もうすでに自分たちに言っているのです。いのちに向き合うという、こうした求めの詩的な表現が、リルケの有名な詩『古代のアポロのトルソー』です。この中で彼は、私たちの「すべてが目だ」と言っているようなギリシャ彫刻と、非常に直接的に我々を対峙させています。それから突然、詩の最後の一行半前、彼はぐるりと向きを変え、「というのは、いずれの部分もお前を見ていない箇所はないのだから」と我々に呼びかけます。そしてそのあと「お前はお前の生活を変えなければならないのだ」という挑戦的な要求がくる。私たちが本当にこのいのちと関わっていく時、芸術においてであろうと、自然においてであろうと、あるいは霊性においてであろうと、その時私たちは不可避的に、自分の生活を変えなければならないというところにやってくるのです。これが祈る時、極めて重要な点です。

JK：人間が一緒に暮らすということは、常に問題と対決させられているということでもあって、また、そうした問題を通じて成長することが望ましい。フランツ・カフカは、このことをかつて愛を例にあげて次のように説明しました。「愛には車同様、問題はない。問題なのはただ運転手と乗っている客、そして道路だけだ」。このように、ある問題が解決すると、すぐ新しいのが大きくなってきます。多くの人たちが、信仰を、内在する問題に対しての超越的な火災保険か何かだと考えているのです。つまり、宗教はすべての問題を解決すると。このことをどう見ていらっしゃいますか？

DSR：信仰とは、繰り返し新たに生きられていくいのちを信じることとです。一瞬一瞬が新しい。いのちも瞬間瞬間で変化しているからです。信仰は保険とは逆のものです。それは絶え間のない不安定化であって、そうしたものがなかったら私たちは信ずるということを必要としないでしょう。不安定になっていると感じているにもかかわらず、ゆだねることで、自分が守られていると知るのです。不安定になればなるほど、本当に守られていると感じるために、よりいっそうゆだねるということが必要になってくる。

JK：キリスト教信仰は、多くの人が思い浮かべるような人生の予測できない出来事から宗教へと逃げ出すことができるという、精神的な秩序のシステムや保証のシステムとして理解すべきものではありません。

DSR：信仰は、いのちにゆだねるという道を繰り返し指し示すことで、私たちに安心を与えているのです。そしてまた同じように信仰には、教義よりはるかに多くのものが含まれています。教義は信仰のごく小さな一部分でしかありません。

JK：倫理以上のものでもある。

DSR：その一部が共同体です。共同体があなたを支え、こうしたいのちへの信頼を実現するのを助けている。「いのちにゆだねること」、これがいつでも決定的なことなのです。

JK：フリードリヒ・ニーチェは、十九世紀、信仰に対して異なったイメージを持っていました。キリスト教を激しく論駁して、キリスト教は信仰を、真実だとみなしていること、教理を信じること、独断論的に信じていることと取り違えているという意味で、ニヒリズム的に考えていました。ニーチェはこうしたキリスト教信仰を、一つの世界観、宗教的観念形態として見ていた。「キリスト教は民衆のプラトニズムだ[48]」と言っているように、彼にとってキリスト教は一つの世界観になってしまっています。すでにギムナジウムの生徒の時、彼は、カンタベリーのアンセルムスの神の存在証明と出会っています。その見解に従えば、神とは、それ以上何も高次ものが考えられないような、思考しうる最も高いものです。アンセルムスは言っています。「神は存在しないと考える者は、最も高いものをまだ考えてはいない。だから神は存在しなければならない」。これは論理的に聞こえますが、ニーチェはこの見かけの論理をまったくの思考の遊びだと、からっぽな神観念だと見抜いて、それに対し「神は死んだ。我々が殺したのだ！[49]」と言っている。こうした、仮定されたものであり、想像されたものであり、政治的倫理的支配目的のために濫用されたものであり、この世界にあって説明しえないものに対する間に合わせであるような、そうした神は、ニーチェによれば存在しない。ニーチェは無神論の道を選んだのです。たぶん、同時代の人たちから聞かされたようなキリスト教の神は、彼にとって神ではないものに思われたのでしょう。ブラザー・ダーヴィト、あなたは、修道士になるこの時期、ご自分でも知っていたこの無神論についても、無神論的な神への信仰についても、つまり聞き知ったことに基づいた信仰についても、非常に深く考えられたと私には想像できるのですが。そうした信仰のより所、無神論的方向に向かわず、実際の経験に基づいていて、自分が持てるか持てないかといった簡単な観念でもない信仰のより所は何だとお思いですか？

DSR：両方欠かせません。一つには、最終的に信仰の根底としての経験が問題となっているということであって、そして二つ目、決して忘れていけないのは、こうした大いなる神秘について人の語りうることはすべて、たとえそれが正しいものであるとしても、正しいものというよりはむしろ偽りのものであるということです。これが、肯定的なものよりもさらに深くいく、否定的神学[50]のテーゼです。結局、神秘は理解しえないものなのです。そしてまた、理解しえないものであるなら、言い表せないものでもあるということです。それに心を掴み取られることで私たちは経験できるのですが、でも自分でそれをとらえることはできません。神学を勉強していた時、それでも私は、三位一体について言われていることの、深く掘り下げていくその創造性に感激させられていました。私にはそうした思弁がいつもまるで考えることでできたカテドラルのように思われたのです。でも、神は建物の中に住んではいません。つまり三位一体も思考の建造物には住んでいないのです。なのに何か素晴らしいものであり、すでに正しい方向を指し示しているのです。ただこの現実が無限に思考を越え出て進んでいっているだけのことです。驚くべきことに私たち人間は、その上、こうした現実への知的な通路を持っていて、でも私たちはそれでまた概念的な思考の不完全性を認識することにもなるわけです。私たちの思考の中のものは、その思考を越え出たものに触れていて、これを私たちは、そのようにすごく触れているというようなこととしてではなく、むしろ私たちが触れられていることとして経験しているのです。クレルヴォーのベルナルドゥスは、「概念はわからせ、感動は経験を豊かにする」と言っています。最も深い祈りとは感動です。

JK：それでもやはり、もし私がその感動について語ろうと思ったり、その感動を何らかのやり方によって我々の精神科学の議論の中で言語化する必要がある場合は、つまり方法論的に見て、まず自分にこのことについての考えが生じなければなりません。自分で何か考え出し想像したりするのか、それとも自分の経験の中から話すのかでは違いがあります。三位一体、三つのあり方で展開する神を例にあげたいと思います。あなたが以前話されたことです。「思考の遊びだと考えられているかもしれないが、それは三位一体の神の本当の意味や目的ではないと思う」と。確かに「ただの」イメージでしかないが、何よりもまず経験に基づいているとおっしゃり、またそれゆえ理解しうる、説明しうるものであって、イスラム教と比較してキリスト教を不必要なまでに複雑化させている神学者たちの磨き上げた妄想ではない、と主張される。どうしてあなたは三位一体の神のイメージにこだわろうとされるのでしょう？　私たちの経験とどんな関わりのあるものですか？

DSR：このイメージはキリスト教に限られたものではありません。神秘性の「三位一体」的理解は人類の初期のスピリチュアリティーの中にすでに認められるものです。そこでは、すべてがそこから出てくる「無」としての神秘との出会いが問題となっています。あらゆるものの根源とは、無から存在への飛躍なのです。神秘はそれどころか存在すら越え出ていきます。このような根源的基盤を我々キリスト教では「父」と呼んでいます。イエスがこの呼び方を使ったからです。このような「無」からあらゆるものの充溢が発するのです。ギリシャ哲学にならって我々はこれを、沈黙から来た言葉、「ロゴス」と呼んでいます。だから「無」とは沈黙であって、そこからこの言葉は来ている。存在するすべてのものは、結局、言葉として理解されうるのです。自分に語りかけてくるからです。そして、こうした語りかけに対して、私は回答を与えていくことができる、つまり、自分に命じられていることを聞くという行為によってその言葉は理解されるということです。我々キリスト教徒は、このような動的な姿を、理解する精神を、聖霊と呼んでいるのであって、父はこの聖霊を通して言葉を話し、その言葉は命じられていることを聞き入れ理解することを通して再び父の沈黙の中へと帰っていくのです。沈黙と言葉と、行為を通しての理解。大いなる神秘と出会う時、常にこの三つのことが関わっている。これが神秘に対する人間的出会いの原体験ですが、こうした体験もまた、人が言葉でつかむことのできるものをはるか無限に超えていく。私たちは神秘の真っ只中に生きているのです。このことはパウロの次のような言葉で不思議なほど美しく表現されています。「我らは神の中に生き、動き、存在する」。神の「中に」、このことは、カトリックの公教要理の説明の時、もっと強調される必要があるのではないでしょうか。

J

K：そうした「神の中に存在する」ということを、あなたが前に説明されたように、もともとは

「モナコス（Monachos）」、「僧侶」、「修道士」も示している。「モナコス」とは、一つであるという意味であって、すべては一つであることを示しているからです。私たちは、どういったやり方でこのすべてが一つになって存在しているという体験に至るのでしょうか？　また、たとえ自分は修道士でないとしても、すべては一つであることを指し示す、こうした心の内なる僧侶、修道士を現実化していくという使命は、なぜ私たちの中に存在しているのでしょうか？

DSR：そうした使命は外からやってくるのではなく、むしろ私たちはそれを、多様性から統一性へ、わめき騒ぐことから静寂へ、あわただしさから安らぎへ、散漫から集中へと至る憧れとして経験しているのです。こうした憧れの束全体が、私たちの心の中にある「修道士であるということ」への招きとなっていると言えるのではないでしょうか。

JK：そうした「修道士であるということ」、それは日常の中ではどのように実現可能なのでしょうか？　私が今ここで思い浮かべているのは、仕事を持っている人たち、家族のある人たちのことです。この「修道士であること」は、どのようなあり方で可能となるのでしょうか？　私は、「あらゆるものが一つとなって存在する」ことを示す、この「一つである」ということをどう自ら育んでいけばいいのでしょうか？

DSR：この場合もまたすべてが、「我々は、この今に生きるということを学ばなければならない」ということになっていくのです。

JK：それは具体的にはどういうことでしょうか？　多くの人がこのことを、考えないでいること、大急ぎで生きること、計画を持たないこととして理解しています。誤解されがちです。

DSR：与えられたこの今、そっくりそのままの状態でいるということを意味しているのです。たくさんの人たちが、たとえばスポーツをしている時、ジョギングをしていて、突然自分がそのジョギングだという瞬間としてこれを経験している。「To be in the flow」——これが、今ここにあるということです。これがパンを焼く時にも起こりうる。コンピューターで仕事をしている時や建築現場でのこぎりをひいたりハンマーでたたいたりしている時、食器を洗ってきれいにしている時、あるいは病気の人を世話している時にも。そうしたいと思っているなら。そしてこれをなおざりにする修道士は、こうした点で修道士です。自覚的に、何度も何度も今に生きる努力をしている平信徒は、修道士と呼ばれるに値しないと言っていい。修道士であるということはまず第一に職業ではなく、むしろ生き方であって、そこにあるもともとのものは、今ここに生きることなのです。修道士だとわかるのは僧服からではなくて、今ここに生きんとする努力からです。これは僧服を着ている人にあてはまることですが、でも、着てない人にもあてはまります。

JK：それは、人としては特殊なあり方になっています。「今ここに生きる」、これをそんなにたくさんの人間がやっているわけではない。マルティン・ハイデッガーがこのことを非常にうまく書いています。「ここにいるということの日常性とは、実際は、失っていくことだ」と。これは、自分が次のものへと常に失われていく、自分が常にもう未来にいる、あるいは頑固に過去にとどまっているということです。あるいは、他人が自分をどう思っているか、そこのところに自分がいる、あるいは、他人がどんな服を着ているか、他人がどんなことをしているか、そこに自分がいる。「人はそんなことはしない。人がお前に期待している。……」。この「人」に沿うことで失われているあり方。現存在、今ここにいるということ、この今にあるということは、その逆のひな型なのではないでしょうか。

DSR：でも、その失われているあり方は、修道士にも同じように生じる可能性がある。そこへ、まだ大切なものがくる。つまり、修道士たちが共同体の中で生活しているということ。独住修道士でさえ共同体に所属している。ただ公のことがより少ない形態にあるというだけのことです。だから私は、我々がこの世でどうしても必要としているものを実現するいい修道院、いい修道士共同体を願っているのです。フランツ・フォン・サルスに、旅の途中ある人が、馬車から修道院を指して次のような言葉を言ったそうです。「この修道院には、神に捧げられたような修道士たちが生活しているのです」と。でも彼は答えたそうです。「あなたが、『これは神に捧げられたような修道院です』と言えたのでしたら、私にとってはもっとよかったのですが」。

祖母と

五　宗教間の対話

一九六六～一九七六

いったいあの時私はカリフォルニアの荒野のあんな遠く辺ぴなところにどうやってたどり着いたのだろう？　広く周囲にまったく人の住んでいない峡谷で丸一日の行程。すり鉢状の谷の最深部には、冬、やっと一時間日がさし込むぐらいと言っていい、それだけ深いところにタッサハラはある。山の中の峠を二つ越え、命を失う危険のある狭い砂利道を中へと入ってくると、日本の小さな村を思い出させるそんなに丁寧に手入れをしていないような小さなヒュッテが並ぶところに着く。ちょっと大きな建物も三つある。保養目的のホテルの跡で、中国からの出稼ぎ労働者たちが道も取り付けたのだが、百年前川石を使って建てたものだ。そこには温泉が湧き出ていて、すでに何千年も前、そこで病を癒そうとインディアンたちがやって来ている。

だが、よりによってどうして私は、日本以外では初めてできたあの禅院に行ったのだろうか？　マウントセイバーから離れるつもりはまったくなかった。二十年後、まあ一九八〇年のある金曜日としよう、祭壇の前のまさにこの場所に立って、聖務日課の三時課、まったく同じ金曜三時課の詩編を歌うことになればとよく想像してはどれだけ楽しんでいたことか。あの時のことを考え、今や自分のことが自分でほほ笑ましく思うとは。未来をあのように信じて予見できたことは、不思議な力に満ちたもので守られているという感情を私に与えてくれる。

かつて母が私に、赤ちゃんの時すごく堅く、きつく巻きつけられると、私は一番満足していた、と話してくれたことがあった。すでにその時、安定というものが自分にとってどれだけ大きな意味を持っているか示されていたのだと思う。ほかの人たちが単調だとみなすこと、たとえば、修道院で私たちは何時間も回報を封筒に詰めなければならないが、そういったことが私には非常に満足感を与えてくれる。繰り返す時、安心していられるし、現世の真っ只中にあってそれが永遠を反映しているように思え、より所を与えてくれるのだ。マウントセイバーで私はうまくいっていて、満足していて出たいとも思わなかったし、変化することも望まなかった。おそらく、まさにだからこそ、自分の修道士聖職授与式で私が賛美した「stabilitas（安定）」が場所的な安住を意味するのではなく、むしろブラザーの共同体への確固たる帰属を意味しているということを、この人生が私に教えてくれたに違いない。だがそれは神の手が誓いの証書の行間に書き込んでいるものであり、私たちの思い及びうることではない。人生は、私たちの望むものをいつも与えてくれるわけではないが、必要とするものは常に与えてくれるのである。だから、たとえばダマスス神父は、近くにあるコーネル大学から来ている一年間のポストドクター奨学金の提供を受け入れる、というようなことを望んでいたのだった。それでこの時、後に修道院建設の際や農場のことで私たちの助言者にもなった教授たちとの友好関係がそこから生まれている。とりわけノーマン・ダリー教授は、私にとって生涯の友となり、恩人となった。修道院で十二年たち、ダマスス神父は時々私を講演のため外に送り出すようになった。受けたたくさんの依頼を自分では応じることができなかったからだ。そうしたことがきっかけで、私はエイドウ・シマノ（嶋野榮道）老師と知り合い、当時は若い禅僧でタイサンという名前だったが、彼が、新しく自分の開いた禅堂で禅修業を体験したらと、私をニューヨークに来るよう招いてくれた。どうやってそれが実際そういうことになっていったかは長い話になる。ここではごく短くかいつまんで書かせてもらう。

ダマスス神父は、自分が非常に評価していたグスタフ・メンシング[51]のもとで比較宗教学を学んだ。それで、マウントセイバーの修道士に禅の勉強の誘いが来た時、受け入れやすかったのだ。私もこのプランはいいと感じたが、自分のことではないと思っていた。すでに学生時代、私を仏教に誘おうとした仲間たちに、「自分自身のキリスト教信仰を十分深く突き詰めていくには、この人生で足りないと思うけれど、他にも何か必要？」と答えていたからだ。しかしこの時は、ヴェトナム戦争への抗議運動の時代で、そういったことのために私はミシガンの大学に招かれたのだった。そこの学生たちが私のことを知っていたからだ。そこで私はタイサンを招くということを思いついた。彼が日本人としてこのことのために国外退去させられる可能性があるのではないかと、友人たちの何人かは彼を不安にしたが、彼は一緒に来ることに賭けたのだった。私たちは、仏教とキリスト教からなる一つのチームとしてメディアを少しは動かすことができた。だが長い目で見れば、この機会にお互いを親しく知ることの方がより重要なことだったのだ。私たちは学生のための小さな一室を二人で使わなければならなかったが、そこでは自分たちをもう何年も同じ水槽で完全にシンクロして泳いでいる二匹の金魚のように感じていた。後にティク・ナット・ハン[52]は私に、「私たちは、自分たちと同じ僧侶だったキリスト教徒を、僧侶でない仏教徒に対して感じていたのよりも近いと感じた」と語ってくれたことがある。

ミシガンから帰って来たあと私は、タイサンを一度自分たちの修道院に招くようダマスス神父に提案した。彼は数日の予定で来て、それでやることになった対話の会でブラザーたちが彼に神学的なことについて尋ねたのだが、彼はそれに典型的な禅の答えで応じたのだった。話は完全に行き違い、彼が帰った時、私はもくろんだことの全部がだめになったと思った。だが、驚いたことにブラザーたちが一致して、「彼の答えは我々には理解できないものだったが、彼の話しぶり、歩き方と立ち方、そっくりそのまますべて彼の振る舞い方、あれはほんものの修道者だ！」とはっきり口にしたのだった。その後すぐダマスス神父は実際に私たちの一人をタイサンのところに送ったのだが、それはやはり私だった。それでその時から二年間ニューヨークに住み、その夏、Zen Study Society of New York のほかの学生たちと、Shunryu Suzuki（鈴木俊隆）老師によって創立されたばかりのタッサハラ山堂に招かれた。

その夏、「どうして修道士の自分がここをわが家のように感じているのだろうか」という問いかけが、何週間も繰り返し心の中にわき起こった。確かに、一日の流れはマウントセイバーのものに非常に似てはいるが、聖歌を唱和する祈りのかわりに、みんなで瞑想室の座ぶとんの上に座って、我々キリスト教徒が「沈黙の祈り」と呼ぶものに没頭している。つまり、私たちを大いなる神秘の底知れぬ沈黙の中へと下ろしていくのだ。沈黙は結びつける。私たちはあそこで非常に早く本当の共同体になっていった。マウントセイバーで共唱の祈りが共同体を形づくる中心であるのと同じように、ここでは沈黙の瞑想がその中心となっていた。あそこでは、私たちの心の中で、――キリスト教的に表現するなら、聖霊が永遠の言葉を通して父を賛美していて、ここでは逆に言葉が沈黙の中へと、つまり、父へと向かうキリストへと立ち返っていく。ここでもあそこと同じように内面の動きが、一つの同じはかり知れぬ神秘の中へと私たちを導いていく。概念的な橋をかけるには考える作業にまだ何年もついやすことになるだろうが、今、すでにこうした共通性を経験して、それが私を魅了する。ティック・ナット・ハンがヴェトナムで経験したことが、私にはタッサハラで自覚されていく。つまり、私たちは自分が修道者であるということを通じ極めて深く結ばれているのだと。すべての表面的差異を超えて向こうへ。そして、ここで共通しているのは、支えとなっている根底であり、あらゆる外見上の矛盾よりも実感のこもったものだ。だが、今日、ブッダ像の前で線香に火をつける番が私にくる。さあ、やはりこれは自分の信念に反しないものか？　かつてキリスト教徒たちは、ローマ皇帝の肖像の前で香を捧げるのを死ぬまで拒んだではないか？　もう列に並んでいて、手に線香をつかんでいるが、いまだに確信はしていない。信仰のうちにあった自分の祖先たちのことを思い、考えが互いに駆りたてあう。だがその時、その思いが一点に収束した。ローマ皇帝に。今、祭壇で自分の前にあるのは、皇帝の肖像ではなく、（イエスとまったく同じように）皇帝のそれと真逆に対抗して打ち出された価値を代弁した一人の宗教的な師なのだ。ブッダもイエスも、力への愛に、愛の力を対抗して打ち出した。二人とも権力のピラミッドに抗議して平等な共同体を立ち上げたのだ。私がイエスのイコンの前で香の煙を立ちのぼらせているなら、どうしてブッダの像の前ではだめなのだ？　「そうだ」。その時また心の中の声が言った。「でも、自分たちはイエス・キリストの中の神を崇拝しているのではなかったか？」。確かに。しかし、まるでイコンや彫像がイエス・キリストやブッダへと超え出ているように、イエス・キリストやブッダは、私たちキリスト教徒が神と呼ぶ大いなる神秘へと超え出ていく。結局はただこうした神秘だけに崇拝の香煙はいきつく。イエスは、「なぜ、私を『善い』と言うのか？　神おひとりのほかに、善い者は誰もいない！」[53]と言われている。また、ブッダが神を容易に口にすることはまったくなかった。大いなる神秘を名づけうるものとしたくなかったからである。この神秘に向かって私は並んで線香を捧げているのだ。この時、私は、心の底からから線香を捧げることができたのだった。

ニューヨークでこの時期タイサンと私は、友人のスワミ・サッチダーナンダやラビ・ジョセフ・ゲルバーマンと一緒に「Center for Spiritual Studies」を創設している。私たちのスワミは、何百人、もしかしたら何千人にもなるかもしれない若い人たちのグルだった（彼は一九六九年八月の歴史的なウッドストック・フェスティバルの時、四十万人のヒッピーを前にお祝いのスピーチをしている）。センターの催す異宗教間対話には、よく四人みんなで参加していた。私たちはこうした対話に進め方の形式を作り出し、これは実際価値あるものとなった。大学からの招きには、（私たちはハーバード大学からも招待されたのだった）、一日目、自分たちだけで話し、その後二日目に公開の講演や討論会に自由に使ってもらうようにした。

やがて、ある活動領域が予期せぬ形で私たちに現れて来て、特に実り多いものだということが明確になった。それが「House of Prayer Movement」と名づけられた合衆国内のカトリック教会刷新運動だ。とりわけ女子修道会がこうした運動を支えていた。過去百年間、いわゆる活動的な修道会の共同体が、そのさまざまな職業領域の先端で向上の努力をしていたのだった。彼らの学校、病院、社会施設がその主導的役割を演じていた。だが、当時、第二バチカン公会議後、「我々は本職ではかなりいい教育を受けているが、自分たちの修道誓願は別種の教育を求めていて、そうしたものを我々は急いで補う必要がある」と自覚する人たちの数が修道会の中に多くなっていた。

一九六七年、シスター・マーガレット・ブレナンＩＨＭ（immaculate heart of mary 聖母マリアのけがれなきみ心）は、こうした要望についての話し合いを呼びかけ、修道会員向け雑誌に載った彼女の小さな告知がまるで巨大な磁石のようになって、モンロー、ミシガンでの初めての集会ですでに百の修道会からの代表を呼び寄せた。翌年には数えきれないほど「祈りの家」が合衆国に生まれ、修道会のシスターたちが数日、数週間、あるいは何年もそこで一緒に生活して、祈り、内面的に「自分たちのバッテリーを充電する」場所となった。平信徒がそれに加わることも稀ではない。みんなでキリスト教神秘主義のテキストを読み、パウリストの出版社は百巻をはるかに越えるシリーズとなった「西方霊性の古典」の編纂をスタートさせた。欠けていたのは生きた教師だ。そのように大きく欠けた所で、当時、私たち、スワミ、ラビ、禅僧、そして私が、その窮地に答える形で埋め草となったのだ。

さらにトマス・マートンが、その晩年、この祈りの家運動の助言者となる。彼自身、禅仏教との邂逅を通じて異宗教間の出会いのキーパーソンになっていた。私は一度彼に、仏教が彼のキリスト教教義理解に決定的な影響を与えたかどうか尋ねたことがある。彼の場合むしろふだんそうしたことはないのだが、私の問いかけにすぐには答えず、真剣に深く考えたあと、自分は今、我々のキリスト教信仰をやはり新しく違った目で見ていると言ったのだった。その時マートンは著作を通じて何十万人もの読者の信仰理解に影響を与えていたのだから、こうしたことをまったく自覚していないキリスト教徒たちにも、異宗教との出会いがこれまでどのような影響を与えたか、すでに推し量ることができていた。私自身、後にある本の中で、司教たちも私に言ってくださったように厳格なカトリックの教義の範囲の中で信念

を述べることになるが、その時はダライ・ラマが共感し、その上さらに序文まで書いてくれたのだった。(54)

　ダライ・ラマとはすでに、彼の初めての合衆国訪問の際、サンフランシスコ禅センターで知り合いになっていた。この最初の出会いで、もはや彼は、対象として表面に現れているものをいかに彼の深い霊性が全体として見抜いているか、私に気づかせてくれたのだった。小人数で対談する中、キリスト教の説教で痛みと苦しみを強調しすぎることを、それもあてつけのようなやり方で取り上げた人がいた。「猊下、仏教の教えは我々を苦しみから解放するものです。このことから、今やすでに二千年以上、ほとんど痛みの中で泥浴びしているようなキリスト教徒たちに、何か言うことはありませんか?」。ダライ・ラマはまるで「そんな軽率なことはやめてください!」と言わんばかりに手を振ったのだった。それから、ひどく真剣に、次のように答えた。「仏教の教えでは、痛みを追いやることで苦しみが乗り越えられるわけではありません。むしろ私たちがほかの人たちを助けるために自分に痛みを負うことを通してなのです」。そう言って彼はボディサットヴァ（菩薩）の原型をざっと話した。菩薩は完成に達しているが、永遠の至福の門口で引き返し、苦しんでいる存在の最後の一人が救われるまで、永遠の至福には入らないと誓ったのだ、と。この、キリスト教の救いの教えとの類似は、スティーブン・ロックフェラー教授が一九八六年バーモント州にあるミドルベリー大学で創設した「The Christ and the Bodhisattva」会議で討議されることになる。その時のダライ・ラマのしてくれた心に染みるようなしぐさは私の記憶にいまだに残っている。私たちはほかのある発表者の講演の際、講堂で隣りどうしに座っていた。彼は私の手をとり、ロザリオを私の指から引き取ると、かわりに百八の数珠からなる自分の長い祈りの紐を私に渡したのだった。彼は、一言も話すことなく、講演の終わりまでキリスト教徒の数珠を指で繰り、私は仏教徒のを繰っていた。私たちがどんな救世主像を持っていようと全部同じ。こうした瞬間に救いと癒しは現実となり、またそうしたものがメシアともなりうるのだ。

このメシアのイメージは、別のそうした恵みの瞬間でもあふれ出た。いくつもの宗教の代表者たちが一九七二年マウントセイバーに集まった時だ。その種の最初の大きな会議は「Word Out Of Silence（沈黙からくる言葉）」と名づけられたものだった。ライモン・パニッカー、アラン・ワッツ、正教会学院カリストス・ウエア、ピル・ヴィラヤット・イナヤット・カーンがこの時一緒に集まり、まさにスワミと老師とラビたちがウヨウヨしているようなものだった。さらに加えて、エルマイラにある少年刑務所から受刑者の一団も来ていたのだが、彼らが私たちの修道院で法的保護期間を終わらせ、この有名な人たちみんなと一緒に大喜びで踊ったのだった。レブ・シュロモ・カーレバッハだったか、レブ・ツァルマン・シャハターだったか、もう覚えていないが、最後にみんなで夕食を共にした時、ハシディズムのある物語を話してくれたことがあって、その物語は私たちの心を打ったのだった。自分たちにとって現実になったことを話してくれたからだ。「学識ある師とその人の弟子たちが一緒にいましたが、彼らの間の愛は燃えるようなものでした。師は中の一人を窓の方に向かわせ、『早く、メシアが来てないかどうか外を見なさい！』と言いましたが、『窓の外はみんないつもどおりです』と落胆した答えが返ってきます。『でも、ラビ』、別の弟子が問いかけました。『メシアが来たかどうか、外を見なければならないのですか？　私たち、今、この中にいてすぐわかるのではないのですか？』『その通りだ！　やはり今だ』、師は晴れやかに言ったのでした。『確かに、今ここにメシアは来られている！』」。

七〇年代の私に始まったことは、一九九三年、シカゴ万国宗教会議で一つのクライマックスを迎えることになる。ハンス・キュンクがそこで「世界道徳プロジェクト」[55]のイニシアティヴをとったのだが、それは、すべての道徳体系に何らかの根底となっているものがあるとの前提に立っていて、人間の原道徳と呼んでいいかもしれない。宗教学の領域でこれにあたるのが、宗教的伝統もまたすべての人間に共通する原的宗教性に帰することが可能だ、という見解である。私たちは人間として心の奥深いところでまさに「神」という言葉が指し示そうとする大いなる神秘[56]（das Große Geheimnis）に向けられている。私たちはこの神秘を、沈黙として、言葉として、聞き取ることとして、三重のあり方で体験するのだ。言葉とはこうした意味で存在するものすべてである。私たちはそれを自分に向けられたものとして、つまり「私たちに語りかける」ものとして体験しているからだ。言葉はその源泉を沈黙の中に有し、聞き取ることを目的としている。聞き取ることとは、私たちをとらえ、その源泉へと、沈黙の中へと連れ帰る言葉に、非常に注意深く聞き入る、あのダイナミックなプロセスなのだ。四世紀、カッパドキアの教父たちは、このプロセスを「三位一体の輪舞」と名づけたのだった。

こうしたイメージを、私はシカゴでの講演の根底に置いた。仏教にあって沈黙は、西の宗教的伝統での言葉と同様、その中心となっていること、また、ヒンズー教ではすべてが聞き取ることを中心として回っていることを、このイメージは示している。ヨガ（Yoga）の目的は、――この言葉はきずな（Joch）と語源的に近いのだが――、聞き取ることを通して言葉と沈黙を一緒につなぐことだ。どんな伝統もそれだけでは神の神秘のこの充溢をとらえることはできない。すべてが一緒になってあの輪舞を映し出しているのだ。キリスト教の見方からすれば、ロゴス、言葉は父の沈黙の中にその源泉があり、聞き取りの聖霊の中で父のもとに帰っていく。このイメージは、最終的には完全に到達できないもののイメージだ。だが私にとっては、こうしたイメージの中で、四半世紀前すでに種《たね》としてタッサハラに植えられていたものが成熟を迎えたのだった。

■対話5

JK：ブラザー・ダーヴィト、修道院では、秩序と規則と反復が自分に安心を与えてくれると、前にそれとなくおっしゃっていましたね。初めマウントセイバーでは、できるだけ何も変わらないでほしいと思っていた。でもそのあと、人生はあなたをちょっと違った方に導いた。側から見ていると、世界の歴史であなたのようにあとであんなにたくさん旅に出かけた修道士はたぶんほとんどいないように思えます。あなたはこのことによって、修道士の stabilitas loci[57]（居場所の永続性）を新しく定義した。頻繁に旅することであなたに与えられるのはどんなより所であり、安定性なのでしょうか?

DSR：Stabilitas loci はベネディクト会の形態ではありません。これは実は誤解で、本当のところそれは stabilitas in comunitate といって、つまり、共同体に変わらず所属することなのです。共同体がある一定の所に居住するようになると、当然、それは普通、そこにとどまることにもなる。私は確かに別の生活形態を生きてきました。状況にしたがったのでしたが。でも、共同体には忠実でしたし、さらにはるかに重要なのは、共同体が私に忠実だったことです。もしかして仲間のブラザーの何人かはそんなにちゃんとわかっていなかったとしても、その時どういうことに関わるかは、やはりまかせてくれていました。こうした信頼は大きな贈り物であって、尊いものだとわかっています。繰り返し心の支えを与えてくれましたし、この共同体に、そしてみんなの祈りに支えられて、自分にまかせられているのだということを知る必然性がありました。そこには当然、この信頼に応じる大きな責任があるし、それに、stabilitas in comunitate の誓いに含まれている共同体との結びつきを生きることもそこにはあります。

JK：ちょうどお話に出ている人生のその局面は、修道院長から講演旅行やセミナーに派遣されたことによって特徴づけられています。たとえば、若い禅僧、エイドウ・シマノの招きを受けている。初めは疑い深かったが、その後、彼の禅堂で禅の瞑想を習った。彼と一緒にキリスト教と仏教のチームのようになってヴェトナム戦争反対のデモをしている。禅仏教に取り組んだ時、あなたにとって一番意外な経験だったのは何でしょうか？　初めは確かにどちらかというと保守的なキリスト教の方に向いていた。

DSR：禅仏教と私が出会った時の大事な点は、キリスト教の伝統の中ではロゴスが神学の焦点になっていると、その時初めてとてもきちんと自覚できたということです。「神について話すこと」がまさに Theo-logie（神学）なのです。父に焦点をあてた神学とは、神について沈黙することでなければならない。語ることのすべては本来のものを外れていく、つまり、言い表せないものから外れていくのであって、そうした言い表せないものの中へと仏教は降りていかせる。

JK：キリスト教で父と呼ばれるそうした神の次元の言い表せないものをどう伝えたらいいのでしょう？

DSR：多くを伝えることはそこではできません。キリスト教の歴史の中で長い伝統のある無言の祈りは、実際、禅の瞑想と異なるものではありません。この沈黙の祈りの中で、私たちは自分を神の沈黙の中へと、大いなる神秘の中へと降りていかせるのです。そしてこれが私たちの場合神の言葉がいのちであるように、仏教では中心になっているのです。

JK：言うなれば「無の次元」に、そもそもの初めのすべてがそこからやってくる「無」の中へもぐっていくと理解してよろしいでしょうか？

DSR：ええ、うまく表現されました。心の耳を大きな沈黙に向かって開くことで、その神秘に近づいていく。

JK：でも、そうした神の次元、キリスト教では父と呼ばれますが、それがまた「無」と同一だということでもありませんね。この「無」は、つまり、そこにあるものを、まさに見ないということによって我々にとって現象的に近づきうるのであって、まるで泉の水源のようにその存在を私たちはただわき出てくる水によって漠然と認識することしかできない。

DSR：それはすべて用いている言葉の問題です。この文脈の中で語られている「無」とは、中身のない無ではなく、むしろあらゆる可能性が隠された充溢なのです。臨月に近い「無」です。それは存在するもののすべてを身籠っている。この場合、出産が存在するものすべての起源に相当する。でも、「Es gibt（存在する・あらしめている）」の大きな「Es」自身は、何でもない。

JK：私たちはそれを認識したり、分析したり、説明したり、理解したりすることはできない。我々はそれをすぐに非在や死と同一視してしまうため、西洋の精神を持つ私たちをすごく不安でおぼつかないものにもしています。私たちは「無」において自分たちの壊滅を恐れ、隠された自分たちの死への不安をそれで養っている。

DSR：でもそれは禅仏教の瞑想と同じようにまた無言の祈りの両方にあてはまる。二つとも実際には区別できないからです。

JK：私が間違って理解していなければ、仏教の伝統のスピリチュアルな実践があなたを魅了したのであって、それはもしかしたら今はそんなに活発ではないかもしれない、あるいは、その中にひそんでいる宝がもうそんなには知られていないものであっても、そのスピリチュアルな実践はキリスト教の伝統の中にもやはりまた同じようにある。

DSR：私を魅了したのは、禅仏教の中でこの訓練がそうしたものの中心になっているということです。仏教徒たちは神について語りません。だから私はエイドウ・シマノ老師との会話では、当時タイサンでしたが、同じように、いつも神について話すのを避けていました。私はただ根底についてだけ、存在の根底についてだけ話していました。でも、わりあい短い期間で彼が何が問題になっているのかわかって、まさに神について論じるのを自分から始めたのです。つまり、彼が神について話して、私は相変わらずそれを避けていた。私にはそれが、自分たちがわかり合っているということの証拠だった。彼はまた沈黙することと話すこととの違いも非常によくわかっていました。私が仏教の教えをできるだけうまく表現しようとして、彼に、「私は本当にわかっていた？」と聞くと、ただ笑って、「みんな間違っていないが、君がそれを言葉でつかまないといけないというのがすごく残念だ」と言うのです。逆に、彼が仏教についてたくさん話したり、説明するのに夢中になったりした時、その話の真っ只中で突然中断して、笑って、「僕は話しすぎた。もう完全にキリスト教徒になっている」と言うのです。確かに彼はこうした対照性を非常にはっきりと認識していました。彼もまた私に神秘のまったく別の次元を開いてくれました。

同じころにスワミ・サッチダーナンダと知り合っています。彼もまた私に神秘のまったく別の次元を開いてくれた。ヒンズー教で探求され、経験が蓄積されているもので、つまりは、聞き取ることと。というのも、聞き取ることは本質的に言葉と沈黙を必要としますから、西洋の伝統の中にある言葉や仏教の沈黙のように、ヒンズー教でそれが同じような役割を演じているのではないかと以前から推測していたのです。でも、こうした振り分けは、真実であるにはあまりにもきれいで、はっきりしすぎていると思っていました。その後自分の耳でヒンズー教の偉大な教師スワミ・ヴェンカテサーナンダが、「ヨガとは聞き取ることだ」と非常に簡潔に明確に言ったのを聞くまでは。これは私に強烈な印象を与えた一瞬でした。つまり一撃で私の予感が真実だと確認させられたのです。ヨガ（Joga）、そのあらゆる形態にあってヒンズー教の霊性であるもの、それはきずな（Joch）のようなもので、言葉と沈黙を結んでいる。Joga と Joch は言語的に親密な関係にあります。私たちが言葉に深く聴き入る時、自分たちをとらえている言葉、またそこから来ている沈黙へと帰っていく言葉に深く聴き入る時、その時、聞き取ることへと向かう一つのダイナミックなプロセスの中で、言葉と沈黙が結び結びつく。キリスト教の言い方では、聖霊は聞き取りの霊です。父と子と聖霊、沈黙と言葉と聞き取り、仏教と西洋とヒンズー教の霊性、すべてが信じられないぐらいうまく適合する。そして、これを私はただ知的にだけでなく、さまざまに異なった伝統を代表する人たちとの出会いを通して、さながら手に取るようにはっきりと経験させてもらった。これは大きな恵みでした。

JK：そうすると、キリスト教信仰は宗教のネットワーク、今の世界のネットワークの中で、どんな役割を演じているのでしょうか？　キリスト教信仰を、提供されている多くのほかのもののうちの一つとして見ていらっしゃいますか？　あるいは、キリスト教の信仰にはまったく無類の特性または真理の主張があるのでしょうか？

DSR：キリスト教徒としての私にとってキリスト教の信仰は無二の主張を持つものです。人類学者としての私は、この信仰をたくさんある宗教的伝統の一つで、人間の根源的信仰の表れだと見ています。結局何が問題になっているのかというと、数々の宗教の内側で行われている、大いなる神秘との対峙を現実のものとすることなのです。キリスト教、仏教、ヒンズー教とは、そうした向き合い方の形なのです。私の神秘との向き合い方は、自分にとってかけがえのないものであるキリスト教という形でなされています。仏教徒の人にとっては、仏教の持つ形にかけがえのない値うちがあるのです。

JK：もう一度仏教に戻ります。そこには一つの核となっている姿勢があって、それは初心と言い表すことができるのではないかと思います。英語でこれはビギナースマインド（beginner's mind）で、ちょっと誤解されやすい表現ですが、そこでは未熟な弟子たちと経験豊かな教師との対比をめぐる話になっているからでしょう。この、あなたにとっても非常に大切なものとなった初心とはどういうものでしょう？

DSR：初心でいる人は、たとえば毎日を、まるでそれが初めての日であるかのように経験しています。

まるでまだ一度も歯を磨いたことのなかったかのように、毎回、初心で歯を磨くのです。一度実際にやってみると、それが生活の中でどんな違いを作り出すか初めてわかります。突然、すべてがどんなに面白いものに、どんなに生き生きしたものになることか。前には一度も気づかなかったことに気づくのです。だから仏教の教師は、夢遊状態を典型的なただ何となく生きている状態だ、と言うのです。夢遊状態の人は一日二十四時間ずっと同じようにして過ごしますが、目のさめている人は、いのちをあふれんばかりに生き生きと生きる。その意味で、目覚めているということは初心で生きるということです。確かに、私は、こうしたその時その時の新しい一日というものをまだ一度も経験していなかった。

JK：この対談もまだ経験していないものです。私たちはすでに二、三回一緒に話しましたが、毎回新しい。私たちは何か新しいものを始めて、まだ聞いたこともないものを探り出す。とにかく私も毎回、まるで初心者のようだと思います。

DSR：それはいいですね。私たち二人ともそうした……。

JK：……みずみずしい精神でやらなければいけない。物事をその根源から常に毎回新たに、そしてより深く理解することが大事なのだ、ということも言えるのではないでしょうか。物事の根源を極めようと、源へ行こうとして、固定された概念、先入見、思考上の一方通行、人間や事象についての考え方を型にはまったまま受け取るのではなく、むしろこうしたものを元に戻して、括弧にいれるようにする。

DSR：名前をつけるということは、すべてすでに普遍化であって、言ってみれば、何らかの引き出しの中に保存するということです。私が何も名前をつけないでいる限り、それはいつまでも混じりけのない経験のままにとどまる。「私はまだそのことの名前を知らない」というのも初心に含まれるのです。名前をつけたら私はそれを本当はまったく経験していないみたいなことになる、というのではなくて、名前は、自分のしていることと自分が生きてきた経験との間に現れるのです。それが習慣になってしまう。「慣れが、本当の意味での流刑なのだ」とラビたちは言っています。本当の意味での流刑とは何だったのでしょう？　バビロンにいること、エジプトにいることだったのでしょうか？　そうではない。「本当の意味での流刑は、それに慣れることにその本質がある」とラビたちは答えています。本当の意味での流刑は慣れです。私たちは何かに慣れるやいなや、それをもう初心では生きていなくて、むしろ流刑生活を生きているのです。

JK：そのことを、やはりまだ前に出てきた考えと結びつけたいと思っているのです。自分には秩序と安定と反復が必要なのだ、とおっしゃいましたね。物事を毎回新たに見て、経験して、把握したいと思う初心、いわば始原性からくるもので生きていく初心と、秩序・安定・反復とは、どのように調和するのでしょうか？

DSR：もしかすると、まさにだからこそ反復、いわゆる単調な仕事がとっても好きなのかもしれません。一緒にダイレクトメールを出す作業をしていると、たいていブラザーたちはそれを退屈だと感じます。でも、その中にちょっとさし込んでいく、その一つひとつの封筒が新しいのです。「この一つを、自分はまだ一度も手に持ったことがない」。私たちがこの今を生きる時、それは私たちにとって、まっさらで、思いがけないものになるのです。こうした見方がおそらく、「見よ、私は万物を新しくする」(58)という黙示録の中の神の大いなる約束の背後にもある。私たちが自覚的に神のうちに生き、動き、存在する時、その時すべてが一瞬一瞬新しくなるのです。歴史のある特定の点で、私がすべて新しいものとされ、そこからまた古くなり始めるという意味ではありません。そうではない。むしろ、「こっちを見ろ！　目を覚ませ！」ということです。瞬間ごとに自分がすべてを新しくやる。これが大いなる約束です。つまり、もともと反復というものはまったく存在しないのです。

J K：我々は絶え間なく注がれる泉によって生きています。同時に、その泉の底は引き下がっていって見えないし、とらえることができない。逆説的です。このことは、私たちの生きている状態がよく現れている。我々にはこの神のはかり知れない神秘をつかまえることはできません。でも、初心の中から、私たちには絶え間なく何かが新たに注がれているのだということを見つけ出すことができます。

DSR：泉がわき出てくる、その奥にある泉の底は、確かにまだ泉ではありません。初心は、一瞬一瞬、泉のわき出てくるところ、〝源〟泉に気を配るのです。

J K：禅仏教をあなたはその後、カリフォルニアの山の中にある Shunryu Suzuki Roshi（鈴木俊隆老師）が創設したタッサヤラの山堂で、さらにより身近に知ることになります。そこであなたの心に一瞬疑いの念が浮かぶ。キリスト教徒として線香をもってブッダ像を崇拝していいのか、本当はキリスト教信仰への裏切りではないのか、と。しかしあなたは、これは完全にありうることなのだという結論に至る。これに質問を結びつけたいと思います。ブッダと比較して、イエス・キリストの人格や役割をどう見ていますか？

DSR：キリスト教徒は、人間イエスの中に唯一無二のあり方で神と出会うのです。キリスト教の伝統では、イエスを「エッケ・ホモ！」、「見よ、この人だ！」というピラトの言葉でもって指し示しています。イエスに私たちは、人間であるとはどういうことかを見るのです。彼をひな型にしてキリスト教徒は完全に人間になる努力をする。イエスは私たちキリスト教徒にとって大いなる神秘への通路なのです。彼がキリスト教の伝統の結晶点であって、仏教にとってのブッダにあたるものです。

JK：その際、二つは宗教的理解において違った役割を持っています。さらに崇拝においても。

DSR：表面的には、最初ひと目見た時、はるかに異なっていますが、でも表面の奥の深いところでは、ほとんど違いはありません。

JK：仏教とキリスト教とでは、救済のコンセプトが異なっています。私にとって興味深いと思うのは、あなたがそれをどんなふうに描くかです。あなたが語られていることの中から、まず、ある一つの場面を取り上げますが、そこではダライ・ラマとの討論会を舞台に、出席者の一人によって、苦しみを克服していく仏教と、苦しみに愛着していると言われるキリスト教との間の対比が示されていました。こうした誤解には長い伝統があります。たぶん、イエス・キリストの、贖罪の生け贄を誤って解釈したものにさかのぼっていくのだと思うのですが、彼が、怒れる父なる神と人間たちを和解させるために、人間のすべての罪を負ったのだ、という意味でです。十字架につけられたイエスのこの贖罪の生け贄を、あなたはどう見ていらっしゃいますか？　それと、仏教の菩薩の理想像との比較で、それはどのように理解できるでしょうか？

DSR：表面上この二つはまったく異なっています。でも、こうした表面は、歴史的に生じたものの解釈にすぎません。菩薩に起こったことと、イエス・キリストに起こったことは、両方とも、そこに含まれているものに対しての、つまり、すべての人間、動物、植物に対しての完全なる肯定であって、大いなる神秘に含まれているものに対しての肯定でもある。含まれているものに対するこの限りない肯定が、愛です。このことについての解釈は、キリスト教の伝統の中ですら非常に違うこともありえます。パウロがイエスの死を私たちの罪に対する贖罪の生け贄として解釈した時、それはまだたくさんある同様の価値を持った解釈のうちの一つにすぎませんでした。でもこの解釈が、時の流れの中で、今やそれがキリスト教徒とキリスト教徒でない人たちの意識の中で優勢だというほどに、ほかの解釈を覆い尽くして、おい茂るようになったのです。たぶん罪と罰の図式が人間の自我の中に深く根をはっているために、この解釈が浸透していったのでしょう。カンタベリーのアンセルムスの場合、この解釈は、封建社会で当時人を納得させるにたりると思われていた形におさめられていましたが、今や多くの人たちにとって深い理解の妨げになっています。つまり、神の尊厳を辱めるものとしての罪、これはただ神に匹敵する人間への死刑判決によってだけ贖われる可能性があるというものです。

JK：それが、ゲルマン人の義認に対する教義の伝統から来ている。

DSR：ええ。それが出てきた文化はすっかり変わりましたが、決まり文句は変わらず引き継がれて、人間の理解する可能性があるものを言い表すものがもう何もなくなったというだけでなくて、むしろ人々の理解を妨げるものにすらなってしまいました。残念ながら贖罪の教義もこうしたケースでした。

JK：でも私たちは、今でもまだ、たとえば四句節に「All Sünd' hast du getragen, sonst müssten wir verzagen.（よろずの罪をば御身に負い給わざれば、我らおののくは必定なり）」って歌ってますよね。

DSR：まさにそれをもう合わない決まり文句の継承だと思っているのです。間違っているのではないかというのではないですが、それがある解釈の仕方から来ていて、今やもう私たちを助けるものではなくなっていますが、それでも私たちは恐れを生み出すようなたくさんの連想とこれを結びつけている。私たちは実際に「見よ、私は万物を新しくする」という言葉に応じる必要があるのです。イエスの死と復活の解釈においても。

JK：でも、その奥に隠れている問いかけは、このモチーフは少なくともどうしても取り上げたいと思っているのですが、それが犠牲を必要としているのかという問いかけです。人生とは命を捧げるということでもある、と私たちはわかっています。今私が言っているのは、古代文化であったような生け贄を捧げるという意味ではないのですが、もしかしたらほかの人たちがうまく生きられるようにという連帯感あるいは愛から、個人の要求を犠牲にしているのではないかということです。その時当然、ただ犠牲になるだけでなく、そこから得るものもあります。これはもうはっきりしています。でも思考は、生きるとは犠牲を捧げることでもある、といったふうに回り道したりはしません。あなたは戦時中のヴィクトール・シュプリンガーの例を挙げましたが、彼は疑いなく人々のかわりになった。もしかしたらすごくよく考えた上でのことではなかったかもしれない。でも、ある感情からしたことではなかったのか、つまり、「今若い人たちが非常に危険な状況にあるし、それに自分はもう人生をある程度は生きた」という感情からしたことかもしれません。「兵隊たちに撃ち殺されるのだったら、この人たちより自分の方がいい」と。

DSR：彼にそうした考えがあったかどうか、それはもう私にはわかりません。

JK：私にもわかりません。私はただ、犠牲思考をもう一度一つの例にそって明らかにしたかっただけです。

DSR：犠牲思考は一つの解釈で、彼は外からあの出来事に引き込まれたのです。両親は子どもたちにさくらんぼをみんなあげてしまって、自分たちはまるで親ももうその中からしか食べていないといった感じでやっている。お客さんはそうした両親を見ています。子どもたちがさくらんぼをみんな食べつくして、お客さんは、「この両親は子どもたちにこんなに旨いものを譲り渡して、何と献身的な」と思います。親にとってはそれがでも一番大きな喜びなのです。それで苦しんでいるという、犠牲において決定的に重要だと私たちがみなしているもの、そうしたものについてはまったく問題にしてない。実際の犠牲の場面では、犠牲になる人は、喜びからそのいのちに答え、いのちが今求めているものを与えるのだ、と私は思います。今、いのちが私のいのちを求めていて、それでほかの人たちは生きることが可能になる。これが菩薩思想で、その時私は喜んでそれをするのです。

JK：私たちはゲツセマネの園で自分自身とすごく葛藤するイエスを知っています。イエスにはこのことの意味がわかっていました。その裏切りのもとになった訴えに至るまでわかっていた。つまりそれは、宗教的権威を疑問視し、宗教制度にそのことで危機をもたらし、またそうやって権力者たちを疑わしいものとしたということでしたが、当時の条件下では、自身の死が確実にその結果となるであろうということを彼は予見できた。イエスは人間として、この、わかっていたことと葛藤した。

DSR：そして、人間として彼は、それを喜んでやった。喜びは幸せとはちょっと違うものです。彼の身の上に起きるかもしれないことは、とても大きな不幸です。しかし、彼はそれを愛ゆえに引き受けます。これは、そこに含まれているものを承認するということ、彼が擁護するものに、小さな共同体に、神が主権を有するのだという思想に、「そのとおり」と言うことです。彼は喜んでこの「そのとおり」を言っているのだけれども、同時に、これが自分にどれだけの苦しみを負わせることになるのかとうろたえているのです。でも彼はそれをやはり喜んで言っている。

JK：そして同時に、そうした決断の人間的な面が明らかになる。たとえばイエスが十字架の上で、「わが神、わが神、なぜ私をお見捨てになったのですか」と言う時に。イエスは、ブッダについて伝えられている限りでのちに言われるように唇に微笑みを浮かべながら死ぬのではなく、叫びとともに死んでいます。

DSR：キリスト教の伝統では、その非常な苦しみも同じように大いなる神秘の一部なのだと、明確に強調されます。インドで私は、月明かりにオリーブ山のイエスの、そうしたちょっとキッチュな絵を何度も見ました。広く流布していて、たくさんの家庭で家の祭壇に置いてあります。彼らはオリーブ山のイエスを、苦しむ神と呼んでいる。ヒンズー教の神々を祀る神殿には普通ありません。これは、苦しみを神との出会いへと統合するキリスト教の伝統の素晴らしい力です。

JK：「苦しみがテーマなのではないが、苦しみは人生の現実だ」という意味でですね。これは、聖書の比ゆ的な言葉のまま言うなら、堕罪の結果、楽園からの零落の結果です。生きるとはまた苦しむことであって、無常と、有限性と、病と死とに対峙させられているということであり、でもやはりその中にひとりぼっちで置いておかれることはないということ、完璧でなくてはいけないのではなく、それでも救われるということです。まさに、完璧でないもの、全部そろっていないもの、まだ完全でないものが救われる。

DSR：まさに苦しみも同じように最後の言葉ではありません。それは、はかなさと肉体を持つものが、痛みを伴って砕けることであり、それを超えていくものへと出発することです。アイヒェンドルフ(59)は、このことをとってもぴったり言い表しています。

人生に忍び込む苦しみは
こっそりとまるでどろぼうのようだ、
われらは皆引き離されるさだめ
愛するすべてのものから。

いまだこの世にあるもの、
苦悩に耐える者、
生まれんとする者、

汝はその上の家にはいない。

そのあと、次の決定的な詩節がきます。

汝は、われらが建てたものを、
われらを超え優しく砕く人であり、
われらが天を見るということだ。
だから私はひるまない。

この「われらが天を見るということだ」、何かを見る、何かやはり苦しみを越えていくもの、それがテーマなのです。

J K：あなたはスワミ・サッチダーナンダやラビ・ジョセフ・ゲルバーマンとアメリカに、「Center for Spiritual Studies（霊性研究センター）」を創設しましたね。これと「House of Prayer Movement（祈りの家運動）」との関連で、あなたは西洋的なキリスト教の伝統の中にあって、霊的な経験への渇望を感じてしまった。これはどういうことでしょう、キリスト教の伝統が、今、それ自身持っている宝をよりよく理解し、自らより生き生きとしたものになるためには、何が必要なのでしょうか？

DSR：何十年も経ちましたが、正直、いまだに私ははじめの位置にいます。宗教間の出会いは、その前途にさらに何らかの長い歴史があって当然なものです。私たちにはまだお互いから学ぶことがとても多い。ただ違いをあいまいにするだけといったことはやるべきではないでしょう。こうしたことは音楽の二つの異なった様式のようなものです。つまり、二つ、それぞれにその素晴らしさがあるということです。それをあいまいにすることによっては何にも到達しえません。

JK：でも、一つのことをほかのことを通して学ばなければなりません。

DSR：私はそのさらにもっと先に行きたいのです。霊性の異なった伝統にはそれぞれ強みがあるけれど、弱みもまたある、と私は言いたいです。私たちは、私たち独自の伝統の中にありながら、時折ほかと比較することによって弱みを認識することができるのです。もしかしたらほかのものが人間の宗教性に対する理解をよりよく表現するかもしれません。その意味で宗教間の対話は非常に助けになるものです。そうしたものはでもやはり、神学者たちによってではなく、実践する人たちによって行われなければなりません。

JK：実践する人たちとおっしゃいますが、どんなものをお考えですか？

DSR：異なる宗教制度の間で一番いいのは、友好的な一致が存在しうるということです。制度には確かに権限があって、それは避けられませんが、制度としてはやはりまず第一にそれ自身の存続がテーマになります。それに対して僧侶の場合、霊性がテーマです。制度を擁護する必要は少しもありません。だから宗教間対話は、典型的な場合、僧侶たちによって、あるいは僧侶に心を開いた人たちによって担われています。そうした人たちを私は、実践している人と呼んでいる。この実践的な経験が決定的なものなのです。制度ではありません。

JK：グローバル化した世界、そして、暴力行為の突発によって特徴づけられてさえいる世界で、宗教には大きな使命があります。少なくとも、できることの全部をやって、平和と正義のために尽力するという使命があります。私たちはそれがまだ子ども靴に納まっていると思っている。ハンス・キュンクは、一九九三年の「世界宗教会議」や、自身の「世界エトス・プロジェクト」ですでにリードしようとしていました。今はでも、何だかんだいっても宗教はそんなに単純に倫理的原理へと還元されうるものではなく、それに、そうした場合は誤解されたと感じるものだと、彼が始めたものは批評家たちから非難されています。あなたが手がかりにするのは何でしょうか？　また、そうした人たちの真理を求める思いと一緒になっていて、潜在的に暴力的なものを内に含んだ宗教は、それを信奉する人たちに対してどのように調停をはたらきかけていくことができるでしょうか？制度としての宗教は、どのような認識を前面に出していけばいいのでしょうか？　何を強めていけばいいのでしょうか？

DSR：何か、すべての宗教が共通にもっているもので、加えて、深く結びつけることも可能なもの、それが強調されるべきだとしたら、感謝の気持ちです。感謝は愛と非常に近い関係にあります。というのも、愛は帰属しているということへの肯定であり、感謝は、生きていることに対して「繰り返し肯定の言葉を言う」ということだからです。その時、喜び祝う肯定の言葉を言うことがテーマになる。あらゆる霊的な伝統がこの感謝の気持ちを賛美していて、それが心の一番深いところにある願いだと断言しています。宗教がこのことに真剣に取り組み、ありがたいと思ういのちを自覚的に扱うなら、それは同時に、共通する一つのしるしを置くことになります。

ＪＫ：でも、感謝の気持ちのそうした姿勢は、妬み、激しい欲望、権力や真理の主張から人を守ってくれるでしょうか？　それで足りますか？　それにまた、多くの宗教グループが文化的精神的宗教的対立をつねづねイデオロギー的に前面に出しがちだと私たちは思っています。たとえば、「西は退廃的、自由主義的で、もう何の価値もない。要するに、神を信じていない」と言っているような場合です。

ＤＳＲ：そして、つまりは、それもまた合っている。

ＪＫ：それで合ってますか？

ＤＳＲ：ええ。残念ですが、合っています。

ＪＫ：その人たちは何かを信じている。

ＤＳＲ：そのことを私たちはやはりまず一度認識して、正直に認める必要があります。そして自分たち自身の姿勢を改革していかなければならない。そうではなかったら私たちは間違っています。私たち自身の改善へと向かう一歩一歩が、自分たちをまたより相互的な理解へともたらしてくれるのです。自身が人権をよりいっそう尊重することから、私たちは始めることができるのではないでしょうか。

ＪＫ：人権はまず初め数々の宗教戦争によって形づくられ、非常に強く揺さぶられたヨーロッパの歴史の中で、一つの進歩がありました。それは、人権をまずは宗教的に神と関連させて根拠づけるべきでない、という見解でした。なぜなら、そうでなければ潜在的にまた紛争へと導く宗教的真理の敵対的主張が起こる危険性があるからです。このことから、国家と宗教との間を分離する形態を貫き通そうとしましたが、この形態が宗教に自由な活動を可能にしたのです。西のデモクラシーでは、あらゆるものを信じることが許され、あらゆることを言ってもいいのですが、一つの宗教が躍進することは許されず、「ただそういうことなのだ。私たちはただそうしたものなのだ」と主張することも許されません。多元的条件のもとでは、そんなふうに理解された全体主義的真理の主張は、潜在的な紛争の発生源となるのではないでしょうか。その限りで、世俗化された国家構造の形は一つの進歩であって、必ずしも神の存在を信じないことの現れではありません。それから、確かに私たちは現在、政治的な文脈において、たとえばまったく違った歴史のあるアメリカ合衆国で進んだ、あるいはあったと思われるもののように、神について性急な議論をしてはいません。それには長所と短所があります。神の存在が次第に薄くなったり、神を忘れ去ってしまったりする短所があるかもしれません。しかし別面、神をあまりにも人間的なものに利用しないという長所もあります。

DSR：ええ、それは長所です。

JK：前にあなたは、退廃だとする診断は表面的には合っている、という意見でしたが、さらに深い次元が存在しています。それをあなたは今おっしゃいませんでした。その観点から見ると、もしかしたら解釈の誤解があるのではないでしょうか。というのは、我々の社会では、伝統の崩壊によって、もう宗教的ではないとお互い理解できる非常に多くの価値転換が体験されるようになっているからです。

DSR：この批判的な診断をまず一度私たちが肝に銘じ、そして、成果としての人権にあまりに性急に注意を向けることのないようにしませんか、と私なら言いたいです。それどころかこのことに関して私たち自身、まだたくさんの解決すべき課題があります。一方、そうした退廃を訴えている人たちにもまた、彼らの側で、神の名を引き合いに出して侵されることもまれではない人権の保護を見守るという課題があります。両方の側に自己批判の課題がある。

JK：私がそうしたことを全部理解しているわけではありません。けれども私たちはやはり人権は全世界で有効だと確信している。ハンス・キュンクも結局、あらゆる因習にあって、人権の中に言葉で表現されている基本的権利は、それぞれの異なった根拠づけとは等しく無関係に、尊重され、生かされ、あるいは少なくとも手に入れようと努められるべきである、という理念を前提としています。まさにこのことを、私は強いものにしようとしているのです。

DSR：ええ、確かに、それを強めるのが宗教間対話では大切です。それはまた異なる宗教的伝統との出会い中で考えるということ、私たちが原則的な何かを一緒に認めるということの良い例でもある。比重は異なりますが、すべての宗教的伝統が人権を原則的に認めています。私たちが人権をそういうふうに話し合いのテーマにするなら、宗教間対話の最も重要な観点の一つとなりうるのではないでしょうか。ですから、ハンス・キュンクがシカゴの「世界宗教会議」で初めてそうしたものを紹介したというのも偶然ではありません。そうした最初の文書に、あの時自分も署名させてもらえたのをうれしく思っています。

JK：でも、あなたが前に言われた方策は、正直、実践している人たちがお互いに話す方がよくて、宗教団体どうしでやるのはそれほどいいものではない、というものでした。それに加えて、多くの大きな宗教では、みんなに認められた団体の代表者がまったく存在しないという問題が出てきます。

いったい誰がすべてのイスラム教徒に話すのでしょうか？　誰がすべてのヒンズー教徒に、誰がすべての仏教徒に話すのでしょうか？

DSR：実際、この対話はやはり個々の人間間で行われる必要があるのではないでしょうか。信仰を異にする人たちと知り合いになったり、あるいはそのメンバーがさまざまな文化や宗教からなる対話の集まりを作る努力を、私たちはするべきでしょう。そうした集まりを押し進め、活気づける努力が存在しています。私にはまたそれが何かとっても大切なことだとも思われるのです。宗教について話す必要はありません。もしかしたらそれどころか単に一緒に祝ったり断食したりすることの方がもっといいかもしれない。キリスト教徒が、たとえばイスラム教徒と一緒に断食するのはできないものでしょうか？　ラマダンはそれに素晴らしい機会を提供することになるでしょう。まずはそうした次元で、宗教間の出会いがあった方がいいと思います。

スワミ・サッチダーナンダと

シュリ・チンモイ、マザー・テレサと。スピリチュアルサミット、
国際連合本部　ニューヨーク　1975年10月24日

ダライ・ラマ法王と。マサチューセッツ工科大学　ボストン　2014年

六　隠修者生活

一九七六〜一九八六

人生で六番目になる十年の節目では、カリフォルニアのビッグサー海岸沿いにあるカマルドリ修道会の隠棲所で生活させてもらえたことが、私にとって大きな意味を持つものとなった。この修道士共同体は、隠者的な要素を共同体生活の要素と結合させている。私は、すでに述べたように、そこに招かれ、兄弟のように受け入れられ、数多く旅する中、この共同体に十四年の長きにわたって修道の場としてのわが家を見いだした。驚いたことに、ベネディクト会のカマルドリ修道会を創設した聖ロムアルドは、すでに一千年前、今日再び非常に時代に合ったものとして明確になってきた修道僧生活のモデルを作り出した。我々の平均寿命は非常に長くなり、今修道院に入る若い人はベネディクト時代の人の二倍か三倍長く修道士でいるのを覚悟しなければならない。確かに、修道士誓願は生涯にわたって適用されるものだが、しかしそれを一つの同じ形で何十年間も実行するのは単調になる可能性があるように思われる。このカマルドリ会のモデルは、今や普通の共同体生活のほかに、さらに二つの別の形を提供している。一つ目はミッション（派遣）と呼ばれ、修道院の外部でのあらゆる種類の職務の遂行を含み、そこに修道士が派遣されるもので、たとえば、教育活動、芸術活動、年老いたり病気であったりする人・薬物依存者への奉仕、街頭伝道、刑務所での司牧などを行うものだ。修道院での共同体生活に対する二つ目の選択肢は、独住の隠棲生活である。つまり、独住と修道院共同体と社会活動というこの三つの形の間で変化をつけながら、一人の修道僧がその誓願を生きるのだ。トマス・マートンもこれを修道僧生活の有望で将来のあり方を示すモデルとみなしていた。私はこうしたことを聞くずっと前から、自分自身の生活でそれを実行し始めていた。

私が広く旅した時期と独住者だった時期とは互いに密接な関係にある。早くからすでに私の生活は、外的コンタクトと内的コンタクトの、二つの関係の極を行き来していた。自身に課せられたものを知る独住者もまた独住とは言ってもコンタクトからまったく身を引くわけではなく、外的なものとのコンタクトから身を引くのである。では、どんな目的で？　まさに内的な深いつながりのすべてを新たにするためであって、このことがなければ外部とのあらゆるコンタクトは表面的なものにとどまる。次のたとえ話はこのことをうまく表現している。一人の隠者が何年も自分の洞窟に深く引きこもっていた。ある人が訪ねて来て、ちょっと嫌味たっぷり問いかける。「こんな洞窟の一番奥の深いところで、いったい何を期待して待っているのですか?」。隠者は、「この世の涙のすべて(60)」と答えた。

広がりと深み、未知なる広がりへ向かっての出発と自分自身の深みへと向かう内省。私たちは皆二つとも必要としている。この二つの切なる思いの交替するリズムと形は、その人その人で異なる。私自身にとって内面化に捧げる時間は生きる上で欠くべからざるものだ。これはほかの多くのものと同様、欲求であると同時に天与のものなのだ。そして、賦与されたものとしての欲求は、恵みでもあり、課題でもある。子どもだった頃、私はもうすでに一人でいるための場所を繰り返し求めていたし、見つけていた。お気に入りの場所の一つだったのが、人里離れたところにあった泉。そこにまったくの一人で座り、水音に聴き入って飽くことがなかった。学生の時は、パーティーの最中、(それだけ私にはダンスが楽しかったのだが!)たまに、自分が一人になれる唯一の場所、トイレに逃げ込んだりしていた。あの夏、アルプスの高原牧草地にいた私にとって、戦後の混乱の真っ只中での静かな内省は、そこで何か食べるものを得るのと等しく重要なことだった。若い修道士だった時も時々、修道院の森にある独居小屋で一日、あるいはそれどころか数日過ごすのを許されていた。こうしたことが始まったのはある夢が元になっていたが、その中では何かが(それを自分で名づけることはできなかったが)私を重苦しく抑圧していた。絶望的になって私は出口を探し求めた。長く狭いトンネルが、やっと私を外へと導いてくれたのだった。そこに私は、今、立っていた。晴れやかな陽の光の中、自分に目を向けると、私の前に隠棲の場所が見えた。みんなそこをPorta coeli、「天国の門」と呼んでいたが、実際、私にとってそれが言葉にすることのできないような至福の地となったのだった。

のちに、私が講演旅行を始めた時、一人でいる時間は大切なものとなった。こうした欲求は仲間のブラザーたちから好ましく見られないことがよくある。「もしあるブラザーが一人で生活できるほど有能なら、自分たちはその人を共同体で必要とするし、もしそうでないなら、そのブラザーが自分たちを必要としている」というのが典型的な反論の文句だ。しかし、修道院長は私に次のように言ったのだった。「外での君は人の中にいることがとても多い。戻ってきた時君がまた人を必要とすることはないし、修道院のブラザーたちすら必要ない。そんな時は独居するのがいいだろう」。そのとおりだった。まず最初は、マウントセーバーの修道院の森にある独居小屋、または別の独居小屋で、そこに私は引きこもり、その後は提供の申し出があったほかの場所に引きこもった。ここで私がさらに詳しく取り上げようと思っているいくつかはまさにロマンチックで、たとえばベア島は北大西洋にあるちっぽけな島だが、そこで私は記録的寒波のあったひと冬をありがたいことに生き延びたし、サンド島ライトハウスはメキシコ湾の人の住まない灯台で、そこからは海と空以外何も見えなかった。それでも隠修者生活にはロマチックなものを一切頭に思い浮かべない方がいい。結局それは、自分自身との、そして「この世の涙のすべて」とのしらふの対峙を要求してくる。

隠修者の生活には、自発的にさらすということが含まれている。リルケの詩のイメージ感覚で言う、「心の山でさらして」(61)といったところだ。内面をさらして、自分を傷つけるようにすることの外見上の現れは、市民として守られている状態を放棄することとなる。このことを私はベア島(62)で経験させてもらった。およそ七ヘクタールほどの小島。そこには沿岸警備の灯台があるだけ。百年前からドゥンバール家の夏の別邸になっている灯台だ。この心の広い友人が、自分たちの建物の一部に私が寝泊まりするのを許してくれたのだ。私は、一階に作業場と薪置き場、そしてその上にリック・ドゥンが冬囲いを手伝ってくれた二つの部屋のある、木造の家を選んだ。リックは、一九七六年から七七年にかけての冬、そこで終始変わらず私を助けてくれた人だ。かつてアッシジの聖フランチェスコは、隠棲するブラザーに常に分身のような人が助手として手を貸すのを望んだし、その上初期の砂漠の教父たちのケースですら我々はこの風習を見いだす。この共同作業がうまくいくと、それが隠棲する者に、外部に対する自由、そして内面的な自由も与えることになる。自分たちの時、この共同作業には本当に価値があるとわかった。というのは、リックはこのブラザー的な援助のわざに熟達していたし、加えて、まさに援助のためにしばらくの間そっと姿を消すという、さらに稀なわざに熟達していたからだ。

私たちは薪ストーブで申し分なく十分暖かくしていられた。それどころか一番上の壁板に新芽すら伸びたほど十分に暖かかった。でもベッド下のすみはやはり完全には冬囲いできていない壁の穴から再三雪が吹き込んできて小さな山のようになった。風がすごくて、その冬一番ひどかった暴風の時には、真夜中、灯台へ避難しなければならなかった。そこで生活していたのは、ネコの「キャプテン」の許しのもと、沿岸警備のスティーヴ・カンツェラッリ、奥さんのマリー、それに娘のマギーと女の子の赤ちゃんだった。私たちがふだん会うのは日曜日だけで、その時はサウスウエスト・ハーバーへ、ミサのために、モーターボートに一緒に乗って行った。モーターボートの中は、たとえばあのクリスマスの日のように危険になる可能性さえあった。出発の時、鏡のようにおだやかな海だったが、礼拝のあと、寄せ砕ける波があまりにも高くて、スティーヴが数時間してはじめて帰るのに踏み切るほどだった。そしてそれは実際大胆きわまる行為だった。リックと私では大波に次ぐ大波が注ぎ込む水をボートから汲み出すのがほとんど間に合わないほどで、その間マリーは泣いている子どもたちをなだめようと試みていた。スティーヴは頑張って器用にやっていたが、それでも陸のちょうどいい場所にボートを持っていくことはできず、それで私たちは最後の数メーター、氷のようにつめたい海の水に腰まで浸かって子どもたちを岸に運び、この時はクリスマスの残りの日をベッドの中で祝わなければならなかった。まあちょっとアルコールの入った飲み物をあさって、見つけ出すことはできたが。そして、もはやモーターでの移動が危険になる可能性があると、同じように危険だがいよいよ櫂でこぐことになる。その時私たちは、一度ならず、もう最後の瞬間に追いやられたと思った。しかし、まさにこの「熟れた危険の甘さ[63]（das Süße reifender Gefahr）」もまた隠修者の生活のあり方なのだ。

ニューメキシコの高原砂漠ではまったく別の局面を知ることができた。ここでは、マウントセイバーの修道士たちが、すでに一九六四年エルレド・ウォール神父のもと、「Christ in the Desert（砂漠のキリスト）」という修道院を創設していた。その時私は、日干し煉瓦の小屋で、修道院から遠く離れてではなかったが、一人だけの四旬節を経験することができた。ブラザーたちと一緒に祝った典礼は、この間私にとって一人でいる時の力の源泉になった。とりわけ、そこでは聖務時祷がベネディクトの意図していたのと同じように、日々の、そして四季の宇宙的なリズムに従っていたからだ。夜空の下、そこにはまるでキラキラと光る露のしずくのように星たちがあって、凍てついた荒地を通って祈祷へ向かい、周りでコヨーテたちが遠吠えするのを聞く。それは無類の一日の始まりだった。そのあとこの渓谷の岩壁は、太陽の位置に応じて、茶、赤、紫、あるいはオレンジと、時々刻々常に異なった色に輝き、日没で燃え尽きるまでたそがれがそのはなやかな彩りを減じ、終わりを告げていく。こうした刻々の光の変化が、日々に外的な秩序を、そしてまた内なる秩序をも与えるのだった。独居修道士は確かに何ら固定的な日課を立てるべきではない（それどころか、望むなら共同体生活を選択することも可能だ）。自由なままでいるべきであり、霊によって導かれるのであって、「風は思いのままに吹く[64]」。こうした神のいのちの息づかいの無類の表出が宇宙のリズムなのだ。だから隠棲ではこのリズムがまるで常にそれがほかの個々のものの中にも見えるかのように一日の流れを形づくっていく。私たちがこの自然に心の中でより深く寄り添っていけばいくほど、私たちの社会で支配的なあらゆる勝手気ままな行いに対して抵抗する力をよりいっそう持つようになる。隠棲生活のこうした姿は、「砂漠のキリスト」（場所の名前がこのことが真実だと証ししている）を、私が一緒に祝わせてもらったその日々の中でとりわけ自覚されたのだった。

サンド島(65)で過ごした日々、私は隠棲のさらにまた別の形を経験した。メキシコ湾にある島で、ちょうど灯台が一つその場所をしめるだけの大きさ。灯台は四十メートルの高さがあり、まるで巨大な時計の針が島の文字盤の上でその方向を変え、遠く超え出ていくようにと命じているかのようだ。友人でフランシスコ会神父のアウグスティン・ゴードンと私は、アラバマのモービルから三十キロメートルではすまない、大きな青色の中にあるこの見捨てられた小さな点へと自分たちを運んでくれる覚悟のある漁師をさがすのにかなりかかった。だがそれでもついには危険を承知でやってくれて、私たちを決めた日にまた迎えにくると約束してくれる人を見つけ出した。彼は、寄せては砕ける高い波にもかかわらず私たちのリュックサックを陸にほうって、それに続けて飛び降りることのできる十分な近さまで私たちを運んでくれた。船着き場などなかったし、島の名に反してほんのわずかの砂もなく、ただ切り立った断崖があるだけだったからだ。燈台守の家はもうずっと前に焼け落ちていて、その残骸を砕け散る波がのみ込んでいた。ただ塔だけが今も立っていて、おそらくかつて住居の一階から塔の階段へ続いていたと思われる扉を開けるため、その時私たちは塔に外から高くよじ登らなければならなかった。らせん階段はまだ本当に良い状態で、私たちはそれで上の灯火室にまでたどり着き、そこで自分たちの寝袋を広げることができた。私たちは、毎日、ただ一緒に聖体祭を祝うためにだけ会った。そのほかの時間はそれぞれ一人で、塔の一番上の頂の下にぐるりとめぐらしてあるバルコニーで、黙って空と海を眺めて過ごした。その広がりを見つめていると、自分たちの周囲で、そしてまた自分たちの中で、日を増すごとにより「世界内部空間」が開け、「Alleinsein（一人でいる）」が〈All-eins-Sein（あらゆるものは一つである）〉になっていくのだった。

私が一人で生活することを許された場所は多かれ少なかれ、たいていとんでもない所だったが、でもそれはみんな私にとってとんでもなく気に入った場所になっていった。その一つがジョン・ジュリアーニ神父のところに設けさせてもらった庵だ。この親友と一緒に私はコネチカット州にある「Benedictine Grange（ベネディクトの納屋）」の創設に関わった。自分たちの実験を「Grange」と名づけたのは、この言葉が修道院から離れたところにある修道僧たちの居住地を言い表すのと同時に、穀物の種のための貯蔵庫を表すからだ。修道士生活の前途のための穀物の種にはまた隠遁的な側面も含まれている。それで私はこの時、そこの小さなガレージの半分を使って棲みつくのを許され、それどころか、その上に二階を作りつけるのさえ許された。これが実際はとっても低くて、その上の方では人がまっすぐに立ち上がることができないという結果になってしまった。イギリスの詩人キャスリーン・レーン[66]が私を訪ねて来た時は、はしごをのぼると、注意深く頭を斜めにして机に座ったのだった。のちになって彼女は私に、どれだけたくさんの天使たちが針先で踊ることができるか、という問いかけの詩を献呈してくれた。天使についてはいつも自分の回りを取り囲んでいると感じているが、あまりにも劇的な表情を持つ環境は、隠修者的な冒険の際にむしろ意識を別の方向に向けさせる可能性すらある。本来、個々の環境がどんな状況にあっても、日々のリズムの「心情の山々に放り出され」、勝手気ままなしに、ただまったくあらゆるものは一つ「solus cum Solo」[67]となって存在し、「この世のすべての涙」に心を開いているという、その本質的なものは達成されるべきなのだ。

なお、終わりに、私がとりわけわが家のように感じた隠棲地について触れておきたい。「Sky Farm Hermitage」だ。友人のドゥンスタン・モリッセィ神父OSBが、サンフランシスコの北、ソノマに大きな土地の一区画を贈り物としてもらい、そこで隠修生活をしていた。彼はそこを空《そら》の農場と呼んでいたが、もしかしたらそこでは昼間そんなにたくさん得るものはないかもしれないが、真っ黒な夜空はまるで重い実をつけたたくさんのこずえがアーチを作り出しているようで、そこで星々が手でつかめるほど近くにかかっているからかもしれない。友人のシスター・ミヒャエラとブラザー・フランシスはその時、自分たちの頭に浮かんだある種の隠修生活を実現させるため、すでに何年もしかるべき場所を探していた。私は二人をもう一度訪ね、みんなでその計画や希望について話し、その折私が手短にドゥンスタン神父に宛てて次のように書いたのだった。「自分たち二人もやはりだんだん年をとっていく。どうだろう、ミヒャエラとフランシスが年老いた君のそばにいるというアイデアは？　そうしたらスカイ・ファームも継続できるし」。人生のあのめったにない導きによって、私の手紙を持っていった郵便配達の人が、同じ時に、ドゥンスタン神父からフランシス修道士宛ての葉書を持って来た。「ブラザー・ダーヴィトの住所を送ってくれる？　置いて来てしまったのだけど、彼にスカイ・ファームをまかせようと思っているんだ」。私たち二人で、できるだけ急いでドゥスタン神父を訪ねると、もう一か月後にはスカイ・ファームの名義を私たちに書き換えてくれた。

そこで私が初めて経験したのが「居場所」としての隠修だ。確かに、私はただ旅の合間にスカイ・ファームで時を過ごしていただけなのかもしれない。でも、私には「自分はここに所属している」ということがわかっていた。土地や隠棲のための庵は自分たちのものではない。だが、そうしたものは私たちに信託され任されているのであって、私たちにはこの小さなパラダイスに対する責任がある。私たちは木を植えた。オリーブの木。もしかしたらそれが百年後ここで隠修生活を送るほかの人たちに日陰や実りをプレゼントすることになるかもしれない。木々を植えることの許されたこの土地は、心の居場所となるだろう。

柱頭派と呼ばれ、何年も高い塔から降りてくることのなかったキリスト教創始以来一千年に及んだ柱頭行者たちは、自分たち独自のやり方でこうしたとどまることの喜びを楽しんだに違いない。そして、自分たちの塔の周りに日々巡礼者や救いを求める人たちが集まったから、分かち合う喜びもそこにまた加わった。スカイ・ファームでは、私たちにもそうした喜びが分かち与えられる。三つの宿泊施設がゲストのために用意されており、ほとんどいつもふさがっている。そのうちの二つは、あるワイン農園から寄贈された巨大な樽で、その広々とした内部に黙想の日々に必要なしつらえが整っていて、人は心地良い場を見いだす。私たちは皆自分の中に元型としての修道僧をいだいていて、同じように隠棲者もまたいだいている。スカイ・ファームでの私たちの大きな喜びは、こうした恵みを、たとえ短い時間であっても、自らの内なる隠棲者との出会を望む人々と分かち合うのを許されることにある。この人生のすべてが、やはりただ「時間で」だけということはないのでは？

■対話6

ＪＫ：あなたも十四年間ビッグサーで一緒に過ごしたカマルドリ会の修道士たちの場合、隠修生活と修道院共同体と社会実践という、修道士の召命の三つの形態があります。あなたの場合、召命は、ご自分の人生の経過の中で、三つの形態のすべてをとっています。つまり、あなたは霊的な指導者で、あちこち出かけていたし、今もそうです。でもそのあと、共同体の中での観想的生活の時期、そして隠修生活の時期もまた続いている。修道僧はその隠修生活において「心情の山々に」放り出されると同時に「この世の涙すべてを見いだす」、あるいは心をそうしたことに対して開いていなければならないとおっしゃっていますよね。これは具体的にはどういう意味でしょうか？

DSR：隠修者は苦しみを回避しないということです。これはその二つの関係性においてという意味で言っています。それと、隠修生活は共同体からの逃避ではないということ。このことを本当に生きる人に隠修生活は、あらゆる人々との深い共生を、とりわけ、苦しんでいる人々との深い共生を恵んでくれる。

JK：どんなふうにやるのですか、それは？　そうすると、洞窟で、小屋で、あるいは隠修生活のどのような形態であってもですが、「この世の涙」は私の場合、何を意味するのでしょうか？

DSR：一人でいること、そして瞑想が私たちを感じやすくさせ、人、動物、あらゆる被造物への共感を深めさせてくれます。

JK：しかし、隠修生活で私は、そうしたもののすべてとどのように触れていくことになるのでしょう？　どんなふうになっていくのですか？

DSR：瞑想を通して内からです。というのは、ただ単純に気が散らされないようになって、自覚的に気を散らさないということができるようになるからです。この世は涙で満ちています。すでにウェ

JK：ルギリウスは、「Sunt lacrimae rerum et mentem mortalia tangunt」と言っている。これは、「涙はすべてのものの中にあって、死へと捧げられたあらゆるものが、私たちの心に触れる」という意味です。私たちはたいていこのことを自分でそんなに自覚してなくて、それどころか喜んで気を散らされてさえいる。だから一人で生活するということは難しいのです。この場合まさに一つも逃げ道がないから。人は、言ってみれば、裸であらゆるものと対峙することになる。世界のあらゆる悲しみとも。

JK：イエスに至るまでの、聖書の中の預言者たちについて、あるいはエジプトにあるスケティス(68)の初期の修道僧たちについてもですが、よく砂漠で自分の鍵となる経験をしたということが伝えられています。あなたも荒野の中にあるニューメキシコの隠棲地で何度も過ごしている。そこで人は空しさと対峙させられ、そしてまた自分自身と対峙させられるのだと思います。そうした経験を通してあきらめたり、あるいは、内面的に成長したりする。あなたはご自分の砂漠での経験の中で、何と対峙させられ、そこで何を見いだしたのですか？

DSR：砂漠に行く人はみんな、すでに言われたように、おそらくそこに気を散らせるものがまったくないということを経験するでしょう。人は、自然と対峙させられることになる。その完全なる偉大さの中で、その圧倒的な美しさの中で、たとえば、夜の星空と。砂漠では星がそういうふうにすごくはっきり見えるのです。とっても大きく見える。でも、砂漠では自然の厳しさとも私たちは向き合う。たとえば、夜の凍てつくような寒さと。

JK：自由に使える資源に対してもありがたいと思う。生きるのに絶対欠かすことのできない水ですらありがたいと思う。

DSR：ええ、すべてに感謝するようになります。そしてそれを心の中ではたらかせて、何らかの気散じに逃げたり、簡単に立ち去ってしまったりするようなことをしないなら、それが内面を深めることへと導いていくのです。

J　K：「どうして自分はこんなことをしているんだ？　間違った場所に来ているのではないか？」と考えた瞬間はありましたか？　そうした瞬間もあるのですか？

DSR：正直なところ、そういったのは覚えていませんね。いつも喜んで辺ぴな所に行っていました。自分はそこにはふさわしくないと感じたりしたたった一つのケースは、隠修生活をしていた時でなく、むしろ大きな群集の中にいた時でした。まれにしかないような場合でも、たとえば歓迎会のような時でも、たくさんの人がいて表面的な会話がされるようなところでは、自分の居場所がないと感じることがあります。そういったものを時間のむだ使いだと身をもって知ることはありますが、逆に、一人でいることに対しては決してない。いつもそれで楽だったというわけではありませんが、「自分はここに所属しているのだ」ということは常に自覚していました。

J　K：自分の周りにはもう何の気晴らしもなく、声をかけてくれる人など誰もいないところで、生き延びるために自分に対し完全に一人で向き合っている。私にはそうした瞬間の心理的力動に興味があるのです。そうした状況の中での、根源的経験とは何でしょうか？

DSR：たとえば、「常によりおだやかになっていって、おだやかになると、まるで水のよう」、たぶんそういった感じかもしれません。そうすると、澄んでいって、絶えず奥の方へとより深く見るようになります。より自由に呼吸できるようになって、何か宇宙的共感のようなものが出てくる。すべてのものと兄弟のようになったと感じる。

JK：つまり、その土地の自然との、一日の時間との共感の中に、ひょっとすると砂漠でも生きているかもしれないわずかばかりの生き物たちとの共鳴の中に、人がいる。

DSR：ええ、隠棲でハエ一匹のほかまったく仲間がいないと、そのハエとの完全に人格的な関係を得るようになる。アイルランドの隠修士たちがねずみたちと親しい関係になった、という話も聞きました。

JK：それで、えさをあげていた？

DSR：ええ。

JK：隠修生活の一日の流れはあなたの場合、いったいどんな感じだったのですか？

DSR：本当にさまざまでした。一つ、とっても大事な点は、隠修者は固定した日程を自分たちに課すことがないということです。これは今、「毎日、寝たいだけ寝る」ということを言っているのではありません。修道僧としての一定の規定はやはりあります。でも、特に自然の一日の流れと一緒の生活がとっても大切なのです。朝の薄明かりを、日の出を意識して見ることがあるかもしれない。昼になってすごく静かになると、感じでわかります。午後遅く涼しくなると、夕方夜がとばりをおろすと、うれしいのです。一日の自然の流れに、はるかにもっと意識的になる。この、自然であるということは、私たちの社会が一日の中に無理やり詰め込んでいる放縦とは反対のものです。都会の普通の一日の流れは自然とくらべて非常に恣意的です。暗くなるかどうかなど、どうでもいいのです。そうなったらさっさと照明のスイッチをいれて、長くしたいと思うぶんだけ昼を延長することができますから。とても日の短い冬には私も隠修生活で照明を使っていましたが、でも正直なところ、ふだんは普通の日の光のリズムで生活するのが一番好きでした。冬は夏より長く寝るものです。これは共同体の中で生活している修道士たちの場合でも、もともとそうでした。たとえばベネディクトは、夕食は暗くなる前にすべて終わっているようにしかけておかなければならない、とはっきり書いています。この、自然の一日の流れに自身をはめ込むこと、これが大事なのです。その時、どんなふうに一日をうめるか、どの時間帯に読んだり、書いたり、作業したりするか、それは比較的重要ではありません。

JK：隠修生活ではいろいろなプロジェクトをなさいましたか？

DSR：ある本の企画の仕事をするために一人で引きこもった時期は、それまでにもありました。でも、それを隠修生活だと言うつもりはありません。隠修する人の唯一のプロジェクトとは、一人で自由にしているということであって、ほかの試みはそのじゃまになります。プロティノスが言っているようなあらゆるものが一つであるということを伴いながら一人でいること、この一人でいること自体が、一番大きなプロジェクトなのです。

JK：そしてそれは、孤独であるということとは違う。

DSR：一人でいるということには、否定的な形と肯定的な形があります。一人でいることの否定的な形を私たちは、孤独と言っている。私たちが孤独であるのは、ほかの人たちから切り離されている場合です。切り離されているというのは否定的なことです。私たちは人でいっぱいの部屋の真っ只中にいても孤独でありうる。それはただ、「私たちはほかの人たちと結びついてはいず、心の中では切り離されていると感じている」ということを意味しているにすぎません。一人でいることの肯定的な形に対して、実際のところきちんとした名称はないのです。

JK：ひょっとして、自律？

DSR：いいえ、あまりにも自分勝手すぎるように聞こえる。反対に、隠修者の傷つきやすさは、そっくりそのまま一人でいることの中に含まれているのです。もちろんこれは人が普通考えているようなものではない。もしかしたら、私たちがこれにぴったり合った表現を見つけるということとはそんなに関係ないのかもしれません。いずれにせよ孤独は他者との共同体から切り離されていますが、隠修者は他者と心の中でつながっている。そしてこの内なるつながりがより深く、より広くなればなるほど、隠修生活はよりいっそうほんものになっていく。そしてよりいっそう幸せになっていく。私たちの一番大きな幸せ、私たちの本当の喜びは、この他者とのつながりです。私たちの最大の苦しみは、他者から切り離されているということなのです。

JK：先ほど隠修生活をする人の傷つきやすさについて触れられましたね。隠修生活をする人のどこが傷つきやすいのでしょうか？

DSR：自分自身と対峙する時です。気を散らすということは、この傷つきやすさを感じないようにするために私たちが身につけている一種のよろいなのです。なぜ傷つきやすくなるのでしょう？　まさにそれが私たちのもともとの状態だからです。私たちは傷つきやすい。人は他者との本当の関係の中でオープンでいれるという前に、このことを認めざるをえない。人間関係にオープンな人は、傷つけられることに対してもオープンなのです。

JK：しかし、隠修生活をする人は少なくともそうした時、ほかの人間とそのような関係を持つことはない。

DSR：とんでもない！　人間とだけではなく、存在するすべてのものとです。そうした傷つきやすさの場合、ただ単に人がさらされるはずかしめのことだけが問題になるのではなく、人が経験する何か小ささのようなもの、砂漠の星空の下に立つと、「自分はやはり何者でもないのだ」とそこで経験する、そうした無価値性が問題になる。

JK：でも、それが自分を謙虚にする可能性はありますが、必然的に傷でなければならないというわけではない。「傷つけられる」だと、私には何かもっと強いもので、我々の影の部分に関係しているることのように感じられます。

DSR：私が「傷つきやすさ」という言葉で言いたかったのは、「謙虚」に非常に近くて、つまり、「どんなよろいも着ない」ということです。

JK：それを「感じやすさ」、「特別な注意深さ」と言ってもいいでしょうか？

DSR：ええ。感じやすさ、注意深さ、共感、つまり共に喜ぶことであり、共に苦しむこと。ここで、この「共に」が決定的なのです。切り離すのではなくて、結び合わせる。

JK：もう一度、私たちの対峙させられている影の部分に戻っていきたいと思います。でもそのためには、ちょっとお話しておく必要がある。人間は際限なく貪欲な生き物です。多くの人たちには自覚されていませんが、人間の渇望は、絶対的なものへの憧れによって特徴づけられている。でも、有限なものの中にあって、この果てしない憧れを静めようとただ楽しいだけという生活のあり方に依存する人は、生きる喜びの根拠を持つということが相対的にあまりないようになっていきます。その場合、逆に、この憧れによって病的欲望の中へすべり落ちていく公算が大きい。その上病的欲望を作り出す行動のあり方や刺激剤は、短い間ですが、一緒になっている感覚にさせたり、一緒になることへの不安を取り去ったりします。ラテン語の動詞 religare を「もとどおりに結び合わせる」と訳すなら、この結び合わされているというのが Religion（宗教）の別の名前ということになる。でも、もう一度病的欲望に戻ります。この病的欲望は多種多様ですが、多くの人に毒にも薬にもならないとみなされ、すごくきれいに飾り付けされていることも稀ではない仕事中毒から始まります。それから、承認依存、セックス依存、ギャンブル依存、買い物依存、それにアルコール中毒や薬物乱用のような典型的な物質と結びついた依存症もある。完全に依存している場合、人は不自由さを感じます。このことをエジプトの砂漠地帯の昔の修道僧たちがすでに知っていたというのは興味深いことです。彼らは悪習を教える中でこれを「悪魔的なもの」と呼んでいる。いわば自分の家にいて、もはや主人ではないということです。「あの人がいる」とウィーンの言い回しでも言いますが、これで、もうまったく責任を負う能力のないような人のことを言います。依存とのそうした対決は、隠修生活をするあなたもご存知なのでしょうか？　そうしたものに人は親しくなるのでしょうか？　そうしたものが特に目立つといったことはありますか？

DSR：そのような視点で取り組んだことはまだありません。こんなふうに表現できるのではないでしょうか、つまり、隠修生活では結局、今この瞬間存在しているということが問題なのであって、どんな場合にそれをとらえそこなってしまう可能性があるのかは、この場合実際のところ、三つの基本的な可能性しかないということをすでに砂漠の教父たちが示しています。一つ目は、物事にしがみつくことで、物事というものはつかの間のもので、すぐにまた過ぎ去っていきますが、私たちはこれに執着します。つまり、何らかの快楽、情欲、あるいはそういったものですが、これがもうすでに常にリスクとしてある。非常にわずかしか持っていない場合、人はそのわずかなものに執着します。この執着はずっと同じものにとどまって、その時、思い出が問題になっているのか、想像が問題になっているのかはどうでもいいのです。隠修生活ではこのことに対峙する場面が非常に多い。つまり、しがみつくことが人をはばむのです。今この瞬間にいるのではなく、過ぎ去ったものの中にいる。二つ目の可能性は怒りです。我慢しきれないことが怒りでひどい状態になる。怒りそれ自体としてはエネルギーの大きな転移ですが、我慢しきれないということだけは、そこで否定的なものになる。というのは、人はある特定の未来を強行しようとして、そのため今現在この瞬間にいるということをとらえそこなってしまうからです。否定的なものによって可能性は使い尽くされていると信じているかもしれませんが、私たちはこの観点で見るなら非常に創造的なのです。三つ目の可能性は、過去に執着しているのでもなく、また、未来に手を延ばしているのでもないが、現在にあって眠っている、つまり目がさめていないということです。今現在この瞬間にあるというのはでも、目がさめているということです。これは夜寝ることとは何の関係もありません。逆です。ヘブライ語聖書の雅歌では、たとえば、「私は眠っていたが、心はさめていた」といったように表現しています(69)。目覚めている眠りがあり、祈っている眠りがある。これを経験するのはそんなに難しいことではありません。このことは、今しがたあげた眠りの場合まったく問題ではなく、むしろ、砂漠の教父たちが「真昼の悪霊」と呼んだものが問題なのです。昼、砂漠にいてすごく暑くなると、夢うつつになってきて、本当にその場にいなくなってしまう。これが危ない。ずっと独りでいると危ない。誰なのかわからない者を目覚めさせてしまうからです。こうした心的亡霊が夢うつつに現れるのが危ない。こうしたあり方でも人は、この瞬間本当に目覚めているということをとらえそこなってしまいます。目覚めているということはさらに、この世の悲しみに目覚めている、あらゆる瞬間に誰かが死に、誰かが生まれるという事実に目覚めているということです。私たちはふだんでもこうしたことを考える時間がないのに、まして何らかのあり方で感じたり、自覚させられたりすることなどはありません、でも隠修生活では他にすることが全然ないのです。

J K：あなたがさっき述べられたこと、「真昼の悪霊」ですが、これを、隠修者で砂漠の教父だったエヴァグリオス・ポンティコスが、アケーディア（Akedia）、精神的に億劫になった状態と呼んでいます。エヴァグリオスは、精神的にみじめになって億劫になる、このことを、実際は、修道僧にとって最悪なリスクだと考えた。「味気なさ」と言ってもいいでしょう。生きることにもはや何の味覚も感じなくて、自分自身と世界をどうしたらいいかわからない。軽度のうつ病の状態かもしれません。

DSR：あるいは、ミッドライフ・クライシス（中年の危機）。ミッドライフ・クライシスがいくらかアケーディアに似ている。

J K：精神的に気乗りしない状態に自らが占拠されるということに、自分はどう立ち向かえばいいのでしょうか？　あるいは、どうやって入り込ませないようにすればいいのでしょうか？　目覚めているようになるための、または、目覚めている状態にとどまるための対抗手段には何があるのでしょうか？

DSR：隠修生活の中で自分に固定したきまりを課さないこと、これが、それには含まれています。気のぬけた感じになり始めたと気がついたら、自分の一日の計画に今それがあらかじめあってもなくても、その時が自分を喜ばせることをなすべき時です。おかしな感じに聞こえますが、人を楽しくさせる物事をよく見ていること、そして、何か人を楽しくさせることをやることが大事なのです。

JK：楽しかったことの例をあげていただけますか？

DSR：薪割りがその一例でしょうかね。一時間本を読もうと決めて、でもその十五分後気のぬけた感じになり始めたら、立ち上がって薪を割りにいくことがあります。楽しくて目が覚めます。ちょっとした散歩にいくこともあって、これもやはり隠修生活と一緒になっているものです。そうした時に長い間処理されるのを待っていたことを片付けてしまうのもちょくちょくあっていいです。人は怠けて他にできることもみんな先延ばしにしてしまいますから。アケーディアとは実際のところ怠け心です。単にあらゆる瞬間において目覚めている努力をしているということだけでも、もうすでに一日の流れの中でやっていることは十分です。

JK：小さな島にいらっしゃった時には特にやりがいがあったはずです。そうしたものの一つがサンド島で、山のように堆積した石、その上に人のいない灯台。あなたはそこに仲間のブラザーとボートで運んでもらった。二人だけでいるというのはどんな感じですか？

DSR：サンド島の時は、灯台の別々の側に二人、相手を見ることすらなく一日中一人でいれるだけの場所が十分にありました。ミサは一緒に祝ってました。食事はまた一人だった。でもミサ聖祭は私たちの共通の時間でした。

JK：確かに今、典型的な隠修者は少ないですが、この生活の形は今の時代、非常に魅力的に見えます。つまり、人里離れた山小屋に引きこもったり、テントやズック製の日よけで砂漠生活をしたりして、あらゆる点で基本的に外へと出てしまう。こうしたことを今、一人ひとりが繰り返し繰り返し求めている。神秘体験の探求、通過儀礼、医療ツーリズムといった昔からのスピリチュアルの伝統と結びついた新しいものも出されています。現代人は何を探し求めているとお考えでしょうか？

DSR：現代人が探し求めているのは、うまくいっている場合、いわゆる隠修者が探し求めているものとまったく同じものなのだと思います。一生の間隠修者として生きる隠修者は今少なくて、たぶん昔も決してすごく多くはなかった。でも一時的な隠修生活は、特に私たちの社会で、多くの人たちにとってほとんど必要不可欠のものになっている。たくさんの人たちが一人で山歩きに行ってますし、ほかの人たちは自分のいれる小屋や宿があって、隠修をする人たちが一定期間利用できるようにしてある修道院もあります。この自覚的に一人でいるということには、それが修道院に隣接したところでなされようが、山々を歩き回る場合であろうが、だいたい常に何かしら宗教的な色彩がある。一人でいるということは私たち人間にとって常に、大いなる神秘との出会いのチャンスなのです。この一人でいるということを一生の間貫き通すということが、すでに実際普通でないことなのです。本当に何か天職のようなもの、そういったものが私には想像できます。いずれにせよ私の場合は違いますけれど。

JK：あなたにはリズムが必要なのですね。一人でいるということを通じてのダイナミズム、共同体といったものがはたらきうるような？

DSR：ええ、多くの人たちが、修道者だけではありませんけれど、今、あい間あい間繰り返し引きこもって心を集中して自分自身を見つけるのに、共同体に奉仕するというのが一番いいのではないかと考えています。そうすると、その人たちはまたもっと与えるものを持つようになる。

JK：時には自分が生きている状況へのはっきりとした眺望を得ることもある。まるでヘンリー・ディヴィッド・ソロー(70)のように。十九世紀、隠棲者として当時のアメリカ社会のあり方を批判する考え方を育んだ人です。これはものすごいものだった。一種の基礎テキスト、一九六八年代のヒッピー運動の下地を造った多くのテキストの一つにもなりました。

DSR：私自身ソローがしばらくの間隠棲生活をしていたウォールデンポンドに巡礼したことがあります。その小屋は、残念ながらもうない。

JK：それで、どうでした？

DSR：胸に感じるものがありました。彼の精神は今もなおあそこにある。

JK：彼は、信じられないぐらいアメリカ的な思想家だった。肯定的な意味で。

DSR：短い間獄中にいたことすらあります。私が初めてウォールデンポンドを訪ねたのは、偶然にも、まぁ偶然というものがあればですが、「地球の日」に当たってました。

七　世界旅行での見聞

一九八六〜一九九六

私の非常に長い講演旅行のキャリアは、最初、七十歳代に始まったが、もう少年期には旅の喜びがあった。私たちはそれを「旅に出る」と呼んで、重いリュックサックを背負って、数日、時には何週間も出かけた。私の誕生日は夏休みにあたっていたから、誕生日を母と一緒に祝ったことは一度もなかった。「お前はまったく、ちっちゃなジプシーね」とだけ母は言っていた。わが家に別れを告げた時、私たちはそれを通して自立した。自立が私たちにとって大切なことだったのだ。わが家とのあらゆる結びつきを断ち切ることが、自立しているということには含まれていた。母がどれだけおおらかにそうした私を受け入れてくれたか、その上こうしたことに向かっていく私をどれだけ広い心で励ましてくれたか。このことには今でも驚く。母にとってどれだけ大変なことだったか。旅に出た私と兄弟たちは、南極にいたスコットやアムンゼンのように隔絶されてまったく連絡が取れないといったことは決してなかった。緊急の場合、（携帯電話がない半世紀前でも）電話はできただろうが、幸いなことに一度も緊急を要するようなことは起こらなかったから、母は、別れの抱擁と、何週間かたって突然自分たちがドアの前に立っていた時の喜びの叫びとの間、私たちのことはまったくわからないのだ。

こうした「旅」の典型がボヘミアの森へ行った時で、私たちは初め鉄道を使った。もうすでに鉄道旅行からして冒険で、レーゲンスブルクで私たちが乗り換えた小さなローカル鉄道での旅は特にそうだった。「レールがちゃんと平行に走っていなくて、それに合わせるための車輪はねじで固定されていない」と、この小さな鉄道は誹謗するようにかげで言われていた。「揺れてよろめいている」。いずれにせよ、列車が動き出すとすぐそんな感じはした。私たちが降りて歩き旅を始めたその小さな村は（記憶が正しければ）、ツヴィーセルという名前だった。本当は、ヒトラーユーゲント以外「旅に出る」のは厳しく禁じられていたが、そこではほかに誰も歩き旅などしていなかったから、私たちはほっとした。旅でのことについては、とにかくすべて自分たちの秘密にしていた。私たちはたいていノイランド学校のよく知っている友だちと一緒に行っていたが、その時は兄弟二人と自分だけだった。マックスが十三、ハンス十四、私は十六。大きな森が私たちを迎え入れるところまでは遠くなかった。その日、ほとんど終わりのないように見えたハイデルベリーの茂みを一日中歩き回った。食料品はリュックサックの中に何も持っていないと言っていいぐらい。ベリーの実が私たちの主な食料だった。一日に一回か二回だけ家のそばを通りすぎる。山番の家か、炭焼きの小屋だ。そんな時には、道が合っているかどうか聞くためにマキシをそこに使いにやった。当然、地図にはその道が表示されていたのだが、私たちには裏の理由があった。「もしお前に何か飲み物をくれたら」。私たちは腹が減ったように見えた一番下の弟に言ったのだった。「その時は飲んでもいいよ。でもパンをもらったら、我慢してオレたちと分けなきゃならないぞ」。自分たちの方法は、実際、役立つことが証明された。

森をぬけると、私たちは高原の湿地にやって来た。地味のやせたさびしい所だ。それから山へ。その一つがアルバーと呼ばれていた。山頂の下すぐのところに、そこのほかの山々と同様に、小さな湖があった。氷のようにつめたい水の中で水浴びするのは勇気の試されることだった。夜はテントで寝た。グループが大きくなると、その中の四人がそれぞれ一つずつコーテ[71]のテントシートをかついできて、夕方になると組み立て、十二人までそこで寝れるようにした。中では火がたけて、大きな鍋で料理できる。そうすると、照らし出す火の周りにみんなで座って、鍋からスプーンですくって一緒に食べる。私たちはそのために「プスタスプーン[72]」と名づけた特別に長いスプーンを自分で持っていった。煙は開口部を通してぬけていくが、急いで火を消してその煙穴を閉じないと、当然そこから雨も降り込む。その時は三人だけだから、小さなテント一つで十分だった。私たちにはざこ寝はいつものこと。ボヘミアの森に行った別の旅の時は六人で森の礼拝堂に寝たことがある。そこは、一人が寝返りを打つと、みんなで寝返りを打たなければならなくなるほど小さかった。天気のいい場合、兄弟三人でよく野外に寝たものだ。人の住んでいる所に来ると、農家の人の干し草置き場に寝させてもらう。枢機卿や大司教の立派な推薦状を携えて行ったことさえある。これが大事になることがあるのだ。どうしてかというと、自分の体の調子がよくないと感じたからだ。司祭は私の拍動をはかったあと、「脈が走っている！」と容易ならぬ感じで言ったのだった。私は司祭館のちゃんとしたベッドで寝させてもらい、その上また元気になるまで刺し子の羽根布団でさえ寝させてもらった。そうやって先へ進む。母さんがこうしたことについて知る必要は何もない。

こうしたボヘミアの森を行く旅のハイライトが、友だちでノイランド学校の仲間のルパート・シュタインブレンナーをヴィンターベルクに訪ねることだった。前もって何も知らせないでやって来ても、ルパートのお母さんは私たちをすぐに家族の中へ受け入れ、完全にわが家だと思わせてくれた。女の子の姉妹たちにわが家と思わせてもらったこともある。そうしたことは自分たちにとって初めてだったからうれしかった。森の中にいて不自由したあと、そこで甘えさせてもらったのだ。家から遠く離れ、家にいる体験をしたのだった。ひょっとすると、やはりちょっとホームシックのようなものだったのだろうか？　私たちは一度も告白を口にすることはなかったが、別れの時はいくらか涙があった。その時までは全部が無類の祝祭、恋と音楽の、私たち若者のいのちの祭典だった。もう最初の到着の日から音楽が開け放たれた窓から私たちに向かって舞い踊っていた。「バッハの音楽帳」の一節で、一番下の女の子がピアノで練習していたのだった。私たち兄弟にとってこの小さな曲は、ヴィンターベルクに遊びに行った時のことの、そして、生きる喜びに満ちた忘れられない日々のすべてを表すものとしていつまでも記憶に残っている。

ほかの小さな町々も私たちは歩いた。クルマウ、プラハディッツ、ローゼンベルク、こうした名前が私には思い出に残っている。どこへ行っても教会に入って祈り、聖人たちの御像を眺めた。聖人たちはその人たちを象徴する名前で呼べた。「聖人たちの共同体」という大きな家族の一員であることは、私たちを勇気づけた。教会の中にいてわが家のように感じたのだった。好奇心にあふれていたから細かいところまでじっくり見た。ある教会の木彫りのベンチに、プラハディッツだったと思うが、「前で誘惑して後ろで引っかくメス猫たちに気をつけろ！」というのを読み取ったことがある。そうした発見はすごく楽しかったし、その「誘惑している」という言葉に私たちはずっと笑っていた。教会を訪ねて宿泊する以外、どんな人のところにも立ち寄るようなことはない。レーゲンスブルクやパッサウでも私たちはただ教会だけ眺めた。有名な、前に写真で見たことのある教会だ。その後はドナウ沿いに川を下り、常に川岸にできるだけ近いところを、かつては男たちとラバが船をロープにつないで上流へと引いた階段道を歩いた。私たちにとってはものすごくありきたりの遊歩道だ。突然、自分たちの前の遠くないところに、ちょうど出航しようとしている汽船が見えた。私たちは重い靴で、できる限り速く船の方に向かって走った。甲板の男たちがわかったとニコニコ笑って手を振る。マキシが最後の一人になってたどり着いた時、桟橋はもう引き入れられていたが、幸いなことにドナウに落ちてしまうことはなく、その船に落ちた。そんなに長く乗せてもらったわけではないが、私たちが降ろされたところではいかだ乗りの人たちが仕事をしていた。彼らは笑いながら私たちの「手伝い」の申し出を受け入れ、報酬として次の日の朝いかだに一緒に乗せてくれたのだった。クレムスでいかだはまたバラバラにされたが、救命ボートを買うことができた。私たちは、いかだ乗りの人たちが救命ボートに対していかにわずかしか要求しなかったかにびっくりしていたが、乗り込むとすぐはっきりした。負荷のためボートは大量の水でいっぱいになっていって、私たちのうち二人がその水を再びかい出すことで手が離せなくなったのだ。三人目が舵を取る。うまくいったら上等。自分たちの方に向かってくる汽船と川岸の間のある箇所で、私たちはとんでもない窮地に追い込まれた。その危険が過ぎ去った時、川岸に小さな聖堂が見えたのだった。そこで私たちはひざをガタガタ震わせながら感謝の祈りを捧げた。さらに一晩、まったく水気のない寝床ではなかったが、アシのしげる川中島で過ごし、その後ヌスドルフまで行って、河船に引かれ陸へ。川岸の斜面にボートを置くと、そばには「焚き木、売ります」と見事な看板が。戦争が始まったばかりのその当時、まき不足は深刻だった。それで自分たちのやつは損することもなく、すぐに売ることができた。

私たちは当時、のちに自分にとって旅をする時の本質的な視点となっていくもののすべてを身をもって知ったのだった。だから、自主性は常に一緒になって鳴り響いていたが、私たちがそれを初めて経験することができたこの時期のような重みがあったことはその後一度もない。一番は、旅の途中、常に出会いがあったことだ。私たちの人生をいつまでも豊かにしてくれる青年時代の旅の途上であった出会いの数々。のちのすべての旅もまた、もてなしと、楽しさと、思いがけないこと、驚くようなこと、そして郷愁や別離の避けがたい涙をもたらしてくれた。こうした見出しとなるような言葉のそれぞれに、その後自分がした旅での体験が思い浮かぶ。そこで、そうした中のいくつかを今ここでスナップ写真のような形で並べてみたい。

講演旅行は自分をとにかく非常に広い世界へと導いてくれたが、そのキーワードが出会いである。始まりは、八〇年代に毎年、ミズーリ州セントルイスにあるイエズス会の大学で、「私たちの時代の霊性」という講座でやらせてもらった、ちょうどそのころだった。プログラム全体は「Focus on Leadership」という名で、参加者の多くが修道会の上役だったが、在任期間が終わって、一年間霊的にさらに学ぶ機会を与えられた人たちだった。アジア、アフリカ、オーストラリア、さらにはまた世界のほかの地域からも来ていたが、その時、セントルイスのプログラムにある自分たちの修道共同体以外の会員の話も聞けたらという願いをよく口にしていた。それで、私が世界中に招待されるようになり、すぐに自分で引き受けることができるのよりはるかに多くの招待をいただくようになった。

そのようにして、たとえば、一千名を超える修道女が所属するオーストラリアの修道会St. Joseph of the Sacred Heartのシスターたちみんなと知り合うことになった。私にとってはもうそれだけであの巨大な大陸内での約一万キロの旅を意味した。というのも、たった二人か三人の「Brown Joeys」（シスターたちのニックネームで、「カンガルーの赤ちゃんたち」のこと）で、隣のシスターたちとは百キロ離れた遠く辺ぴな所で、人々の内なる神に奉仕していたからだ。そのためヘリコプターでノーザンテリトリーのターキークリークへ飛び、そこでまずアボリジニの族長たちに紹介された。野外にある五つの大きな火床を囲んで暮らす人たちだった。二人のシスターが子どもたちを教えていたが、言ってみれば実際は、世代間の対立を予防するため子どもを連れた母親たちを教えていたのだった。政府は校舎を建てたが、建物が一つきり、大きくて幅が広く、そこでシドニーのような大都会の子どもたちと同じ教育課程が実施されるようにということだった。シスターたちは校舎の中で授業せず、外のあずまやで、カリキュラムを自分たちがうまくいくように実態に合わせてやっていた。絵をプレゼントしてくれた子どもたち、その母親や経験豊かな部族の古老たちとの出会い、それにとりわけ見知らぬ土地で黙々と働く気丈な修道女たちとの出会いも、いつまでも私の記憶に残っている。

旅の中ではもてなしの心を身をもって知ることが非常によくあり、とても心の広いもので、一つ二つ例を選び出すというのは難しいが、ポリネシアはそのほとんどあふれんばかりの真心のこもった歓待で有名だ。それを私はサモアのアピアで経験させてもらった。ピオ・タオフィヌウ枢機卿(73)が、監督管区司祭全員の黙想会をやるためアピアに招待してくれたのだ。枢機卿は皆の真ん中に座り、赤い腰布のほか何も身につけていなかった。そして、サモア人のもてなしはその名声に値するということを、その週末の間にわからせてくれたのだった。だがトンガの人たちも彼らにひけをとらない。アイルランド人の修道士たちがニュージーランドで私を招待してくれたことがある。修道院にはすごい数の見習い僧の一団がいて、トンガ出身の人たちだった。故郷からお客さんが修道院にやってくると、トンガ人ブラザーたちにはもう歓待以外何の戒律も通用しなくなる。その時は夜の大半が歌と祭りで、次の日、修道院にある冷蔵庫全部が空だった。食べたり飲んだりできるものすべて、見習い僧たちが持ち出したのだ。言い訳のために彼らが引用したのが、まさにベネディクトの「修道院を訪ねてくる人はすべて、キリストとして迎え入れなければならない」だった。「トンガで私たちは、こうやってキリストをお迎えするのです」と言っていたが、トンガ人ブラザーたちのもてなし、それともアイルランド人の忍耐、どちらをより賛美すべきか、私にはわからなかった。

ナイジェリアでは、そうした罪のない頑固さと一緒になった客へのプレゼントを押し付けられ、それで思わず人をほほえませるような出来事が常に新たに起こって錯綜した。族長が、象牙を一本、献辞を彫り込んでプレゼントしてくれたのだ。私は絶望的になった。できる限りの感謝であらがいの気持ちを抑えた。私はみじめに屈服したのだった。巨大な牙はトランクにまったく入らない。新聞紙に包んで、外側をベルトで留めることにした。きっとナイジェリアで引き取ってもらえるだろうというのも空しい望みにとどまった。ミュンヒェン空港の通路で、もうすでに後ろから小声で怒っているのが聞こえる。没収してくれるよう税関員に泣きついたが、何の役にも立たない。私はドイツのシスターたちに象牙を困っている人たちのために売ってくれるよう頼み、やっと離れられるとほっとしたのだった。二か月後誇らしげな知らせが来た。シスターの一人が修道服の下に隠して、あの貴重な品を、アメリカにこっそり持ち込むことに成功したのである。私の名前が上に彫り込まれていなかっただろうか？

もっと断然うれしくて、びっくりするようなことにも事欠かない。ケニアでやることになっていた講演が急に取り消しになった。私はそのことをまだまったく知らなかったが、その時ナイロビに住んでいた日本人の友人たちが、私があくことになるのを聞きつけ、すぐに空港へ迎えに来てくれ、ライオン、シマウマ、キリン、そしてキリマンジャロの圧倒的な景色を共にする数日にもわたるサファリツアーに招待してくれたのだった。

こうした自然の美しさや人間的な出会いの多様性を思うと、びっくりするようなことがどんなふうに待ちかまえているかは言えないものだ。ニュージーランドで十日間、Sisters of Compassion（Daughters of Our Lady of Compassion）の祝賀巡礼旅行に参加させてもらったことがある。百年前、創設者Marie Joseph Aubertは、白人たちのはなはだしい妨害にもかかわらず、マオリ人たちに奉仕するためにこの修道会を捧げた。その人たちが今回は感謝の気持ちを表すことになる。毎回違ったマラエ(74)（マオリ人の集会場）で、私たちを毎晩、深く心揺さぶる儀式でもてなしてくれたのだ。女性だけがその権利を持っているのだが、聖なる祝祭の場に女性たちが歌いながら招き入れてくれるのを長い間待っていなければならないこともちょくちょくあった。そのあと、若者の戦士たちが、私たちに対して陽動攻撃を、儀式としてやってみせる。長い挨拶の言葉と、それへのお返しの言葉があったあと、招待側が平和の印として一枚のシダの葉を私たちと彼らの間の地面から取り除き、それで初めて私たちは友人客として受け入れられたことになる。彼ら全員と鼻でのキス、ホンギ(75)をかわす。若者の戦士たちから生まれたばかりで鼻をたらしている赤ちゃんにまで。そのあとはまったく家族の一員で、私たちは子どもたちのおじさん、おばさんだ。お祝いのごちそうでもてなされ、祖先たちの彫像に挟まれたロングハウスで寝させてもらえる（この間ずっとマオリの子どもたちが私に寄り添ってごみ集めの手伝いをしてくれた。北はスコットランドから南は南極の近くまで、私は、こうしたやり方で環境に貢献させてもらっている）。

インドではまったく違った種類の巡礼が私を何度もびっくりさせることになる。ベデ・グリッフィス神父を彼の修道院アシュラム・シャンティヴァナムに訪ねたのだが、神父が私を親しくしているヒンズー教の聖職者に任せ、その人と徒歩で、牛車で、また鉄道も使いながら、南インドを巡礼してまわった。チダムバラムではインド人でない人とは一人も出会わなかったが、そこで私たちは、シヴァもヴィシュナも祀るインドで最も神聖な寺院の、極めて厳かなプジャ[76]に一緒に加わった。そこの町はずれにあるカーリー神殿にいた一人の若い僧侶が発していたもの、彼が貧しい人々と会っていた時の謙虚さは、今でもあれより深く心に触れるものはないほどのものだった。その後ポンディチェリに着くと、オーロヴィルの先駆者の一人であるウダル・ピント氏が、私の額の赤い祝福の徴を見て額に八の字を寄せた。このフランスの飛び地に私はよそよそしさを感じ、まじりけのないインドが懐かしくなった。そう、ここでは、そしてそもそも旅行している間も、自分は観光客でいたくないし、人類学者でもいたくない。まさに人々の中の一人の人間でいたいのだ。

台湾では山岳地帯の立ち入り禁止区域に暮らす人々と知り合いになることができた。私に分かち与えられた異例の好待遇で、メリノール宣教会の神父たちに来てくれと招待されたからだった。私を魅了したのは、原住民の背の高い若い女性たちが出てきた時だ。その時の女性たちは白い服を着た尼さんで、まるで女王のように優雅に歩いて来たのだった。私の若い頃にはそこではまだ首狩りが普通に行われていた。親しくなったそこの土着の教理教師がある日すごくしめっぽくなっている。「君はとっても遠いところからここにやって来ているのに、今、僕らには一緒に話せる言葉がない」と通訳を通して私に言う。答えを探した。するとひらめいた。「でも一緒に飲めるじゃないか」。これが気に入って彼はすぐ喜んでとびついた。彼にとってそれは、ほおとほおを寄せて同じ一つのグラスから飲むことを意味していた。お米で造った酒は石油のような味がしたが、この儀式は深く私の心を動かした。「昔、これは一生に一度しかやらなかった」と、その時この友人は厳かに言ったのだった。

人生においてはすべてが一回限りなのではないか？　この人生全体が一つの旅なのではないか？　この旅の途中のあらゆる苦しみは望郷の念なのではないか？　そして、この望郷の念は結局のところ、神への望郷の念、大いなる神秘の内に変わることなくずっと守られてあることへの郷愁の念なのではないか？

■対話7

JK：リュックサックを背負って、またもや一人で、あるいはグループで大きな旅に出た時、お母さんが若かったあなたに「お前は、私のちっちゃなジプシーね」と言ったそうですが。当時はよくボヘミアの森に行っていた。七十歳代もまた世界中を講演やセミナーで広く旅したことでその刻印が押されています。頻繁に招待を受けた。人生のこの段階は「出会い」という大きなテーマのもとにあった。今、我々が遠い国を旅して誰かに出会う場合、それは表面的にはまず、何か新しいもの、未知のものとのふれあいであると言える。出会いを通して可能となったあなたの認識の核心、経験の核心とは何でしょう？

DSR：私にとっての最も大切な経験は、もしかすると、自分たちにとって外面的にはどこから見ても完全に異質な人たち、あるいはそのものの見方、文化、生活の仕方においてすらまったく異質な人たちと本当に出会った瞬間、ある深いつながりを私たちが感じるということだったかもしれません。その時、何かある火花のようなものが飛び移って、私たちはお互いに一つになる。私にはある一つの例が思い浮かびます。その時私はインドにいました。そもそもまだインド航空がコンピューターで作業するようになる前のことです。飛行機の乗り継ぎを確実にしようと思ったら、そこに電話しなければならないということがよくありました。私はマドラスで「難破」したのです。その市内で。今はチェンマイと呼ばれています。インド航空でカルカッタまでの航空券を持ってて、そこからの接続のチケットが必要だった。でも私にそれを売らなくてはいけない男は、賄賂を受け取りたいというのがかなり見え見えだった。私はでも、信念でそうしなかった。それで、その日は何回もそこに行かなければなりませんでした。次の日また行って、そのあとまた行って。彼が電報を送って、それがいくらかかかった。そのあと電話して、またいくらかかかった。それから最終的に私にあやしい接続チケットを売ろうとしました。私は長く待たされたあとで、ちょっともう精神的に消耗させられていました。でも、突然、自分の中で何か急に風向きが変わって彼に言ったのです。「今、一度私の身になってみてください。もしあなたが私で、私があなたにそのチケットを売ろうとしたら、あなたは買うでしょうか？」。その時、彼も突然完全に役から降りて応じたのです。「絶対買いません。全然いい考えではない。でも、私があなたを助けましょう」。そこからはみんな速くきちんとしていました。彼は自分が何をしなければならないか十分にわかっていたし、別にお金を要求することもなく、みんなうまくいった。残念ながらこんなふうに成功したことが人生ですごく頻繁にあったというわけではありません。でも、一人の見知らぬ人とそんなふうに出会って、二人の心の中に何かがパッとひらめくというのは私にとって大きな経験です。その時演技は終わり、生き生きとした本当のものが流れ始める。生き生きとしたものとは、相互の結びつきです。これが欠けている場合、うまくいくのは礼儀正しい芝居を演じることぐらいでしょう。だから、最高に素晴らしい経験になっているのは、よそよそしさがこの結びつきに道を譲った場合です。

JK：旅の中であなたは何度か原始的宗教に触れることになりますね。たとえばアメリカ合衆国の土着のしきたりにだったり、あるいは南アフリカやニュージーランド、それにオーストラリアでも。あなたは文化人類学と宗教学の教育を受けられていて、それと同時に、ほかの伝統が我々に与えてくれるものにオープンで好奇心がある。世界宗教と区別される、いわゆる原始的宗教を通して、どのような地平が開けてくるのでしょうか？　そうしたものから何を学ぶことができたのですか？

DSR：そういった時一番私の心を動かしたのは、日常生活の神聖さに対する感覚です。世俗的なものと宗教的なものとの分離はまだ私たちの場合のようには際立っていません。人々は「マナ」の意識をもって、あらゆるものにひそんでいる力の、神秘の意識をもって生活しています。あらゆるものの中にある大いなる神秘を感じ取っている。それは、物を貫いて見抜く、よりいっそう強い視力のような、聖なるものに対する感覚です。この聖なるものは同時に、魅惑的なものであり、また、ぎくりとさせるものでもあって、そうしたものに人は、火をおこす時や水汲みの時すでに出会っている。水を運んだり、沸かしたり、料理を食卓に並べたり、こうしたことすべてが突然私たちの目の前で宗教的行為となる行動なのです。インドではこうした意識は残念ながらここ数十年で広範囲にわたって失われていきました。私の記憶はまだ七〇年代初めのもので、その当時はインド全体がまるで一つの大きなカテドラルのように私には思えました。国全体が神聖な場所だった。都市でも当時たくさんの人たちが聖なる儀式をやっていて、祭壇を飾って神々の像を敬っていた。日常のあらゆる行為が、大きな畏敬の念を表現していた。奥地ではもしかしたら今もまだそんなふうになっているのではないかと私は願っています。そうした何万というインドの村々を思い浮かべることはできるかもしれませんが、都市では聖なるものに対する感覚はもう広範囲にわたって失われていっているように見えます。

JK：あなたは、たとえば南洋の島でのことだったり、ご自分が受け入れられた場所のことについて書かれています。そうした社会の突出した特徴が、実際は客へのもてなしにあったと語られている。わずかであっても持っているものはみんな分配する。客へのもてなしとはあなたにとって、我々の文化に不足しているものでしょうか？　我々が今、そうした人たちから何かを学ぶということは可能でしょうか？

DSR：私たちの文化の中でも非常にたくさんのもてなしを経験しましたが、もしかしたら私たちの場合、もてなしが非常に選択的だという違いがあるのかもしれません。よその人たちに対してだけではなく、社会的に異なった階層に対しても。大多数の人たちはほとんどもっぱら自分らの社会的階層の中で動いていて、そうしたところではもてなしも広がっていく。これは私たちのところでは本当によくわかると思います。インドではもっとはっきりわかります。あそこでは実態としていまだにカースト制度が存在している。何もかもひっくるめたもてなしは、まさに原始的な文化の中に特に見いだされます。そうしたところではもてなしが選択的ではない。それが本質的な特徴です。あなたが黒か白か、金持ちか貧乏か、あるいはほかの何らかの差異は問題ではない。あなたが宿を探している人かどうか、よそから来た人かどうかが問題なのです。これだけでもてなしの理由として十分なのです。

J　K：それは、「私が旅をしていた時に、お前たちは宿を貸した(77)」というイエスの言葉を思い出させます。実際、別の文化の中にも映し出されている。

DSR：ええ、同じくまさに心の底からのもてなしです。

J　K：何の差別もしないもてなし。時には文化的な違いが困難の要因となることもあります。ナイジェリアで、象のすごい牙にあなたの名前を彫り付けて、別れる時に贈り物として待たせてくれた、と書かれていますね。手と足でそれにあらがおうとはしたけれど、エチケット上の配慮からそのあとやはり持っていかなければならないことになって、結局、ヨーロッパでプレゼントとしてあげてしまうことにした。もてなしに時々、えらく苦労させられることもありうる。

DSR：ええ。そしてまたつらいものでもありうる。たとえばですが、インドでとっても貧しい人たちにもてなしてもらったことがありました。私に物を買うのに彼らがどれだけのお金を出さなければならなかったか、私にはわかりました。自分たちでは絶対に買えないようなものです。たとえばコカコーラや袋から出されたポテトチップスといった、正直、自分でもまったく好きではないようなものです。あの心の広い人たちは、私のためにお金を使ってただ自分たちの毎日のパンを私と分かち合っただけでなく、むしろあふれんばかりに。私はこのことを正直つらく受け止めました。感謝の気持ちにはこうした痛みも含まれているのかもしれません。

JK：何かお返ししたいのに、全然できない。インドを旅している途中、シャンティヴァナム・アシュラム（僧院）のビード・グリフィスを訪ねていますね。彼からは信仰生活についてどんなことを学ぶことができたのでしょうか？

DSR：私は、ビード・グリフィス(78)と非常に長く付き合えて、すごく運がよかった。一九五〇年代にはもう彼が私たちの修道院マウントセイバーに来ていました。実際、修道士生活ではずっと彼と付き合っていたし、彼がインドの宗教的感受性とキリスト教の象徴的表現とのああした統合を成し遂げたことをすごいと思っています。この二つを彼は見事に結びつけた。シャンティヴァナムのミサの典礼はまるでお寺で捧げられる供え物のような感じがしました。彼はインドのスタイルに順応していて、それが見事で、たとえば樟脳を焚いた香炉を振って礼拝するのです。聖変化のあと、私たちのところでは司祭がホスチアを掲げる箇所で、彼がその樟脳の香炉で聖体の供え物の周りをぐるっと振って回った。これをビード神父のところでご一緒させてもらうのは素晴らしい体験でした。インドでのキリスト教文化の受容は、実際のところ、彼の偉大な業績だった。彼にとってやさしいことではなかったと思いますが、でもやり通した。

JK：教会側から、やさしくないものにされた？

DSR：教会側からだと思います。

JK：キリスト教的なものを文化的に採り入れるということを、彼はわかっていた。

DSR：言葉の一番本来的な意味で。彼は、霊性を通じた宗教間の結びつきもまた、同じように極めて深く確信していました。その結びつきが彼の中で生きていたのです。あらゆる宗教の中に生きている一つの同じ神秘です。このことによって彼自身非常に活力にあふれていたし、そうしたものの表現が典礼の形態の中で、そして彼の個人的な生活形態の中でもまったく自然なものになっていたぐらい知的にも確信していました。彼はサドゥーの、インドの修行僧の、サフラン色の着物を着ていた。もし人がその細かいところを一つ、あるいはどこか別の細かいところをつぎ木しても、何かまったく違ったものになる。彼の場合、全部有機的で、よく合っていた。

JK：旅はみんな根本においてホームシックと合致するものなのではないか、と自問していらっしゃいますね。一般的に言って、我々を駆り立てるのは遠く離れたところへの憧れだと私たちは思っています。我々が違う国に旅に出る場合、求めているものとは何なのでしょうか?

DSR：遠くへ行きたい気持ちと家に帰りたい気持ちとが互いに非常に似ているというのは、もうその通りです。私にはたまに、自分が遠くに行きたい気持ちになっているのか、家に帰りたい気持ちなのか、そんなに厳密にはわからないことすらあります。結局それは、より深く大いなる神秘へと入り込んでいきたいという憧れなのです。このことは心の内へと向かう旅の中に、隠棲者の旅の中に、そしてまた外へと向かう旅の中に現れていて、大きな旅なのです。大きいということで今言っているのは、必ずしも長くて有名な土地へ、ということを意味しません。歩いてとなりの村を訪ねるのも、多くの人たちにとって大きな旅だと私は実際思っています。こうしたことは、私が飛行機で世界の半分を飛ぶのより、もっと「旅」の呼び名を与えられるのにふさわしいかもしれません。その態度によるのです。見聞きしたことに対する偏見のなさに、それと、新しいものに身をさらす勇気にもかかっている。

JK：人は、家に帰りたい気持ちなのか、遠くへ行きたい気持ちなのかにかかわらず、何かしようとします。人はどっちみち動く。「ちょっと待って、まあ見通しがついたら自分のところにいるみたいにずっといることになる」などと言うかもしれません。でも、そうではない。私たちは明らかに何かしらの形でそうした内なる旅、あるいは外部への旅に出なければならない。

DSR：そこにはもう本質的に変化が含まれています。

JK：「homo viator」、人は旅人である。

DSR：リルケが、自身の祈りの言葉の中の一つで、神に向かって、「どうしても私は、自分の動きの全体で、いつもあなたへと向かっていく」と言っています。つまり、私たちのいのちの動き全体は旅とみなすことができる。そういった意味で、自分たちがそういうふうにしたいと思っている時は、自分の家へ帰っていく旅だとみなすことができる。

JK：でも、家へと帰っていく旅には遠回りも必要です。家へ帰っていく旅になるのには、避難する道、それに時には逃亡する道が必要になる。世界中の宗教の状況をよく知っておられるので、そのことに対するあなたの評価が気になります。というのも、宗教は広く世界的な現象だからです。たとえばヨーロッパとアメリカ合衆国を比較すると、昔からあるヨーロッパは合衆国よりはるかに無神論的なように見えます。アメリカでは、宗教的信条の告白や信仰上の召命をオープンに見せるというのがほとんどノーマルになっている。ヨーロッパでは、もう約四二パーセントの人たちが無神論、あるいは無神論に近い立場に立っているとみなされていて、ついでに言うと、その大部分がキリスト教の洗礼を受けた人たちでもある。ニーチェの言葉、「神は死んだ」。私たちはもうすでに一度この言葉について触れたわけですが、実際、真実だということが証明されているように見えます。公共の場では、現実生活での実際上の無神論や宗教的無関心、無頓着さがもう例外ではなくなっていて、むしろきまりになった。宗教的である、あるいは神を信じているというのは、常連の集まるところではちょっとした変わり者扱いで、そうではない場合はうさんくさいものにすらなっています。このことをどう理解されますか？　ほかの社会とくらべると、ヨーロッパではおそらく相対的に類のないほどになっている、こうした雰囲気をどう解釈されますか？

DSR：アメリカ合衆国で私たちは、非常に広く広がっている原理主義に出くわします。あの宗教的レトリックは、個人的に性に合わない。教会からの離脱がヨーロッパでそんなふうに広く広まっているというのは残念です。もしかしたら離脱した人たちにとってそれは確かに内面的に必然的な解放を表しているのかもしれませんが、でもそれは子どもたちにとっての喪失を意味します。その場合、次の世代が宗教的な統合《インテグレーション》をもうまったく経験しないことになるからです。子ども時代のしっかりとした統合《インテグレーション》は、もしあとからまたそれを離れるにしても、助けになる。子どもはこうしたものを必要としているし、好きでもある。でも最終的に何が大切なのかと言うと、神秘と人間的に向き合うことであって、このことはあの国でも、ほかのどの国でも、人間としてしないですませるといったことはできません。子どもの誕生、親や友だちや親類の死、自分自身が死ぬこと、こうしたもののすべては極めて深い宗教的な出来事なのです。それが私たちにいのちの神秘と向き合うのを免れないようにし、対話を強いるからです。もしこの宗教的なものが、原始的な民族の場合がそうであるように、日常においてその表現を見いだしていたり、それに対しての作法や儀式が存在するなら、もちろん素晴らしいことです。それは人生を大いに豊かにするものであるし、我々人間にとって気持ちを楽にするものでもある。

JK：確かに。でも、神秘の経験として、つまり宗教的出来事としてとらえた出産や死についてのあなたの解釈だけでは「宗教に音痴の」不可知論者はそうしたものを完全にしりぞけることになるのではないでしょうか。こう言うでしょう。「ブラザー・ダーヴィト、出産は出産、死は死です。ライフサイクルというのはそうしたものなのです。これは神や神秘と何も関係ない。自分たちはこのいのちを次へと渡していくのだし、自分たちは死でもって終わりになる。私たちの人生の究極の目的はこのいのちを次の世代に持たせてやることで、そうやってこの世界はうまく伝えられていくのです。だからこそ次の世代がある程度恥ずかしくないように生きること、それに私たちのことを十分に考えてくれることが大切になる。我々は彼らにこのいのちを渡しはしますが、でもそれを超えたものは何もない」。

DSR：誰かがそんなふうに考えて自分で解釈したことがいのちと向き合うことではありません。むしろ単ににっちもさっちもいかなくなった解釈です。あなたが今言われた、「出産は出産」というようなことを言う女の人を想像してみてください。その女性に子どもができたら、もうそれまでとちょっと違ってくる。その出産を一緒に経験するその子の父親にとってもです。あるいは愛する人の死の床のかたわらに立つ時、それはそのいのちと向き合うことであって、そこでは宗教的な決まり文句も、無神論的な決まり文句も崩れ落ちて意味をなさなくなる。残るのは、その体験、そしてその体験が聖なるものの体験なのであって、そうしたものが我々の心をとらえると同時に、畏怖させる。そうしたところに行く、そこが宗教なのです。

JK：でも、それがわからない人のためのものではない。

DSR：それがわからない人がいるのか、私にはわからないというよりしかたがありません。ひょっとしたら否定する人たちはいるかもしれませんが、本当に経験しないということですか？

JK：そうした人がそれを素晴らしいものとして経験していても、世俗的な終わりあるいのちという感覚なのかもしれません。新しいいのちが生まれるというのは、何といっても素晴らしいことだし、それまでと違っていなくなるというのはつらいものです。

DSR：いのちの神秘についてそれ以上に頭を痛めるといったことがない、という意味のことを、そんなふうに表現したまでです。でも、結局はそれにかかっている。それをはっきりは否定しないということだけにかかっている。そして、否定することができるのは頭でですが、心でではない。そこで経験する。少なくとも私はそんなふうに見ています。

JK：でも、宗教的なもの、あるいは聖なるものを経験するということは、それ自身言ってみればすでに解釈なのではないですか？

DSR：それに名前をつけることはもちろんですが、その解釈の背後にあるものは経験された現実です。

人のやりたいように名前をつけていい。

JK：「神は存在しない。人生は素晴らしいものだ。自分たちには自由に飲み食いさせてくれ。明日にはみんな死んでいるのだから」といった意味のことを言う人は、まったく知りませんか？

DSR：そうした人たちは、たくさんは知らないです。私の社会的接触もそれこそ選択的です。誰か何か言っても主義主張にとどまるし、今の私たちの文脈には関係ありません。仮に誰か、「神は存在しない」と言ったとしても、その時はそうした発言の奥にいる人の方を見ようとする。原理主義者と会ってもそうです。その人と出会おうとする。その人の主義主張にそんなにすごく興味はない。私たちは、ありとあらゆることを自分で作りつけることができるのです。

JK：それで、最終的には何にかかってくるのでしょうか？

DSR：最終的には、神秘によって心を動かされるかどうかということにかかってくると思います。このことについて抽象的に何か言ったとしても、まったく同じことです。そして、このことは抽象的に正しいことを言う人たちにもあてはまります。たとえば、キリスト教で育てられ、使徒信条を唱えることができ、キリスト教文化の中で社会化しているような人たちです。こうした人たちが神秘によって心を動かされていない場合、実際、結局ほかのものもみんな大切なことではなくなってしまう。でも、そうした神秘の経験というものが避けられないように人生は進んでいくと私は確信しています。私たちは少なくとも死を必ず経験することになる。死は私たちの理解できないものですが、でもそれが私たちの心を動かす時、私たちが聞き取ることのできる何かと私たちを対峙させる。多くの人たちの場合、同じことが音楽や自然体験にもあてはまるのです。そうした人たちの場合、音楽や自然が、そのことに関わる本来的な宗教体験を呼び起こすのだと私は確信しています。この神秘が私たちの心を動かす時、それは、リルケが「世界内部空間」と呼んだ領域へと私たちを導いていくことになるのです。それに神秘はそうしたことに関わっているのであって、概念的な解釈とは関係ありません。

JK：「世界内部空間」についてちょっと。もっとはっきり言うと、どういう意味でおっしゃっているのですか？

DSR：リルケにはこのことについてほかの違った表現もあります。「世界内部空間」「開かれた場所」「踏み入ることのできない領域」。こうしたものは、自分自身の心が動かされる必要のある詩人的な想念です。何らかのものがそこで呼び起こされますが、概念的に把握することはできません。心を動かされるということ。最後にはこのことが繰り返し問題になります。

JK：一体性ということも？

DSR：大いなる神秘に心を動かされるということは、限りない一体性の体験なのです。もちろん人はこうした帰属の意識を養うことが可能ですし、人生全体に注ぎ込むこともできます。でも、フェードアウトすることも可能です。たとえば、ヒムラー、ゲーリンク、ボルマンといったナチス時代の人間が、大変な音楽好きだったというようなことが、繰り返し報じられていますが、それで彼らが音楽に心を動かされていたことを私がまったく認めないということにはならないでしょう。その時、神秘が彼らの心に触れていたのです。

JK：それでもまた離れる？

DSR：ほかのものによってまた離れていきます。それがイデオロギーの大きな危険性です。「ユダヤ人は殲滅されなければならない」とイデオロギーは言ってきます。でも、大いなる神秘に自分の心の動きをゆだねればゆだねるほど、そうした根本的に離れていくような考え方に従って生きることが自分にとっていっそう難しくなる。「私たちは神秘とのこうした出会いを養っていくことができるし、はぐくむことができるし、常に繰り返し意識化することができます」と私が言う時は、このことが言いたいのです。これはみんなわたくしごとでなくて、このことを同じようにやった人たち、このことについて語りそして書いた人たちによって受け継がれてきたもののすべてが、そこには含まれています。私たちは、ある一つの文化全体とのつながりの中にいるのです。

JK：旅をする中でわかるように、世界中に広がっている。

旅行の際の同伴者、アンソニー・チャヴェツと

八　観想と革命

一九九六〜二〇〇六

旅する中で、より多くの多種多様な人々と知り合いにならせてもらい、その人たちが気にかけていることをよりいっそう知るようになって、なおさら自分の中で、ある世界史的な転換が我々の時代に起ころうとしているという予感がより頻繁にわき起こるようになってきた。思い出に残る出会いには常にそこに涙があり、しかしまた消し去ることのできない希望もあった。特にザイールの学生たちとの対話は、八十歳代の私の人生の流れの中でくっきりと形づくられ始めた洞察を表へと出させることになった。

私はキンシャサにいた。騒乱はそこで私を毎晩違った宿に連れていかなければならないまでの広がりに達していて、その時はことによるといくらか危険にさらされることの少ない宿に連れていく必要があったのかもしれない。一度、ボロボロになった学生住宅にいた博士課程の学生たちを訪ねたことがあった。そこで彼らは妻子と、極めて狭い空間に押し込められて生活していた。そこでは一つの机が料理のための机であると同時に食卓であり、子どもたちにとっての遊び机であり、書き物をする机でもあったが、博士論文のための高価な本や資料が絶え間ないリスクにさらされていた。想像もできない不自由な状況にもかかわらず、その青年たちは自分たちの努力の最終的なゴールのすぐそこにまで来ていた。「君らが自分たちの将来に一番熱く期待しているものは何?」と私は問いかけ、告白するが、私はその時富や影響力だと思っていた。その答えは私に言葉を失わせた。「やり遂げたら、誘惑に抵抗できるようになって、狼たちと一緒になってほえたい。自分たちは一度、権力や金を持っている人たちとは違ったことをやりたい。でも、やりぬくのは簡単ではない。その時自分たちは多くのことをあきらめなければならないと思う」。

そこには、未来へのラディカルで新しいヴィジョンがあった。流れに逆らって泳ぐこうしたパイオニアたちの勇気は胸にこたえ、私に精神的衝撃を与えた。革命的だった。

「革命」は次第に自分にとって大事な概念になっていく。だが、私はこの概念を半ば諧謔的に使っている。我々が歴史で知っている革命の場合とはまったく違ったことが問題となっているからだ。この革命は今や私たちに世界史的な視点を要求しており、そればかりか従来の革命の観念を革命する必要すらあるほどになった。今まで革命の本質は、その時その時の権力ピラミッドが逆さにされ、もとは革命家であった人たちが下から上へとあがるということにあり、他すべては依然として古いもののままにとどまった。新たなものは今や、権力ピラミッドは逆さにされず、完全に解体され、新しいネットワークによってかわる必要があるということにその本質がある。ブッダはこれを自身のサンガ[79]において実現させることを目標にし、またイエスはそれが弟子たちの共同体において実現されるのを見ようとした。「王が民を支配し、民の上に権力を振るう者が守護者と呼ばれている。しかし、あなたがたはそれではいけない！　あなたがたの中でいちばん偉い人は、いちばん若い者のようになり、上に立つ人は、仕える者のようになりなさい」[80]。キンシャサの博士課程の学生たちも、明らかに似たようなことを望んでいた。私が出会わせてもらったこの人たちの、また多くのほかのグループの脳裡に、程度の差こそあれはっきりと浮かんでいた目標は、改良された権力ピラミッドではなく、むしろ権限の相互的なネットワークだった。

ピラミッドは、初めから私たちの文明の基本モデルだったのであり、大多数の人たちがこれを単に与えられたものとして受け入れてきたし、受け入れているが、同時に、そのことについてのはっきりとした観念を持つことなしに、何かまったく違ったものを切望している。相互の信頼が人間たちに花を開かせるのだ。恐怖は我々を萎縮させる。恐怖はピラミッドの権力手段だ。だから、その頂点に座す者たちは、彼らの強力な地位を失うことを恐れ、つまり自己を維持するため、暴力を用いる。加えてまたピラミッドの下でも恐怖は対立をまねき、さらに殺人的な競争をまねく。あまりにも簡単にやってくる恐怖が、物欲、吝嗇、嫉妬をまねく。ネットワークにあっては逆に、権力の座を守るということがない。なぜなら、すべては等しく尊厳を認められ、それゆえ平等の権利を持っているからだ。その時支配するのは、恐怖にかわり信頼であり、競争にかわり協力、物欲にかわり公共的な分配だ。

歴史が私の好きな教科だったことは一度もない。ヒトラーのもと、私たちは、歴史の教授たちが自分たちに嘘を言っていると確信していた。過去全体が、第三帝国による栄光に満ちたその戴冠へと裁断され合わせ縫われる必要があったからだ。ただその時、たとえば（いずれにせよのちに完全に間違った路線に陥った）フランス革命の基本理念といったものを、新しい目で吟味するということは自分を刺激し、すごいと思った。「Liberté, Égalité, Fraternité」（仏：自由・平等・友愛）は、その中に、当時すでに緊急にどうしても必要だった新秩序へのプログラムは含まれていなかったが、今、我々の存続はこのことにかかってはいないだろうか?

「自由（Freiheit）」は、非暴力（Gewaltfreiheit）に始まり、そしてまた非暴力に終わる。私にはこのことに対して自分自身に責任がある。暴力は不自由を作り出す。なぜなら、暴力は権力の濫用だからだ。権力の唯一の創造的使用法は、他者への権能の付与であり、それが権力を与えた者を自由にするのであって、権力を与えられたと心得ている者以上の者ではない。「平等」とは均等化ではなく、権利の平等のことである。私には、ダイナミックな秩序というものはこうした基本的権利に基づいているのだということがますますはっきりしてきた。我々が恐怖を乗り越える時、その時競争から脱却して、同等の権利を持つ者たちのもとでの、だがまた同等の義務をも負う者たちのもとでの、ギブアンドテイクによる相互作用が成立する。「友愛」は、我々が等しく皆一つの人間家族に属しているという自身の根源に名を与えることによって平等を強め、同時に、家族であることの意味の一番素晴らしい表現に、つまり分かち合うことに注目させる。

ずっと前、七〇年代にも、アメリカやそれ以外の所でも、社会の指導的立場にある人たちと知り合いになる機会があって、そうした人たちに対してはこの理由から彼らが十分な情報を得ているとも思わせてもらっていた。まさにこの十分な情報を得ていると思われる人たちから聞いたのは、「このままではだめだ！」というつぶやきだった。政治でだめ、経済でだめ、そしてほかの重要な領域でも全部だめ。「それでどうしてだめなのですか?」と私は聞いた。「私たちがまさに自分たち自身をだいなしにしようとしているからです」（そうした時、自然や環境をためらいもなく食いものにし、気候変動を青くさい妄想と言い、とにかく自分で専門家だと思っている人たちが当時はまだたくさんいた）。暴力や競争や物欲によって、我々は今や自滅を前にしていた。そして我々は三十年このかたいっそう著しくそれに近づいてきた。しかし同時にまた、同じ時期に人々は、非暴力と共同作業と分かち合いの中に未来へのあらゆる希望があるという認識に、次第に目覚めていった。

ピラミッドとネットワークはまた人生のこの時期にあって自分の個人的な経験を理解するための助けになるモデルであることもはっきりわかってきた。その初めの頃（一九九四〜一九九七）、私は、カマルドリ会修道院から遠くない、カリフォルニア州ビッグサー海岸にあるエサレン・インスティテュートのTeacher in residenceだった。すでに触れたように、修道院とは親しい関係にあった。考古学上の出土品が示すように、もう五千年前には、エサレン・インディアンとその祖先たちが、温泉のそばのこの自然にとても豊かに恵まれた地に、自分たちの越冬地を持っていた。

私たちの時代、ここに若い人たちが次第に住みつくようになっていった。六〇年代初めのカウンターカルチャーのスタイルで生活し、支配的な社会秩序を疑問視していた人たちだ。人々を熱狂させるエサレンの未来へ向けた火花は、この時期の先駆的思想家たちを講師や案内人として招くアイデアとなった。アブラハム・マズロー、ジョーン・バエズ、パウル・ティリッヒ、ヘンリー・ミラー、フリッツ・パールズ、ティモシー・リアリー、カール・ロジャース。このリストは強い印象を与えるものだが、完全なものからはかけ離れたものだ。とどろき渡り寄せかえる波の上に急勾配に突き出た絶壁にある温泉、ラッコやイルカがたわむれ、クジラたちが列を作って通りすぎる海と入り江とを望む浴槽。これは、著名な講師たちが喜んで招かれ、そこで無報酬で教えることに心そそられるのには十分だ。やがてこれが、共同体によって支えられ、プロフェッショナルにより専門的に運営されるセンター、ヒューマニズム的な傾向を持った学際的な研究や会議のための公益的なセンターへと発展した。大きな意義があったのはさらに、ここで開発されたマッサージのスタイルがやがて有名になったこと、そして、自然になじんだ園芸家たちが肥えた土地から言葉に尽くせないほどの花々の豪華さを引き出しただけでなく、新鮮な野菜の豊かな実りも引き出し、それでアイデアあふれるコックたちが実に旨い野菜料理を作った。女性たちの中の何人かがそこで働いている人たちの家庭の子どもを幼稚園で世話し始めると、やがてゲストの人たちも、小さい子たちがそこの進歩主義的に運営されているガゼボ（東屋）で、ヤギや犬やロバと喜んで遊び、手厚く面倒をみてもらっているのがわかって、その間親たちは講座に参加できたり、温泉を楽しむことができたりするようになった。こんなふうに共同体の多種多様な才能が豊かな展開と応用を見いだし、事業は盛んになった。

マイク・マーフィーとディック・プライスは、二人とも一九三〇年生まれでスタンフォード大学の同僚だったが、一九六一年、一緒に今日のエサレンを創設する。ビート・ジェネレーションの若い人たちが住み着くようになっていたこの地域の土地所有権を、マイクが家族の財産として相続したのだ。彼の祖父は医者だったが、まだそこに道もなかった頃、すでに温泉を有効利用することを考えていた。シュリー・オーロビンドの弟子としてマイクは、粘り強く信念をもって瞑想をしていたが、やがて著述家としての活動に重点を置いて没頭するようになり、また特にエサレンの事業的展開に責任を感じ、それを理事会の助けをかりて形にしながら進めることを始めた。加えて、すぐにサンフランシスコに移り住む。車で何時間もかかる遠く離れたところだ。ディックは逆に、共同体の真っ只中で生活し、共同体とは互いに愛と敬意のうちに結ばれていた。彼は、妻のクリスと共に、自身の理想像を通してそこで先駆的仕事を成した人々の混成チームにインスピレーションと統一性とを与えた。彼には個人的に精神科開業医とうまくいかなかった経験があって、ここでは精神的な癒しの場を作ろうとした。心の推移が有機的に展開して、バランスが取れるようになる場だ。自分で開発した臨床メソッドのおかげで彼はそれにも成功し、身体と魂とを全体的に癒す世界的な場所を作るべきだという思想の方向性をエサレンに与えたのだった。

一九八五年十一月二五日、ディックは、エサレンに水を供給している源泉のそばの、丘の上の高いところで、いつもよくやっていたように瞑想していたが、その時に落ちてきた石にあたって死んだ（五千キロ離れていて、非常に象徴的なものをはらんだ彼の死について何も知らなかったのだが、まさに同じ時刻、晴れ渡った空から彼を賛美する何かが私の心を揺り動かしたのだった）。二十年以上の長きにわたり大事な時期のエサレンの内面生活を一緒になって決めてきたこの男の死は衝撃だった。それは、彼とマイク・マーフィーが下地を作った発展の方向性を、やがてあとあとまで変えてしまうことになる。新しい理事長、スティーヴ・ドノヴァンは、両サイドにある程度信頼を得て、食い止めるためにできることは全部やったが、理事会の目ざすものと共同体の目ざすものとの間の亀裂はますます広がっていった。スティーヴは、「Teacher in residence」の招聘を始めた。彼らがいることで波及するものを通じ、ここの人たちを、おぼつかなくなった共同体を支えようとしたのだろう。この栄誉が私にもまた与えられた。運命のほとんどあまりにも劇的だと言いうる瞬間、スティーヴは私を抱きしめた。私がスーツケースを置いたあと、彼は自分のを持ち上げ、エサレンを永遠に去って行ったのだった。

この時私は、そこで、「村の共同体」――私はこれを、家族と一緒に住んで長年働いてきた人たちだと見ていたが――と、うまく継続していく事業を村から作り出すことを自分たちの責任ととらえる「企業家たち」との間に立つことになった。自分の半生のほとんどをここで生活し、子どもたちを育ててきた人たちは、一種の創始者の権利を主張した。「こんなふうになったエサレンは自分たちが作ったものではないのではないか？　お客さんたちは、自分たちの創りあげたこの共同体のあたたかい雰囲気が目的で、自分たちがいなかったらこうした形ではまったくありえなかったこの雰囲気が目的で、やってくるのではないのか？」。他方、理事会は、まとまりの悪い共同体からよく整ったサラリーマンの一団を作り出すのを自らの権利とみなしたばかりでなく、むしろ義務とみなしていた。これが当時、総じて実現可能な領域にあったのかどうか、今でも私には断言できない。経験と統率力がもっとあったら、おそらくこの緊迫した関係は和らぎ、功労のあった昔からのスタッフたちの突然で不可解な解雇は回避できたかもしれない。だが、そうしたもの以前に、根本的なことが問題だったのだ。振り返って見ると、あそこではネットワークとピラミッドとの対立が小型判で現れていたように思える。企業家に向けたプログラムの領域で確かにエサレンは功績をあげ、私自身、実業家や画期的で先駆的思考を持った人たちが経済の領域から経営管理の人間味ある新しいモデルを提示する数々の会議に参加させてもらった。しかし、管理的にエサレンはありきたりのモデルに従い、ディック・プライスやもともとあった自治組織のネットワークが望んでいたものは過去に属していた。

エサレンにいた時期は、私の手におえないものだった。私が立ち会うことになったあの苦しみを思い出すと、心はいまだに重くなる。それでも、あそこで与えられた出会いや経験に対してはいまだに深い感謝の気持ちがある。カリフォルニアにいた時期のあと、私はまたニューヨークに戻り、正直、自分の人生は終わりに近づいたのだと感じていた。その当時、友人のナンシーとロデリッチ・グレフが、私たちの修道院からほど遠くないところにあるクエーカー教徒の老人ホームに引退して、私もそこに入れてくれるチャンスを我々に与えてくれた。マーティン神父は私たち年老いたブラザーを世話する難しさをよく知っていて、それで私の名義で、この申し出を感謝と共に受け入れたのだった。そんなふうにしてケンダル・アット・イタカが私にとって隠棲生活の新しい形になり、まさにそれが自分が必要としているものを結果的にはっきりさせることになった。私はもう旅に出ることもなく、あらゆる関係を最小限にとどめるようにして死ぬ準備をした。その時、それが違ったことになっていく。

友人たちが「書いたものをインターネットにのせるべきだ」と繰り返しせきたてた。私ののぞむところではなかったが、私がまだビッグサーにいた時に修道院で休暇を取っていて知り合った、進取の気性に富み、若くて、インターネットのエキスパート、ダニエル・ウヴァノヴィッチが何週間かイタカに来て、ウェブサイトを立ち上げてくれることになった。ライトモチーフとして私たちは感謝を選んだ。数週間だったのが何年にもなり、ささやかな始まりだったのがネットオワークで世界中に広がり、日々何万人もの利用者がいる活力の源泉になった（このことを可能にした友人やスタッフたちの名前をここにあげるにはあまりにも多すぎるが、私の心には感謝と共にその名が刻まれている）。開設のための補助金を承諾してくれた財団、フェッツアー・インスティテュートは、私たちが財団に対して回答すべき問題として、次の二つの疑問点をあげた。一つ目は、「インターネットはスピリチュアルなものに適しているのか？」、二つ目は、「インターネットで共同体をつくることはできるのか？」。今、これらはまるで誘導尋問のように聞こえるが、それだけ答えが明白になったのだ。インターネットは、数えきれないぐらい共同体の新しい形態を可能にした。それは、世界中に張り巡らされ一つに結ぶネットワーク、最終的には、ピエール・テイヤール・ド・シャルダンが「ヌースフェア（叡智圏）」と呼んだ、あのすべてをつなぐ愛のネットワークの基盤として、それ自身の内部で理解されるようになった。こうしたネット化がより広くより高度になればなるほど、その生き生きとした活動はなおいっそうより広範に、より深くなっていく。生命はネット化なのだ。そして、スピリチュアリティーがすでにその名の通り生き生きとした活動であるのであれば（ラテン語で spiritus は生命のいぶき）、サイバー・ネットワークは、ネット化を通じてより高められた生命活動を導いていくのだから、それ自体スピリチュアルなものの現れであることになる。

私たちのウェブサイト(81)は、その目的に近づけば近づくほど、それだけより革命的になっていった。そしてよりいっそう観想的になっていった。私たちの目的は、その中でお互いに支え合い、感謝し、またその喜びのうちに生きる世界中の人々をネット化することだった。しかし、このネット化の目ざすものすべては、権力ピラミッドによって支配されている私たちの社会で革命的だった。そして、本当の意味で革命的であろうとすることは、必ず観想的になる。

観想的（kontemplativ）であることが「超俗的であること」を意味するというのは、広く流布している誤りである。すでに修練生だった時、私は、ダマスス神父からこの「kon-」という短い音節が観想生活の理解にとってどれだけ大切かを学んだ。ラテン語の「cum（共に）」と同様、それはつながりを示す。観想の内に結合されるべきは理想像であり、またその現実化である。天空を見上げることで私たちには永遠の秩序が示される。それは天体によって象徴されているのであって、この眺めはさらに、混沌とした世界の真っ只中に、神殿（Tempel）の建設を通して現実化される。この「temp」という音節は非常に古いもので、本来「物さし」を意味している。観想する人間が、天空を見上げることでこの「物さし」を獲得し、その物さしに従って神殿は建てられたのだ。だから、非常に古い神殿、たとえばストーンヘンジなどは、そういった巨大な太陽時計、あるいは星時計のようなものになっている。また、インドでは、「神殿の物さしが合っているなら、世界に秩序が存在している」と言う。私たちは人間としてすでに自分の垂直の動きを通して天空を仰ぎ見るように招かれているのであって、我々の自由な両手も、手でつかみとることのできる現実に対して、「この地上にいてまるで天空にいるような」、そうした理想像を作り出すことを可能にしている。

ウェブサイトでの共同作業は、このように私にとって、観想的に生きその生活をはからずも多くの人々と分かち合う新たな形となった。同時に、それは結局、自分がその義務を感じているあの革命の始まりであることが明らかになった。自分でも驚くのだが、つまり、私の人生はやはり、さらにまた先に進んでいくことになる。人生のまったく新しい段落が、私の前に開けた。

■対話8

JK：神秘主義と政治。最初の一べつでは、そんなにまともに調和するとは思えません。というのも神秘主義を多くの人は、極めて個人的なもので、そのためその人以外の人たちには真似できないものだ、だから到達しえない内面的なものなのだ、と理解しているからです。政治もまた公然とした権力の行使や、戦略的な権力の維持に縮小されてしまうことがしばしばです。あなたは神秘主義と政治を観想と革命が一組になった概念で一緒にして考えている。どうしてあなたには社会の変化しているこの今が、霊性においてそんなに重要なのですか？

DSR：霊性を正しく理解したということは、生き生きとはたらいていることを意味します。それは、spiritus、「いのちの息吹」から来ている。完全に生き生きとはたらいているということは、我々が大いなる神秘を前に責任に目覚めること、そこから社会を、ポリスを前にした責任、つまりポリティックスに対する責任に目覚めることを意味します。こうした領域でもスピリチュアリティーは目覚めなのです。もし私たちが公共の福祉に対する自分たちの責任を眠って過ごすなら、我々は自分たちがあるべきスピリチュアルな存在とはなっていないことになる。完全には目覚めていないし、完全には生き生きとはたらいていない。

J K：Polites、つまり全体のことに関心を持ち尽力する人たちと、Ideotes、自分たちだけの私的なことしか考えず、自分自身のことにしか関わらない人たちとを区別するというのは、もうすでに古代ギリシャでもそうでした。

DSR：自分たちは、つまり、ばか（Ideoten）ではありたくないということです。

J K：革命的なものということに関してですが、ご自身はどのような霊的伝統の中にあると見ていらっしゃいますか？　どのような模範像を思い浮かべられますか？

DSR：私の模範像は、とりわけ革命家としてのイエス・キリストです。彼はあの時代、模範像だったし、そうした革命家としても認識されていた。十字架の刑は、宗教的な行動に対するものとして意図されてはいなかったからです。それに対しては、石打ちで処刑されました。磔刑は、あからさまな政治的刑罰だったのです――逃げ出した奴隷に対する、そして革命家に対するものであり、つまり、いわゆる犯罪者が、現存する社会秩序を掘りくずしたことによるものだった。イエスは、これを神の国の説教でやった。「あなたがたのうちでいちばん偉い人は、仕える者になりなさい[82]」と彼が言うと、彼の時代の、そして私たちの時代の、権力ピラミッドを掘りくずすことになる。これは決定的に革命的なことではないでしょうか?

J K：当時、彼が徹底的に問題視したのは何だったのでしょう? 我々の得るものが今もなおありうるとしたら、どこから得ることができるでしょうか?

DSR：権力の濫用を問題視したのです。私たちはみんな、自分たちの周囲に、つまり、子どもたち、友人、知り合い、仕事仲間、家族などに関して、自分が思っている以上の権力を持っています。こうした権力行使の唯一の正当性は、相手に権力を付与することにある。私たちがこれをやらないと、権力から暴力が生じることになる。暴力は、操縦し、抑圧し、搾取する。イエスはまず第一に、これに立ち向かったのです。

J K：権力を付与する。その通りですけれど、何のために?

DSR：権力を付与するとは、共同体の中で自己を実現させることです。その人の一番いいものを創造的に生み出させることです。

J K：潜在する能力のすべてを生かすこと。

ＤＳＲ：まさにそれです。親が自分の子どもにする、教師が生徒にすることです。親や教師が、子どもや生徒たちから一番いいものを引き出すということをきちんとやっている場合です。

Ｊ　Ｋ：それはひっ迫していたり危機的にある条件のもとでも可能ですか？

ＤＳＲ：危機？　ひっ迫？　ひっ迫の観念は、いのちへの信頼不足から発する一つの解釈です。私たちは状況のそうした誤った解釈を自分に許してはいけません。もし、欠乏の観念よりはるかにリアルな充溢の意識に生きているなら、私たちもまた危機に対してとはまったく違った態度をとることになる。そうすると、危機もまたすべての終わりではなくなります。

Ｊ　Ｋ：そして、選択の余地がないということでもない。

ＤＳＲ：決してそんなことはないのです！「危機（Krise）」という言葉は、「ふるい（Sieb）」と同じ語源から来ています。危機は、ふるいにかけることを意味する。それぞれの危機の中で、育ちうるものが、もう生き残ることのできないものから分離する。これは自然の中と似たようなプロセスです。つまり、干からびた外皮をとると、それで若葉が自由に開くことができるようになるのです。

Ｊ　Ｋ：それはでも、社会ダーウィニズム的にも誤解される可能性がありますし、あるいは、ある一定のやり方で解釈される可能性もある。すなわち、「システムの中で一番うまく適応したものだけが生き残る」。「survival of the fittest」というモットーに従って、一定の経済主義的解釈のために使われる可能性があります。それで、一番強い者たちが、それより弱い者たちに対して得することになる。より弱い者たちとは、チャンスがそんなに多くはなかった人たち、そんなに教育を受けていなくて、もしかしたら適切でない所で、適切でない時に生まれた、ついていなかった人たちのことです。こうしたより弱い人たちを、運命が、いわば歴史のごみの山に吐き出している。

DSR：それに異論を唱えるつもりはありません。ただ私は、「そのとおり、一番強いものが生き残るけれども、一番強いものは暴力ではなく、むしろ協力なのだ」とだけは言いたいです。私たちがほかの人たちと協力することが、強さを作り出す。私が考えているのは、公共の福祉のための協力です。お互いに抑圧し合うかわりに、お互いに築いていく。私はそういう意味で言っているのです。一番強い人たちは、「いのちの道筋にそって自分を整えていくことが、自分たちを強くするのだ」と見抜いている人たちです。そしていのちは、一致へと、協力へと、ネット化へと向かっている。

JK：共進化ですか？

DSR：ええ、共進化です。一番強い人たちは、このことをよくわかっていて共進化に貢献している人たちです。このことはこれまでいつもそうだった。この根本法則は私たちが過去から読み取ることができるものです。

JK：どこから読み取るのですか？

DSR：生命の発達過程からです。もしそうでなかったら、進化的に大きく発達することはまったくなかったでしょう。ただ競争だけが進化を先へ押し進めたと考えるのは、誤った解釈です。そうした見方をしている時我々は、たとえば、母性愛のことを忘れています。進化のあらゆる段階で、か弱い自分の子どもの面倒を見る強い母親が存在しなかったら、いわゆる強い人たちが成人することは一度もなかったでしょう。このことを私たちはあまりにも簡単に忘れています。

JK：我々は父性愛のことも忘れています。

DSR：そのことに私が触れるのを忘れるのは、もしかしたら自伝ですごく典型的なことかもしれませんね。

JK：当然それにはそれの特性もありますが。もう一度、模範像のことに戻ります。すでにイエスをあげられましたね。あなたと同時代人の模範像はありますか？

DSR：ええ。非常に尊敬していて、すごいなあと思う一人の女性がすぐに思い浮かびます。「Catholic Worker Movement（カトリック労働者運動）」を創設したドロシー・デイ(83)です。

JK：それは特に社会の中で顧みられない人たちの世話をする団体ですよね。

DSR：はい。この団体は今でもとんでもなく活発に活動していて、多くの成果をあげています。貧しい人たちへのドロシーの共感と、アメリカ合衆国の貧困はこのままではだめだという彼女の洞察から出たのが、この団体です。彼女が一九三三年ニューヨークでピーター・モーリンと一緒に始めて立ち上げたものから、さらに多くの共同体が生まれました。ドロシー・デイは、マザー・テレサと同じように、貧しい人たちの内で最も貧しい人たちの世話を引き受けましたが、それを越えて、そうした貧困に対して責任がある社会秩序の根本的あり方を問うたのです。そのため彼女は繰り返し刑務所に入らなければならなかった。ブラジルの大司教エルデ・カマラは、このことの原因を理解していました。「貧しい人たちに食べ物を与えると、人は私を聖人と呼ぶ。なぜ彼らは貧しいのか尋ねると、人は私を共産主義者と呼ぶ」と彼は言っています。そしてまたラテンアメリカにあるキリスト教の基礎自治体も、イエスの福音を一緒に読むことを土台に権力ピラミッドを問題視していった共同体でした。こうした考え方が広まり始めると、共産主義的だと悪い評判を立てられ、社会的制裁を加えられることがよくある。

JK：考え方は正しい、それとも正しくない？

DSR：共産主義的なものの一番いい意味で、つまり共同体的に考えて正しいですが、共産主義インターナショナルの政治という意味では正しくない。

JK：つまり共産主義的な党派イデオロギーの意味で？

DSR：そうです。

JK：観想と革命を概念としてペアになさっていますが、その際あなたは、革命を新しく定義しています。つまり、革命を権力ピラミッドの終焉として、また、ネットワークのような形で組織化する共同体の興隆として定義している。これは一瞬非常にあたりのいいように聞こえます。私も、そうした時あなたがどんなネットワークを思い浮かべていらっしゃるのか、理解していると思っています。でも、はっきりさせるために、一つの批判的な反証を持ち出して、今、adovocatus diaboli（悪魔の代弁者）として、あなたを意識的に誤って解釈することにします。つまり、マフィアのような、国家を覆す非政府組織が、最近ネットワーク化した形で形成されてきている。いわゆるイスラム国のようなテロ組織までもが、自発的に行動する小細胞とネットワーク構造によって、ベルギー、フランス、トルコの殺害事件で、非常に成功しています。あるネットワークの中で信頼が内に向かって支配するようになると、ネットワーク組織の倫理についてはそのうち何も言わなくなり、むしろもっとその効果について言うようになる。つまり組織形態だけではあなたの意図する精神は定着できないのではないか、と私は恐れているのです。

DSR：違います。組織の形態でではなく、権力の使い方で定着していくのです。問題は、「権力が独立性を持つあらゆるものへの権能付与のために使われているか？」。これが大事なのです。それがみんなにあてはまらなければいけない。つまり、基本的にあらゆる人々を取り込むべきであって、ただ一定のグループだけであってはならないのです。

JK：あなたの頭に浮かんでいるネットワークは、万人に共通に整備されたものを言うのですね。

DSR：万人に共通で、それぞれの個々の人たちに対する敬意によって支えられているものです。でも、敬意は、もしかしたらあまりにも色あせた概念かもしれません。隣人に、とりわけ異なった人たちに、そしてあらゆる形態のいのちに深く配慮することが大切なのです。この大きな配慮、このいのちへの畏怖の念が中心でなければなりません。

JK：つまりアルバート・シュヴァイツァーがかつて言ったことですね。「私は生きようとするいのちの真っ只中にいる、生きようとするいのちである」。

DSR：まさにその通り。それが私の言っているネットワークのスピリチュアリティーなのではないでしょうか。そして、それがマフィアやテロリストたちのネットワークと根本的に異なるものにしている。

JK：九〇年代あなたは、ビッグサーの、伝説的になっているエサレン・インスティテュートで、教える側としてそうした異なった組織形態、つまりピラミッドとネットワークの対立をご自分でよく観察することができた。それがどんなものだったか、あなたはそれがもたらした結果を含めて述べておられます。エサレンの中でそしてエサレンをめぐって形成された共同体は、まさにそうした進取の気性に富み、下から支え、権力を付与していくネットワークを生きようとした。最終的にはしかし、伝統的なモデルが経営のための理事会を伴った形でその後を切り抜けていった。そこではもしかしたら、あまりにも人間的な動因が利他主義的な協同の精神よりも強くはたらいているのではないですか？　あなたが先ほど性格づけされたそうしたネットワークは、最も広い意味で、改革された人間も必要としていませんか？　あるいは、我々の社会システムの中にあらかじめもたらされているものではない、人間の共同生活の前提となるものも必要としてはいませんか？

DSR：欠くことのできない変化を現実化するためには、新しい意識が必要なのだと思います。古いものの圧力、古いものの持つ力の圧迫は非常に大きい。こうした圧力から自分たちの身を守るためには大きな勇気を必要としますし、大きな努力を必要とします。そしてエサレンでは、残念ながらこれがうまくいかなかった。

JK：どうして？

DSR：いつも簡単に成功するわけではありません。勇気と力がいつも足りるというわけではないのです。

JK：おそらく忍耐もまた必要になってくる。厚い板をうがつのには長くかかる。可能な限り長い間立ってその圧力に耐えることが。

DSR：私はいつも繰り返し自分に問いただしてみるのです。「あの時、本当に全部だめになってしまったのか？」と。振り返って見てみましょう。歴史の流れの中では、常に繰り返し歴史が権力者たちによって書かれるせいで我々の歴史の本の中で悪者にされた小さなグループが、常に繰り返し、理想を現実化する努力を、力への愛に対抗する愛の力を貫き通す努力をしてきました。こうした試みは、それでもやはり、いつもまたひどく膿むことになる。私は、たとえば、農民蜂起のことを思い出すのですが、あれが頻繁にそうした方向に行ったことは確かです。

J K：それは修道会に関しても見てとることができますね。たとえば、フランシスコ会の修道士たち。あの人たちは非常に革新的だった。謙虚な教皇が存在したからこそ、彼らは生き残ることができた。

DSR：聖フランシスコの小さなブラザーたちは、その初めの形では生き残れませんでした。すでに第二世代で彼らは少し違ったものになっていきました。修道会の規則は書き換えられました。その上始まった時の歴史すら検閲され書き換えられた。ここで私は自分に問いかけるのです。「では、それで単純にすべて終わってしまったのか？」。これに私が自分自身に対して個人的に見つけた唯一の答えが、ヘルダーリンの詩の一節です。[84]「人生の軌道は、さまざまだ。道のようであり、山々の境い目のようでもある。我々がここに存在するということは、向こうで神が、調和と、永遠の報奨と、平和とで補ってくれているのだろう」。私は、積極的な努力は時を超えてすべて成就すると信じています。このことを私は証明できませんが、善いもの、美しいもの、本当のものは永続していて、ある一定の度合いにおいて時間には屈服しません。私たちが善いもの、美しいもの、本当のものに捧げるあらゆる犠牲的行為、とりわけ私たちがそうしてものに投入する労苦が、むだになってしまっていいわけがない。私は、これ以上は言えません。こうした信念を、私たちは必要としているのであって、そうでなかったら失望してしまいます

J K：我々が今なおその中で生活し、九〇年代にあってもすごく効果的に喧伝された支配的な思考モ

デルが、競争思考です。つまり、私たちはみんな互いに競争の中にあるという、これが教育システムの中にまで移植された。こうしたモデルを主張する人は、「競争思考は、すべての人間に初めからすでにはめ込まれている」というような論拠を示します。「人が社会の福祉のために自分を御することだけが問題になっているのではないか」と。このことは、もう幼稚園で見てとれます。つまり、子どもたちが、一番いいおもちゃをめぐって、先生たちにかわいがってもらうことをめぐって張り合っていて、学校では一番いい点数をと張り合い、職場では一番いいポジション、収入を、芸術文化事業では、最高に認められることを、一番の地位を、政治では有権者の票を。我々が目を向けるところにはどこでも競争がある。でも競争はまた「勝者と敗者が存在する」ということをも意味します。自分たちの心の中のすごく深いところで我々は、自らの力で手に入れようと努力し、発展し続け、何か大きなものを生み出そうとする、そうした推進力が競い合いなしにはありえないと学習している。つまり、競争と選抜が、進歩に対する決定的原動力であるように思える。あなたの見方では、これは合ってますか?

DSR：半分だけ。私たちの知っている競争思考には、二つのことが含まれています。一方では、努力で越えること、別の面では、ほかの人たちを越える努力。この二とおりあって、自分たちにはほとんど識別できないほど私たちの思考の中でひどく混じりあっています。でも、識別できるのです。

JK：その違いは、一方は良い状態であるということ、他方は他人よりさらに良いということなのかもしれないですね。

DSR：良くありたいと思うこと、自分自身を越えていきたいと思うことは、前向きなものです。でも、自分がどれだけ良いのかを、自分が他人をどれだけ押さえて下にやれるかで評価することはまちがいです。いのちをだいなしにしてしまうからです。このことは自然からも読み取ることができます。つまり、このことに関して個々の植物は自分を、自分の最も深いところにあるいのちを、顕在化しようとしますが、ほかのものを押さえつけようとはしません。

JK：おい茂って一面を覆い尽くす、ほかのものを犠牲にして広がっていく有害植物も存在します。

DSR：それは解釈です。ほかのものを犠牲にしてはいません。そうした植物たちも広がっていってそのようなことをしようとしますが、ほかの植物たちとの戦いの中でやっているのではありません。これを戦いとみなすのは、見てとったものの上に私たちがかぶせている解釈です。ほかの植物はそれだけなおさら自分のやり方で広がっていく必要があるのであって、それはもしかしたら、自分が変わる必要があるということを意味するのかもしれません。相互的な作用の問題なのです。

JK：でも植物世界には、駆逐も存在します。たとえば、アルプスで数年前、あるヒマラヤの植物が持ち込まれ、在来種を圧倒して駆逐しています。単純に、抵抗力があるからです。こうした理由からしてそのイメージはちょっとねじれたものになっています。

DSR：でも、ほかの植物の駆逐は自己発展の副産物であって、目的ではない。そこに違いがあります。私たち人間にとって最高の目的は、発展とあらゆるものとの協力です。インドの子どもたちがサッカーのボールをもらった話を思い出します。子どもたちはボールに夢中になったのですが、そのあとチームに分けられ、対抗して競技しなければならなくなった。突然、彼らは完全に興味を失ったのです。彼らの喜びは、一緒に遊ぶことから来ていたのであって、対抗して遊ぶことからではなかった。

J　K：それが遊びであって、恥ずかしさや不安を引き起こさない限りは、対抗戦にも魅力はあると思いますが。

DSR：もし相手が勝っても、喜べている間は。

J　K：私も同じようにほかの人たちと一緒になってサッカーをしますが、私は、シュートしてゴールも決めたいと思う。でも、もし自分のチームのほかの人にチャンスがあったら、その時は私もその人と一緒になって喜びます。

DSR：相手チームがシュートしてゴールを決めた時、自分も喜ぶことはできないものなのでしょうか？　相手チームに打ち勝つことがテーマなのか、それとも、夢中になって一緒にやるゲームがテーマなのか？　自分がよりいい競技をすると、それでさらにまた相手がより良い競技をするのを刺激します。あるようにではなく、あるべきようにという、これが競争でしょう。

J　K：それはいわば質の競争で、駆逐の競争ではない

DSR：そうです！　それがこのとんでもなく難しい領域で助けになる概念です。この、競争の持つ一つの局面、非常に高い自己実現の可能性は、肯定的に評価されるべきですし、発達と広がりにとっての原動力でもある。

J　K：競争についての別の理解の仕方では、成功した人たち、勝者、そして他方では敗者とに分けます。これを世界的な尺度で見てみましょう。多くの国民経済がほかのを従属させようとねらっている。仮に、競争する過程で、ほかの国がその社会的経済的発展の中で依存するようになったら、そ

れが社会的な帰結になる。システム面から見ると、これは健康ではない可能性があります。

DSR：システムが重要です。全体を観察する必要があり、一人ひとりの効果が全体の枠組みの中でどのようにはたらいているかを見る必要があります。全体の枠組みの中では、自分自身を越えていくことが肯定的に評価されるべきですが、ほかの人を犠牲にした自己実現、これは私には大きく見てシステムを促進するようには思ええません。

JK：特にそれが偽造された自己経験から来ているからで、やはり実際、我々は常に相手によるし、ほかの人を通しているし、ほかの人の方に向いている。

DSR：そのとおりです！ そうしたものの見方はもともと、孤立させられ、切り離され、またそのため「罪深い」自己から、エゴから出ていて、ほかのすべての人たちとつながっていることを自覚している自己から出ているのではありません。

JK：そうしたエゴが生きている、――デカルト以来、水ぶくれした中にあってはなおさらで、考えているのだからとにかく私は存在するという観念の中にある。思考は、人間の自己描写の可能性の一つにすぎません。これに対して、共感するから、あるいは、つながっているから存在するのだと言うこともできるのではないでしょうか。あるいは、そもそもいるのだから存在するのだと――現存在ということから見て。あなたが世間一般に認められているフランス革命の綱領「Liberté, Fraternité, Égalité」の中に社会的新秩序の方向づけを見ているのにはびっくりさせられました。こうした理想の名のもと革命後何千人もの人たちが処刑台に立つことになったのをあなたはご存知です。革命による解放の衝撃には国家テロ的な政体があとを追い、それが結局最後にはまた国家的指導者が立って、すなわちナポレオン、彼が帝国主義的に全ヨーロッパへとその支配を拡張しようと試みた。自由・平等・友愛でもって社会的新秩序の方向づけが見いだされることが可能で、それどころか我々の生き残りさえそれにかかっているとどうして信じていらっしゃるのですか？

DSR：ええ、もちろんフランス革命は残念ながらすぐに完全に間違った路線に陥ってしまいました。でも、最初の理念、自由・平等・友愛は、――仮に今一時的にあの誤った展開のあり方を忘れて、この概念だけに着目するなら――まさにイエス・キリストが実現しようとしたものです。つまり、「あなたたちの中で最も偉い者たちがほかの者たちを支配するべきではなく、むしろ彼らに仕えるべきである。あなたたちは兄弟なのだ」と。

JK：隣人愛を、さらに兄弟愛の概念に包含させようと言うのですか？

DSR：はい。私たちはみんな神の子なのですから。

JK：自由に対しては、今、西側では、いや世界のほかのところでも、熱狂的な状態になっています。我々は自由であろうとし、その自由を非常に個人的な形で理解している。ですが、とらわれてしまった社会が存在しているということを、私たちはあまりにも見ていない。というのは、いわば社会の解放もまた必要とされているということを意味していて、自律的な選択可能性に対する個々人の解放だけが必要とされているのではない。選択の自由は我々西側社会では信じられないぐらい大きい。でも自由は、公平性や平等ともつながっています。このことはよく見落とされる。世界をシステムとして見る場合、私は、そこでのグローバルな正義というものを考えるのです

DSR：正義は、権利と義務とで成り立っている秩序です。我々が今正義と名づけているものについて

はローマ人たちがすでに言っていました。「Summum ius summa iniuria」――「権利を極端に追い求めるならば、そこからは極めて大きな不公正が生じる」。正義は、たとえば今の刑法を見るとわかるように、私の考えでは、まさに正当化された復讐です。アルゼンチンの憲法の中に、刑法に関して、私の言い方で言うと、「犯罪は処罰されるべきではなく、むしろ矯正され、未来のために阻止されるべきである」というようになっていて、見つけた時はとってもうれしかった。本当の正義は償いと癒しの脈絡の中に含まれていて、復讐や処罰の中にはないのです。裁くは本来、まず第一に正しく調整することを意味します。これは、たとえば犯罪の場合、その人を釈明や弁解抜きにただ単に処罰したり、あるいはそれどころか処刑したりするかわりに、ちゃんとした国民になるよう、罪を犯した人をその際援助することを意味しているのです。

J

K：私たちは現在ヨーロッパで、自分たちがまだ一九九〇年代の終わりまでは知っていた一つの経済成長モデルの終焉を経験しています。我々の国民経済はもうこれ以上成長しないか、あるいはたいしたことない成長でしかない。他方、工業化された国々ではエコロジー的な理由から拡大成長路線を実行することはもうできません。もし私たちが二〇一五年パリで国連によって決議された、気候温暖化を一・五度に抑制する気候目標に到達しようとするなら、それは化石エネルギー使用の主体者から早急にぬけ出ることを意味していて、少なくとも我々の資源使用量の半減を意味しています。これは西洋的な生活スタイルに決定的な変化をもたらす結果となるのではないでしょうか。もしこれに成功しなかったら、私たちは破滅的な気候の結果によって危険な生存条件を作り出すことになります。我々は、自分たちにとっても、また子どもたちにとっても望ましくない、今よりももっと大きな戦争や避難民の移動を経験することになるでしょう。このことはフランシスコ教皇も認識していました。環境回勅『Laudate si』の中には、彼の非常に明確な言葉を見いだすことができます。このようにネット化した政治・経済・生態系の問題において、宗教の使命はどこにあるとお考えですか？　そこに使命はあるのでしょうか？

DSR：やはりあります、私たちが「宗教」という言葉を断ち切られた関係の再結合として本当に理解するなら。関係とは私たちと私たちの本当の自己との、私たちとほかのすべての人たちとの、私たちと大いなる神秘との関係です。もし私たちが宗教をそのように理解するなら、環境を破壊する私たちの行為の是正はそこに含まれていくことになる。フランシスコ教皇はこのことを正しく理解したのだと思います。彼はほとんど孤立しながらも、こうした観点から私たちがそうやって引き起こしている環境破壊と社会の破壊との関係を、繰り返し明確に指摘しています。これは革命的なことで、教皇の深い観想によった洞察から発したものです。

JK：彼はそうした観点から、「こうした経済が人を殺している」[85]という鋭い言葉を用いていますね。

DSR：そうなのです！　今こそ宗教を代表する人たちがこうした意味でそのために発言するべき時なのです。

JK：発言するだけではなくて、むしろ自分が制度の中にいても、一歩踏み出して理想を持って生きるということ。あなたが七十代の初めにはもう死ぬ覚悟をしていたと聞いてびっくりしました。人が死と向き合うというのは完全にでっち上げなのではないか、ということではありません。私たちは事実、生まれた時からすでに死に向かってどんどん進んでいくのですから。あなたは何と理性的にこのことを扱っていたのかと、ただもう驚かされたのです。あなたは、親切な友人の申し出があってニューヨーク州イタカにある養護ホームに移られました。なのに、それが明らかにまったく別なことになった。どうしてそうなったのですか？

DSR：私を引退の状態からまた表に引っ張り出したのは、もともと私が最初全然自分の将来を指し示すような課題だと見ていなかったウェブサイト「Dankbar leben（感謝して生きる）」の立ち上げでした。友人たちが、「今はウェブサイトを持たなきゃ」と言って私に勧めたのです。それで私たちはほかならぬあのウェブサイト[86]を作った。でも、ある意味、種の爆弾として公になって、それが思いがけず急に爆発したのです。

JK：それがとっても実り豊かな土壌に落ちて、今は世界中にその挿し木があるとお考えなのですね？

DSR：そうしたことは予想していませんでした。でも、私にはあのウェブサイトに対して共同責任があり、そうした責任をまっとうしたいと思うようになったあと、一緒にやるために引退からまた呼び戻されたのです。今は旅行もその一部になっています。そんなふうにして一つひとつあそこから出てきたのです。

JK：そのネットワーク「Dankbar leben」、それはどういったもので、どういったものにしたくないのか？　そのもともとの動機をもっと詳しく説明していただけますか？　何でそんなに人を引きつけ、まったく異なった文化や宗教的背景を持った人たちにとって一つの選択肢となりうるのでしょうか？

DSR：そうした理念の力が示すものは、感謝はすべての人に通じるということであり、感謝を積極的な価値とみなさない人はいないということです。感謝はつまり、人々を結びつけるのです。そして私たちには今、そういった何かが早急に必要となっている。すべての宗教が、感謝は自分たちにとって高い価値がある、と強く主張しています。私たちはそうやって、どんな子どもにもすぐに簡単にわかり一般的に認められた価値を持っているのです。だから今、感謝の大きな波が世界に広がっているように思えます。私たちがウェブサイトでやりたかったのはこのことです。ウェブサイトは初めから道具だと考えていました。感謝しながら生きようと努力している人たちのオフライングループ（まだネットにもつながっていない人たち）を下支えするものとして考え——世界中の小さな感謝のグループ、小さなネットワーク、そうしたものがお互いにネット化していくのだと考えていました。こうした理念に価値のあることが実際に示されたのです。もちろん、すぐにある問いが浮かんできました。「本当のところ、私たちは何に対して感謝しているのだろうか？　すべてに対して感謝することは可能なのか？」。それでそこから私たちのウェブサイトの次なる課題、「コンセプト全体を感謝で解き明かす」が生まれてきたのです。

JK：何が問題で、何が問題でないのか、どのように説明なさるのでしょう？

DSR：「感謝して生きる」ということは、いのちといのちの求めるものに、瞬間瞬間、感謝して向き合う努力です。

JK：それで、なぜ感謝してなのですか？

DSR：なぜなら、この今現在の瞬間は、それが自分に与えてくれるすべての可能性を伴っているのであって、人の想像しうる最も大きな贈り物であるからです。存在するすべてのものは、存在するほかのすべてのものに対して贈り物となるように定められています。私たちがこのことを理解し、それに従って生きるなら、私たちは瞬間瞬間、生きているものすべてとつながっている。人が感謝の思いを持つ時、このことが、最初の瞬間に想像したすべてのものをはるかに越えていくのです。このことを解き示し、あらゆる面から考えること、そして広めていくこと、それがあのウェブサイトの使命です。

JK：もう一度Advocatus diaboli（悪魔の代弁者）を演じます。というのも私には「ブラザー・ダーヴィトは、感謝を呼びかけている」と言う人たちが想像できるからです。つまり、私は今、いい人間であるために感謝していなければならない。これはいわば新たな義務であり、一種、ほねのおれる仕事です。自分の人生を見てみると、いやはや、災難のすごくいっぱいあること。正直、感謝していられないぐらいすごくいっぱいある。病気や死といった自分を困らせたあらゆることから生き延びてきて、喜べる。幸運なことに私はまだ生きている！

DSR：感謝して生きるための一番大切なキーワードは、「チャンス」です。本当に極めて困難な状況さえ感謝することのできるチャンスをいつも私たちにプレゼントしてくれる。災難や苦境は私たちにまったく新しいチャンスを与えてくれることが多い。我々の本当の価値が示され、何かを学び、そこで成長し、あるいはまたそれに対してクリエイティブに異議申し立てするチャンスを。こうしたことはおそらく望んではいないチャンスのことが多いのですが、私たちは感謝の姿勢を通して、その時自分たちにプレゼントされるこのチャンスを使うことができるのです。感謝して生きるということは創造的に生きることです。なぜなら私たちは、「これは今何のためのチャンスなのか?」と瞬間ごとに問いかけることを学ぶからです。こうしたチャンスを使う時に、私たちが創造的であることがはっきりするのです。感謝して生きるとは創造的に生きるということなのです。二者択一は、単にたたんでしまって「オレはもうだめだ」と言うことではないでしょうか。私たちにはでも、そうした中にあっても、もしかしたら一度も捜したことがなかったかもしれないけれど、そこからまったく新たなものが出てくるチャンスが与えられているのです。

JK：闘争すらも、社会的に争っている中でより多くの正義のために力を傾注すること、これも感謝して生きる一つの形です。

DSR：そうでなくてはなりません。そうした見方、私はそれに完全に賛同するのですが、そうした見方は多くの場合、私たちが感謝して生きることについてあまりにも個人的に考えているということを示しています。生きることは、常にネットワーク化です。個人的な感謝の行為だけが問題なのではなく、むしろ感謝して生きることが問題なのです。生きることはネットワーク化を意味していて、何といっても、とどのつまりは、限りないネットワーク化です。だから感謝して生きる時、常に社会的責任も一緒に振れて動きます。

JK：ちょっと幸せのつかみ方のようにも聞こえますが。

DSR：ええ、幸せへの憧れは、感謝して生きることの原動力です。結局、私たちが人間として切望しているのは、いつまでも続く幸せであり、幸せ、それは、私たちにとって何かがうまくいくかどうかに左右されないことです。こうしたいつまでも続く幸せを、私たちは喜びと呼んでいる。不運の中にある喜びが人間にとっての本当の可能性であって、だから、それが「めぐりめぐって幸せになる」ということなのです。幸せは立ち止まっていることがありません。ころがっていき、消え去っていきます。しかし、喜びは、同じく感謝からしか出てこないものですが、それを私たちはいつもとっておくことができます。不運の中にあっても。

JK：それは、「感謝しているためには、最初に自分が幸せでなければならないのではない」ということですね。

DSR：その逆で、「自分がまず感謝していなければならないのであって、それがそのあと自分を幸せにしていくのだ」ということです。

JK：どうしてそうなのですか?

DSR：喜びが感謝と同一のものだからです。もし私たちが子どもに何かプレゼントして、それで喜んでくれたら、その時私たちには子どもたちが感謝しているのがわかります。子どもがありがとうと言わなかったとしてもです。子どもたちがありがとうと言う時、それに加えさらにしっかりと社会化され、教育されることになる。でも、ほんものの感謝は喜びです。このことは大人の場合の感謝全般にもあてはまります。喜びながら生きるということは感謝して生きるということであり、感謝して生きるということは喜びながら生きるということなのです。

STOP THE
CYCLE OF
VIOLENCE

平和行進、リチャード・ベーカー、ティク・ナット・ハンと。ニューヨーク　1982年6月12日

九　二重の領域

二〇〇六〜二〇一六

青年だった頃、私は初めてニューヨークを訪ね、ある晩あてもなく五番街を上へ二十五番通りに沿って行き、当時セントラルパーク南東の角にあった小さな動物園にふらりと入った。その動物園に行くのはたいてい子どもたちで、その時私はそこで一人だった。ところが、突然私は強くその場に存在しているものを感じ、見上げると、一匹のゴリラが自分の小屋の屋根の上に座っているのが見えた。そのがっしりとした野人は、たそがれの中にそびえたっているように見えたが、やはり身をかがめ悲しみに座りこんでいた。近くに行くと、彼の目の中に自分が見えたが、私にはほとんど気づかず、彼の思いははるかはなれたどこかをさまよっているようだった。彼は老いていて、おそらくとても年老いていた。どれだけの間私たちがそんなふうに相対したままであったかは言えないが、とても長い時間だったことはわかっている。老いるということについて私に何かを知らせるのに十分なその予感は、私がいまだに完全にはその深さを測ることのできないでいる深さで、自分の人生の今現在の最期の十年でもなかったものだ。――「今現在の」と言っておく。というのも、番狂わせを計算に入れることを学んだからであり、さらに、まさにその深さを測られるのを待っている神秘的な事柄さえ存在するからだ。

人生のこの時期、私の省察が持つ予感の測りの鉛は、繰り返し深みへと入っていったが、そこで私はリルケのキーワードが助けになることに気づいたのだった。詩人はこの「二重の領域」について次のように語っている。

「池の反映が我らから消えてしまうようなことが何度あっても、イメージを覚えておけ。その声は二重の領域の中で初めて永遠となり、柔和なものとなるのだ(87)」。

このイメージはたくさんのものに用いることが可能であり、もし仮に自分の思考がその二つの局面を繰り返し引き裂こうとしても、二重の領域は一つの分かちがたい統一体なのだ。このことを忘れないということが、この時特に大切なのだと思う。識別する――それどころか、分ける――のではない！　全体を眺めること、可能な限り包括的に見ること、自分の観念の中に落ちていってバラバラになるのを許さない、――私には、このことが年老いていく際の自分の課題だと思っている。T・S・エリオットはこのことの難しさを指摘している。

「老いは何をもたらすのか。お前に見せたい……体と心がバラバラになっていく(88)」。

多くの日々、すべてがバラバラになっていくというのを現実だと思う。小麦のロールパンが、いっぱいになったスープ皿に落ち、白い修道服に上から下までかぼちゃのスープと種でできたオイルがかかる。黒と黄、皇帝の色だ。これは私の「第二の幼年時代」なのか？　最初の時のことは母が笑いながら話してくれたから知っている。私が初めてテーブルの上の自分の前にほうれん草スープでいっぱいになった皿を見た時、私はその緑にすごく喜んで、両手をスープの中に浸して上から下まで自分にその色を塗っていた、と。今も、修道院の食堂でのこの小さな災難の時には、ブラザーたちはよくわかっていて笑い、「アクションアートと名づけていいかもしれない」といった提案をしてくれた。いずれにせよこれもバラバラになって落ちていくことについて話す場合の肯定的な解釈だ。

そもそも、いったいどうして老いて死ぬ時体と魂がバラバラになっていくという考えが心に浮かんでくるのだろうか？　一方では、私の魂、私そのものが、この今に生きていて、つまり時間の内にとらわれていないということを私が自覚しているからであり、他方では、しかし、私の肉体はその受胎の時に始まりがあり、また、日々近づいてくるその最後へと向かっていっているからだ。つまり、自分の肉体を通して私は時間につながっていて、私の自我ははかないものだが、私そのものは存続している。そして、それでも私は自分を統一体として、「私そのもの」として生きていて、自我「と私」を生きているのではないのだ。けれども、このように一つであることは、私がこの今を、この瞬間を、時間と永遠の二重の領域を生きている間だけしか自覚されない。私が過去に引っかかって動かなくなったり、未来の空想へとからめとられたりすると、もうすぐさまより時間の流れを意識するようになり、そして自分の時間が非常な速さで流れ、走り去っていくことが自分を息苦しくする（「私は流れ去る、流れ去る、指の間からこぼれる砂のように」[89]と詩人は言う）。今や私は、人生の初めの頃よりも、繰り返しこの今に戻ってくるということを、そして、自分が現世の時と永遠との並存の中に生きているのではなく、むしろそれらが相互に織りなすものの中に、「一つの」二重の領域のダイナミックな緊張状態の中に生きているということを知るのが自分の大きな宿題だとみなすようになった。

旅しているとこれは難しいことではない。そうした時私はまさにその今に生きている。それに、この高齢の私に旅がプレゼントされたのだ。前よりもずっとたくさん、より広く、よりワクワクするような旅が。これは私がもう一人では旅をすることができなくなったことから来た。空港でのアナウンスがもうはっきり聞き取れないし、表示をしっかり見るにはメガネが必要で、つねづね鞄の中にしのばせてある。それに電子化された航空券の読み取りも、若い世代は私よりもはるかに楽々と確実にやっている。それで、一緒に旅をしてくれる若い人を探していて、ちょうど大学での勉強を終え、私を手伝いたいと思っていたアンソニー・チャヴェスを見つけたのだった。年老いてこうした若い人に遠く離れた国々のことを教えさせてもらえるというのは、自分にとって新たな経験だった。ひょっとすると私の方が彼以上に楽しんだのかもしれないが、私たち二人とも良かったと思っている。自分の人生の晩秋にこうした青年が花開くのを見る喜びもあったし、彼が教育の領域で自分の夢だった仕事を頑張って探して見つけた時も、まるで彼の祖父であるかのように誇らしかった。

そのあと私の旅は付き添いぬきの新たな形をとったが、少なくも短くもならず、その逆になった。自分にとって初めてその大陸を知ることになったのが、南アメリカ。ブエノスアイレスの新しい友人、アルベルト・リッツォとリッツィー・リッツォが「感謝」に感激し、私の友人のペーター・ケスラー、ブリギッテ・クヴィツダ＝グレドラー、ミリヤム・ルース＝アルヴェスがヨーロッパでやり始めたのと似たような驚くべき行動力で、感謝して生きる喜びを何千人もの人たちと分かち合うことをし始めた。私の大きな喜びを自発的に助けてくれる人たちのこうした感激や、献身、努力で、両大陸には、ウェブサイト、学習サークル、集会、トレーニンググループが生まれた。アルゼンチンでは母性的な活力で迎えられとてもあたたかな感じを受け、子どもの時マリアツェルの聖母で出会い、のちにグアダルーペの聖母で、さらに今やまたルハンの聖母像でも私が賛美している大いなる神秘の母性にいだかれているように感じた。それが、もう一度アルゼンチンに行くようにということなら、あるいはパタゴニアで映画を撮るため、ブエノスアイレスの本の見本市で一千人を前にアンセルム・グリュン神父と対談するため、あるいは慰安でイグアスの圧倒的な滝を体験させてもらったりするためなら、その聖母の守護に信頼し私は身をゆだねる。そうなのだ、この私の年齢でさえそうした慰安旅行を友人たちからプレゼントされるのだ。私の旅のこうした新たな局面に、私は、直行便に乗り、目的地で迎えに来てもらうことにしている。そうやっていまだにやってのけている。

同時に私は、二重の領域の新たな分野へと、常にさらに内へと向かう旅をしている。二重の領域は分かたれていない、分割しえない一つのものだ。このことを私は繰り返し思い起こすようにしている。その深淵へと向かう旅は、うわべとして現れるものを捨て去ることではない。そうではないのだ。空間と時間の「中に」、永遠が出現するのであり、現れ出て、私の道に光を投げかけているのだ。私の背後のこの道にあるすべてのものは、私をまさにこの場所に連れてくるための必然だった。私の前にあるすべてのものは、ただこの立脚点からのみ到達しうる。私の前にあって見いだされるべきものに名を与えるのをリルケが手助けしてくれる。「世界内部空間」「開かれたもの」「内なるものの中心」「名なきもの」、最終的には「立ち入ることができないもの」――神秘。それは大きく、かつ簡素だ。振り返ると、私が見つけたのはそれと逆で、幾千もの網目になってつながる神秘の多様性の中にあって、見渡すことのほとんど不可能なものだ。

私は以前より頻繁に自分の祖先たちのことを考えるようになった。はるかにさかのぼって彼らのことを想像してみる。私の右の手のひらには結合組織の収縮が表れていて、(90)じゃまにはならないが、ひょっとするとヴァイキングの先祖たちから受け継いだのかもしれないということを思い出させる。いったいどんな略奪・襲撃が自分の前史にあったのだろう。あるいは、どんな迫害がそこにあったのだろう。もしかしたらその時ポーランドで貴族だった私の先祖が、ユダヤ教ハシディズムの私の先祖たちを殺りくしたかもしれない。だが、そのあとそれらがどのように私個人（Person）の中に合流することになったのか？「Person」という言葉は、ローマ人の舞台言葉から来ていて、「役割」、「仮面」を意味し、役者の声を響き渡らせるものだ（perは「通る、渡る」、sonatが「響く、鳴る」）。今演じている役が私に与えられたのにはどんな偶然が関与したのだろうか？　確かに、役割を演じるという姿の中に私は、時間の流れの中にある私と、時間を超えた自己との関係を思い浮かべることができる。まったく予想もつかないような過去が、今私に課せられている役割を決めたのだ。どれだけ多くのことが自分の生まれた時すでに定められていたことか――自分の性、自分の皮膚の色、私がその中で生まれた家族や文化、何千というほかの変えることのできない所与の事実。月の第一日曜日、グート・アイヒの修道院では、ブラザーたちが、子ども向けの礼拝のあとカスパー人形劇を演じている。その時同じブラザーが一人でたとえば右手でセップル（南ドイツでのヨセフの愛称）を、左手でクロコダイル（ワニ）を演じる。そうやって大いなる自己も数えきれないほどの役割を演じているのだ。そうやって、大いなる自己をわが家としている私自身の自己は、自分に与えられた役割を演じている。自己と私は、演じることのうちにあって一つになっていて、私はこれらを区別することはできるが、切り離すことはできない。

自分の役割を「うまく」演じるとはどういうことか、と自問してみる。答えはたぶん次のようなものに違いない。うまく演じるとは、愛をもって演じるということ、無限なるものに帰属していることに対する肯定を表現するということである、と。この私がそうした肯定を拒絶する時も、大いなる自己は演じる力を与えてくれるのだが、でもそうした時、私は〝まずく〟演じていることになる。

「本当にすべてはただもう愛からなのだ、素晴らしいんだ！　本当にすべてはただもう愛からなのだ、それでいいんだ！」[91]。でも、もし自己が、人形芝居のイメージで言うと、手遣い人形を脱ぐなら、あるいは、もし仮面をちりの中へと落としてしまったらどうなのか？　その時は全部なくなってしまって、全部終わりなのか？　たぶん終わりなのだろう。でも、なくなってしまうのではない、と私なら言うだろう。「死後のいのち」について論じるつもりはない。もし死ぬことが自分のための時間の終わりだということを意味するのだとしたら、「その後」について語ることに意味はない。だが、私の経験するすべてのことは、それでもすでに今、時空を超える超然とした次元を有している。T・S・エリオットは、この今を「the moment in and out of time」と呼んでいる。それは時間に属しているけれども、やはりまた属してもいない。この今の二重の領域にあって、時間と永遠とは一つなのだ。だから、自分にとってこの時点でいとおしいあらゆる極めて小さな個々の物事もいつか失われていく。「すべては常に今である」とT・S・エリオットは言う、「All is always now」と。そしてこれで否定しえない真実を言い表しているのだ。なぜなら、今ここにないものは「存在」せず、それはただ単に過去あるいは未来という実在の影にすぎなくなるからだ。しかし、この今にあって、それが失われてしまうことはありえず、ここで三重の意味で一つのものに「保存される」。つまり、（たとえば廃止される法律のように）もうそれ以後は存在しないが、より高い次元で保存され、（たとえば金の王冠が宝物室にしっかりと保管されるように）そこにとっておかれている。こうした意味において、私は、どうしてリルケが保存することに我々の人生の使命を見たのかを理解している。「我々は目に見えないもののミツバチなのです。目に見えるものの蜜を、目に見えないものの、大きく、黄金色した蜜房に運び込んでいるのです[92]」。

そもそも私は、死ぬということを前にしていまだに不安なのだろうか？　その通り。私には不安がある。私はそれを認める。だが恐れないようにしたい。恐れと不安、確かにこれは二つの別のものだ。不安と狭さはドイツ語では語源が同系の言葉で、「私たち人間の不安の原体験験は産道の狭さである」というのもきっと偶然ではない。この最初の隘路を我々はなおも本能的な信頼によって通りぬけていくが、自分が生まれた時思いがけずおのずからうまくいったのと同じように、個々の不安に対してそれほど恐れることもなく応じるということを、あとになって初めて苦労して学ぶ必要がある。恐れと信頼、この二つの心のあり方は互いに真逆になっている。結局のところそれは生きていく上での姿勢なのだ。不安は生きていく中で避けられないが、恐れと勇気の間にあって私たちは選ぶことができる。つまり、恐れは不安に対して抵抗し、そうやって隘路にはまり込んで動かず、勇気は不安に対してあふれんばかりの信頼で応じ、そうやって広く大きなものへの道を見つけ出す。勇気はこの時、不安を取り除きはしない。その逆だ。不安を持たない者には勇気は必要ない。だが、不安の真っ只中にあっていのちを信頼する者は、そのいのちが個々の不安を通して一つの新たな誕生へと導いていくのだ。私自身がこのことを証《あかし》している。自分の人生の隘路を振り返ってみて、すごくはっきりわかる。「不安に押しつぶされそうになればなるほど、そこから出てくる驚くような新たなものがなおいっそう輝いた」と。このことを繰り返し思い出すことが、いのちへの信頼と努力する勇気とを私に与えている。

さらに私を助けてくれるのは、その死に立ち合わせてもらった人たちのお手本だ。マウントセイバーの二人の同僚のことがここで思い浮かぶ。クリストファー修道士は当時、修道院の建物を建てる仕事の担当だった。四十歳になったばかりだったが、重い心臓の病気にかかっていた。その日、彼は昼食の時の朗読係だった。私は給仕係として彼の横に立っていて、そこで彼が朗読を始めた。(93)「その夜、主の言葉がナタンに臨んで言った。『行って私のしもべダビデに言いなさい、「主はこう仰せられる。あなたは「私の」住む家を建てようとするのか。」』。六つの節を読んだあと、彼は次の箇所に来た。「主はまた『「あなた」のために家を造る』と仰せられる」。ここで彼は自分の頭を静かに本の上に置き、死んだ。また、我らがジェームズ・ケリー神父（ジェームズという名前のブラザーが二人いたので、彼の名字を使う必要があった）が、聖土曜日の晩、すでに復活祭のために飾り付けしてあった聖堂にもう一度来て、彼特有の感激した様子で「やはり明日まで全然待てません」と小声でささやいた。それで彼は寝に行った。翌朝彼は復活の賛歌を歌うことになっていたが、本当に待つことができなくて、だからたぶんもう天国で歌っていたのだと思う。

私の母の死のわずか一週間前、もうまさに母の体力が落ちてきたころ、彼女が息子のように愛していたヴァニヤ・パルマースがスイスから見舞いに来た。彼は、今日、聖マルティンの日、スールゼーの子どもたちがケーズツェンネ祭でできるだけおかしなしかめっ面をすると、チーズを一切れもらえる、という話をしてくれた。私たちはご褒美のチーズを出すことはなかったけれど、互いに相手以上に見えを切るようにした。死の床にあった母さんが、私たちみんなよりはるかにまさっていた。

ウィリアム・バトラー・イェーツは、彼の有名な詩「ビザンティへの船出」(94)で、老人はみじめなかかしだとして次のように言っている。

「……魂が手をたたいて歌い、大きな声で歌うといったことがないなら、死装束のどんな裂け目にも」。とにかく何度も「死装束」の切れ端のようなものに戻り、なおも機能している肢体と臓器のすべてに感謝の拍手を送るようにしている。そうすると、感謝できるものが日ごとに多くなる。「私の杯をあふれさせてくださる[95]」のだ。

私には、感謝は祭りを祝う愛なのだということが、徐々に、よりはっきりと自覚されてきている。愛が、生かされているという、所属を肯定する喜びであるのと同様に、感謝は、あらゆるものがあらゆるものと互いに依存し合う大きなネットワークの結び目を肯定する喜びによって、生きることを祝うのだ。私たちがこうした肯定を実感すればするほど、愛は私たちの中で、そして私たちの周りで、夏のように熟れてゆく。今、私はそこに自分の一番の使命を見ている。「人は死んで枯れていくのではなく、むしろ愛に完熟して枯れていく[96]」のだから。

■対話9

J K：ブラザー・ダーヴィト、あなたの人生のここ最近の十年を述べたその初めのところに、動物園のサルとの出会いが書いてあります。あなたの考えはそこで、我々がその根底において二重の領域の内に存在しているということからスタートする。知的なものと情動的なもの、肉体的なものと精神的なもの、卑俗なものと神聖なもの、ひと時のものと永遠なるもの。そこで質問です。あなたがその分裂に苦しむことがないということは、こうした二重の領域とどんなつながりがあるのか、あるいは、この二重の領域の中であなたはどのように存在しているのか？

DSR：そういった対立関係は私たちには至る所で現れますが、そこで理解すべき大切なことは、それらを識別することはできるけれども、分離させてはならないということです。それらは対立関係のままであり続けますが、でも、相互にその内部に包含され、互いに条件付け合っています。これらがいのちを二元化することはなく、むしろ一つの分かつことのできない統一体の極なのです。クレメンス・ブレンターノ(97)が彼の詩の主要となる箇所でいのちに満ちたすべてのものの極みについて示唆しています。「おお、星と花、霊と衣、愛、悲しみ、そして時間と永遠」。リルケはこれに「二重の領域」という最も素晴らしい概念の形を与えたのです。

JK：仮に私がそれを正しく理解したとして、ここでもう一度繰り返して言いますが、そうした存在論的領域の中へと自分を置くこと、あるいは、そこへと立ち返って沈思すること、そうした中に修行の本質があることになりますね？　これは、存在（Sein）と存在しているもの（Seiende）との存在論的差異のことを思い出させます。

DSR：私たちは、一つの極をしっかりと見つめ、そしてその極の中にもうすでに別の極を見るということで二極化を回避することができます。たとえば、私は「時」を見て、その「時」の中に永遠を経験したり、同じようにその「時」を超え出るこの「今」を経験したりする。あるいは悲しみを見つめて、その中に愛の現世的なおもざしを思う。星を見つめでその中に花を思い、また、花を見つめてその中に星を思う。この宇宙全体が一つの「二重の領域」なのです。

JK：あなたは「一つであること」を、ただもう自分が今ここに生きていること、この瞬間に、時と永遠との二重の領域に生きていることとして意識している、とお書きになっている。自分が過去のことにこだわったままでいたり、未来を空想することにとらわれていたりすると、狭くなり、重苦しくなる。これがさらに不安を、死への不安を作り出す。ご自分にとって不安になることとは何でしょうか？

DSR：私が死に思いをめぐらせる時、自分自身を不安にするものにはふた通りあります。一つには、死において何が自分にやってくるのか我々にはわからないという事実です。私たちにはまったくわからないのです。我々は何かに向かっていますが、それはただ自分にとって未知であるだけでなく、まるっきり想像もできない。さなぎの段階のいも虫に、自分が蝶として花から花へと飛んでいくのをどう想像できるでしょうか？　その上私たちは何かまったく新しいものへと向かっていくのです。新しいものや未知のものはそれでもやはり我々を不安にします。そして二つ目は、死をめぐって病気や苦しみや痛みが非常に頻繁に起こるのを我々はわかっているということです。これを心に思い描くのはそれだけで自分を不安にするのに十分です。その上この頃は、遅かれ早かれむしろ病院での事例か番号になってしまうだけ、というのが加わってくる。こうした非人格化も、やはり同じように私を不安にさせます。でも、老いや死はともかく、生きることは繰り返し何がしかの形で我々を不安にさせる。私たちには勇気が必要なのです。

JK：そうした関係性の中で勇気は何をあなたに生み出すのでしょうか？

DSR：一言でいうなら、いのちへの信頼です。自分が生きていく中で窮地に陥り不安になった時にはいのちへの信頼が決定的になります。恐れが不安に対して逆らって、その中にはまり込んだままになってしまう。信頼がそこを切り抜けることができるようにしてくれて、泳いでいる時のように、いのちの推進力に任せるようになるのです。

JK：あなたは、死後の生については話したくないと言っておられます。それはそんなに誤解を招きやすいものなのですか？

DSR：残念ながらその表現の仕方は誤解を招きやすいものです。まるで死ぬことで何もかも消えてしまうかのように聞こえるからです。そんなことを主張するつもりはまったくありません。ここでは、死ぬことで自分の時間が終わりになった、ということがより問題なのです、自分の時間が失われているのなら「あと」というちょっとした一言は大きな意味を持たなくなります。自分のための時間が失われた時、私は死にます。その時私はどうやってそれからのことを話せばいいのでしょうか？ 時間は死ぬことで失われてしまっている。時間と空間の面で私の人生は終わりです。このことを私はあたりさわりのないものにしたり、うわべだけ飾ろうとしたりしようとは思いません。「死ぬことで、私のための時空は終わる」ということと、まったくありのままに向き合いたいと思っています。でもそれは何もかもおしまいだということではありません。絶対ない！ 私はすでに空間と時間の真っ只中で、この今ここの経験の中で、空間と時間を超え出ていく次元を身をもって生きていて、この次元が死に屈服することはないのです。

もちろん、そこで私がある種の難しさを免れるわけではありません。つまり誰か次のようなことを言う人がいるかもしれない。「空間と時間の中にあるという感覚を通してだけそのことを自分が体験できるのであり、それはもっぱら脳によってのみ思考されうる。でも、自分の脳がちりになって分解したらどうなるのか？」。私には次のようにしか答えられません。「今、ここで、自分の感覚と思考が、時間と空間を越え出ていくもの、時間と空間でつながってはいない何かあるものの境界線へと私を連れていくのだ」と。そして、「私が時間と空間に所属しているのとまったく同じように、自分の現存のこうした次元に、つまりいつまでも変わらず残っているものに、私は所属しているのだ」と。これがまさに私が生きている二重の領域にほかなりません。自分の肉体的な現実が終わるのだとしても、こうした経験が、いつまでも変わらずに残っている何かあるものへの信頼と確信を私に与えてくれるのです。すでに今、いつまでも変わらない現実に私は触れている。今ここで、このいつまでも変わらないものに、私が触れているのです。私にはこれと深く関わる必要があり、自分をこの今へと引き込み、そこをわが家にする必要がある。時間の忙しく回る中ではこのような自覚があまりにも簡単に失われていきます。

JK：キリスト教徒には肉体上の復活という考えに疑問を持つ人たちが少なくありません。まず最初にそうした観念のもとに、身体の復活を思い浮かべるからです。でも我々は、体が分解するのを、自然の大きな循環の中へと入っていくのをわかっています。これは、私が思うに、極めて明白なことです。証明することもできる。キリスト教はそれでも肉体上の復活を主張しています。このことは何を意味すると言えるのでしょうか？

DSR：そのことについて話す前に、私たちが復活でもってそもそも何を意味すると思っているのかということを知っておくことが大切です。大多数の人たちはこの場合、もう一度復活すること、つまり死んで分解してしまったものの再来を考えています。しかし復活の正しい理解において「もう一度」はありません。復活はもう一度空間と時間に帰るのではなく、先に進んで大いなる神秘の中に入っていくのです。C・S・ルイスの小説[98]『天国と地獄の離婚』にはこの「先に進む」が美しく描かれています。天国にいる亡くなった人たちが永遠の日の出に向かって乗り出し、「より高く上へ、そしてより深く中へ」と互いに呼びかけるのです。こういった観念はキリスト教の伝統の中にしっかりと定着している。これはもしかしたらC・S・ルイスの意識の中にもあったかもしれませんが、復活のいのちを神の神秘の中へと入っていくダイナミックな発見の旅として考えていたカッパドキアの教父たち[99]にさかのぼります。復活とは、神秘の中へと取り込まれるということです。こうした脈絡の中で私たちは肉の復活を見る必要がある。肉の復活は私たちが今すでに触れている現実です。私たちの人生全体が、空間と時間とを超え出ていく大いなる神秘との、空間と時間の中での対峙なのです。すでに今、あらゆる体験は二重の領域でこの両方の相を共にしている。つまり、空間と時間が脱落すると、それによって自分が体験したことがすっかり消えてしまうというのではありません。すでに今、私たちの記憶が、つまり私たちがそもそも何かを思い出すことができるという事実が、このことを私たちに示しているのです。

JK：でも、思い出すというのは時間的現象ですが。

DSR：記憶は時間の「中で」の現象ですが、記憶はただ時間の中にだけ存在するというのは非常に還元主義的な発想です。確かに、神経細胞の連座的配置や記憶痕跡のようなもの、あとでまた呼び出される何らかの記録のたぐいといったものは存在します。その時そこには何かありますが、それが記憶の本質的なものではない。記憶は、過ぎ去ったものをまた持ち出してくることではなく、何かが心の奥底へと入っていて、ただ自分個人の内面だけに属しているだけでなく、むしろ世界内部空間に属しているということなのです。リルケはこれを、私たち人間が「目に見えないもののミツバチ」だという詩人的な発想の中にとらえています。私たちの全人生は、瞬間瞬間、あらゆる経験を世界内部空間の「大きく、黄金色した蜜房」に運び込むことにその本質があるのです。そこでまた消えてしまうものは何もありません。そうした大きな黄金色の蜜房へと運び込んでいるものが自分のかけがえのない貢献なのです。一つのバラを眺めて同じものを見た者が二人いるということはないと言いますが、我々はそれだけ互いに異なっている。他とは比較しえない自分の感受性で、自身がこの世界内部空間を豊かにしているのです。私は一生これを豊かにしていく。自分の経験するすべて心地いいようなことを通してだけでなく、あらゆる苦しみを通しても。一切のものに価値と永続性があるのです。なくなってしまうものは何もありません。

JK：苦しみについて、我々はやはり変えることができればいいと思っています。それでもう一度違った形でお聞きするのですが、過去もまた変えることができるのでしょうか?

DSR：今、すぐにも変えられます。今をおいてほかにない。神秘主義の詩人カビールは次のように問いかけます。「生きているあなたが自分の束縛を断ち切らないなら、あなたが死んだ時、亡霊たちがそれをするとでも思っているのか?」と。ただうじ虫たちがお前を食うからというだけで、永遠の至福が夢のような望みだとするのか、と彼は言っているのです。あなたが今見いだすものは、あなたがその時見いだしたものになり、あなたが今のがすものは、あなたがその時のがしたものになる。もう今ここで、あなたにはどうしてもこの大いなる来客を迎え、抱きしめる必要があるのです。

J　K：私はここでもう一度、さらに掘り下げる必要がある。不滅は、私の理解が正しければ、過ぎ去っていくものが時間的な流れから引き離されているということを意味している。私たちはある一定のやり方で自分たちを肉体的な存在として考えるほかありません。この体が生きている時すでに変化しているということには、議論の余地はない。私にとっては我々の外形が問題なのです。私たちは常に外形であり、それを通じて認識することができる。私はこのことをすごく喜んで認めるのですが、ブラザー・ダーヴィト、私はあなたに天国の「蜜房」でもう一度会いたいし、見分けられるようでありたいのです。

DSR：昔の知り合いを同じ人だとわかるのに、二十年たっても私たちにはまったく障害がないというのは、やはりすでに今そういうふうになっているということです。それでもその人の体の細胞の一つでさえ同じままではありません。私たちが同じ人だとわかるものが外形です。そして、「体の外形」が魂の定義なのです。

J　K：Anima forma corporis est とスコラ学派の神学者たちが言っていますね。[100] 魂は体の外形である。

DSR：霊魂がこの体をこの体へと作り上げているものなのです。そしてただ体を作り上げているだけではなく、この人間をこの唯一無二の人間にしている。

J　K：霊魂はそうしたいのちのはたらきである。

DSR：二重の領域の中で私たちは皆、二重になったいのちのはたらきを持っています。つまり、空間と時間の中に、そして時間と空間を超え出る大いなる自己の中にあるのです。

ＪＫ：ブラザー・ダーヴィト、目を引くのは、あなたの人生の道のりがどんなに深く芸術に伴われてきたか、です。初期のころから視覚芸術に、でもその後は音楽にも、また特に文学と詩に。あなたがリルケ、アイヒェンドルフ、モルゲンシュテルン、トラークル、ツェラン、シュティフターを高く評価していらっしゃることはすでに明らかです。我々にあまりよく知られていないのは、デヴィッド・ホワイト、Ｔ・Ｓ・エリオット、Ｅ・Ｅ・カミングス[101]のような合衆国の抒情詩人です。最後の人はあなたにとってすごく特別な意味をもっていますね。

ＤＳＲ：カミングスは私にとってとても身近で、とても大事なものになりました。私が一番よく引用する彼の言葉が、「私はあなたを通してこうした自分になっている」です。ある恋愛詩からきていますが、リルケの、後になって祈りとして時祷書に取り入れられた「私の目を見えないようにして」と同じように、この言葉には祈りの倍音があります。私たちのいのちの最も深く最も生き生きとしたつながりの中で、いつもこの大いなる神秘が鳴り響いているのです。私には、神によって秘められたものと自分自身との生涯にわたるつながりを「私はあなたを通してこうした自分になっている」という言葉よりぴったり表現することはできないと思います。私たちは出会いを通して自身存在するものとなっていく。私たちを一人の人間とするのは、私たちのつながりの充実と深さであり、私たちは個々の新たな出会いを通してたゆまず成長しているのです。それぞれの人間的な出会いの場で、「永遠の汝」と私たちのつながりも一緒になって振れ動く。フェルディナント・エブナーとマルティン・ブーバーは、この「私はあなたを通してこうした自分になっている」が何を意味するのか、自分たち自身のやり方で表現しました。個々の人間の「汝」を超え出て、私たちは神秘に満ちた「根源的汝」に結びつけられています。神秘の中に隠されてあるということ、そして神秘が自ら我々にとっての「汝」となるという意味において、神秘に満ちている。そもそも常にこの神秘に結びつけられているからこそ、我々は「私は」と言えるのです。修道士になりたての頃、修道院がある丘を越えて歩き回って、ただ「あなた」（独：du は「汝」、「主よ」とも訳される）という言葉だけを繰り返して祈ったのを思い出します。このことはハシディズムの宗教家も伝えています。「あなた、あなた、あなた、あなた！」。これで祈りは十分ではないですか？

JK：「心の祈り」のことを思い出させますね。

DSR：ええ、すごく。「心の祈り」も、もともと「汝」に祈ることです。年をとるにつれ、この「私はあなたを通してこうした自分になっている」は自分にとってよりいっそう重みのあるものになってきています。我々の自我が空間と時間の中に消え去っても「根源的汝」と私たちの結びつきはいつまでもそのまま存在します。この結びつきが、根本に置かれている最初のものだったし、今もそうなのです。ここからすべてが出てくるし、いつまでもそのまま残っている最後のものともなる。私にとっては、この「私はあなたを通してこうした自分になっている」という言葉にはリルケの詩も含まれています。

「私はそれでもいつもあなたの方に
自分の歩みのすべてでもって向かっていく、
何者かが私であり、何者かがあなたなのだからたとえ私たちがわかり合えなくとも[102]」。

この二人の詩人の見方は、一緒になって、どんな哲学的神学的論議より生きる上での方向づけを私に与えてくれる。

JK：言ってみればそうした見方が、現象に一番早く近づいていっているからですか？

DSR：ええ、そう言えますね。

JK：ブラザー・ダーヴィト、九十歳だとどんな感じがするのか、私にはまだ予想もつきません。その時にはきっといくばくかのものが自分にやってくるに違いありません。それでも、あなたがそのお年でいまだにそんなに気がしっかりしていて、そんなに好奇心があって生き生きしているのに感心するのは私だけではありません。今、このもしかしたら人生の最後の十年になる中で、あなたに仕事をさせているもの、あなたを回しているもの、つき動かしているものは何ですか？

DSR：私にとって絶えずよりはっきりと明確化してきているのは、今ここに生きること、そしてこれを繰り返しトレーニングしていくことに自分の大きな宿題の本質があるということです。これを自分の中心課題と見ていて、同時にそれが、こんなふうに何十年もの間トレーニングしてもいいという大きなプレゼントでもあるのです。もしかしたら本当に今ここに生きるということを私たちがまだ学んでいないから、私たちの寿命が延ばされているのかもしれませんね。

JK：今でもまだ特別な喜びを感じるものは何ですか？　以前と変わらず驚きをもたらすものは何で、あなたの心を広くしていくものは何ですか？

DSR：そのことにお答えするためには一日の中で私が出会うもののすべてを数え上げなければならないでしょうね。以前に増して、すべてのものが私に驚きをもたらしています。朝、目を上げる時すでに。自分にもう一回一日がプレゼントされるということは、大きなサプライズではありませんか？

JK：私もまだ存在している。

DSR：ほら！　自分はまだ存在している。すべてのもの、すべてのものが常に驚きをもたらす価値のあるものになる。

JK：それはあなたが年を取れば取るほど、すべてがより驚きをもたらす価値があるようになる、ということですか？　確かにあなたには、「自分はもう鈍感になった、自分はもうそのことをわかっている」と言うこともできるかもしれないですものね。

DSR：アウグスティヌスが言っているように。「すべては与えられたもの、すべては恩寵、すべては贈り物」です。

JK：ブラザー・ダーヴィト、お話しくださったことに心から感謝します。

DSR：問いかけてくださったことに感謝します。

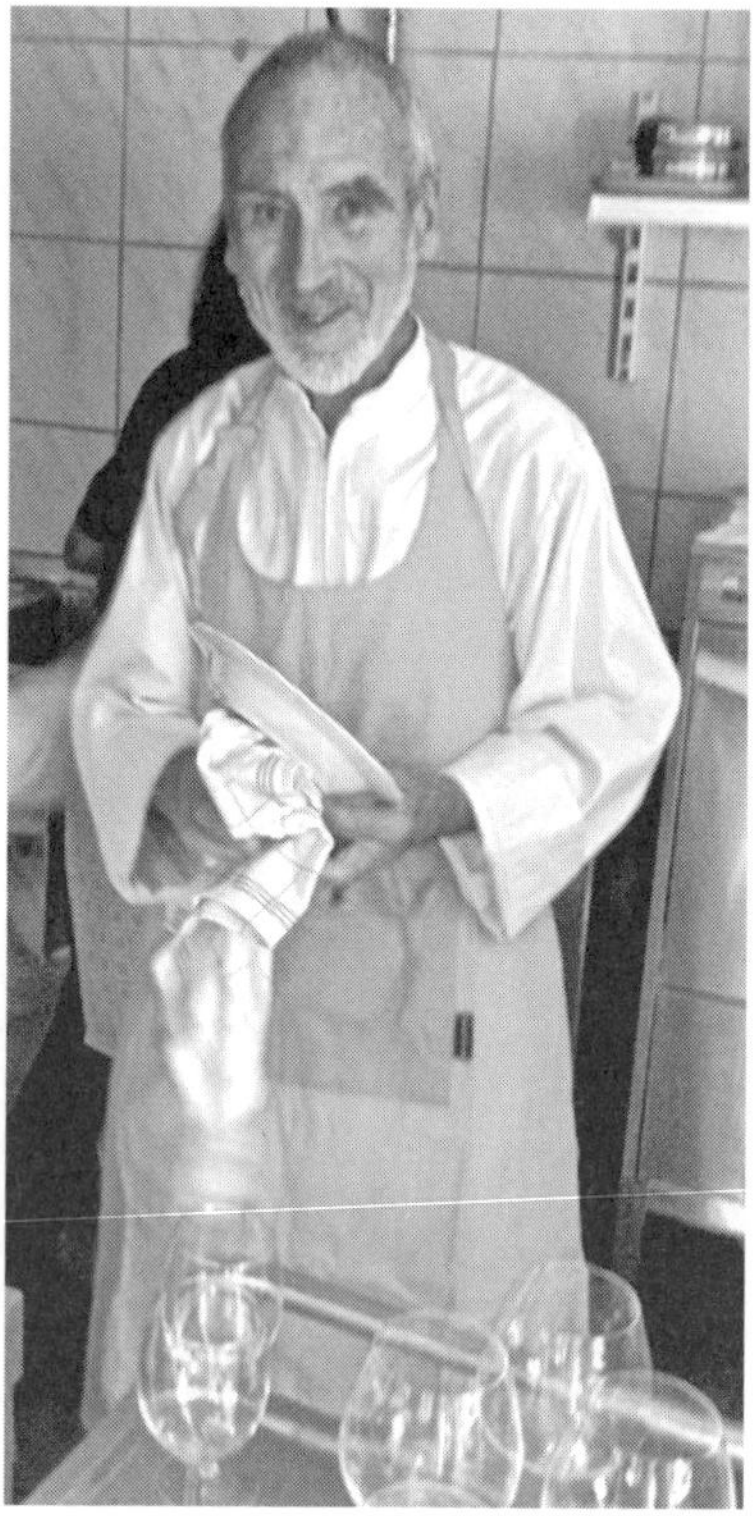

編者感謝のことば

この本は通常にないスタイルをとっている。十年ごと九つに区分されていて、それらがブラザー・ダーヴィトの人生にあって本質的な学びと成熟の過程を概略的に描く。自身によって書かれた人生の思い出がプライベートでの写真とともに、それぞれ九つのインタビュー（「対話（Dialog）」）の前に置かれている。インタビューは、彼の人生と思索とを掘り下げ、またそれに基づいて新たな問いかけの地平を開こうとするものである。一方で、思い出の書かれたものを通して、また他方、的を絞った、しかしまた生き生きと自発的な会話を通して、二つの異なった叙述形態が生まれた。これにはスタイル上一つの鋳型からできたような効果を与えることはないかもしれないが、筆者の内容豊かな活動に対して響き合った問いかけや回答を引き出した利点があった。加えてそこから結果として、ブラザー・ダーヴィトを突き動かしている来たるべきものへのまなざしと同様に、過ぎ去ったものに対する現時点からの時代批判、自己批判のまなざしが生まれている。

「私はあなたを通してこうした私になっている」（本書原題）Edward Estlin Cummings のこの深遠な詩句で、ダーヴィト・シュタインドル＝ラストは自身の九十年の人生を細やかな筆運びで描く。そして、誕生から死へと、さらにそれを超え出ていくに至るこの多層的な「あなたを通して」は、彼の人生が語られる中で理解しうるものとなっていく。これは身にしみるような、人の心を打つものになっている。いずれにせよ私にとって初めての時はそんな成り行きだった。九〇年代の半ば、アメリカ南西部を旅する途中でブラザー・ダーヴィトを訪ね、顔と顔をつきあわせて彼と話すことができた時だ。当時、我々は今と同じように四十歳離れていたが、これは彼との出会いにおいてほかの多くのことと同様、取るに足らないことである。彼にとってはこの今が問題なのであって、流れ去り過ぎ去る時間を超越する現在、過ぎ去ったものと来るべきものとをその全体的充溢へともたらす現在が問題なのだ。

ブラザー・ダーヴィトはマイスターの座にまつり上げられるのを頑なに拒否する。だが、彼が霊性においてマイスターであることは疑うべくもない。彼がどんな学校もつくらず、あるいはつくろうともしなかったにもかかわらず、彼には全世界におびただしい数の生徒たちがいる。実際のところそうした人たちが学ぶ特定のメソッドが存在するわけではなく、むしろ本来の修道院的な伝統から来ている心の知恵に、また、より深く耳を傾け、より遠くを見、そしてそこからわき出る感謝によって生きる姿勢に、彼らは魅了され、インスピレーションを与えられているのだ。ブラザー・ダーヴィトに秘儀的なものを求める人は、つまり、もっぱらわかっている人たち、賢者、悟った人たちだけが独占的に自由に使っているグノーシス派のような秘術を求める人は、すぐにがっかりさせられることになる。そうではなく、彼にとってはすべてが生成そのものとともに始まり、彼にとって我々の存在の根底であり全体であるものへの問いかけを可能にしているまったく日常的なものとともに始まるのだ。だから、彼自身が定期的に修道院で引き受けている食器洗いは、三位一体の神の神学的熟考よりも霊性において劣った活動ではないのである。

すべての人間がいのちの神秘を前に立っているのだとブラザー・ダーヴィトは確信している。たとえ多くの人々にとってそこへと到達する道が腐敗し脈絡を失った伝統によって埋もれてしまっていたり、あるいはまったく閉じられたままになっているとしても、家柄、教育の程度、文化や宗教によらず、すべての人がこの神秘を知っているのである。シュタインドル＝ラストは信仰の源を再び流れ出すようにして、人生を形づくっていくためその力を実りあるものとし、霊性において神秘の内にしっかりと土台を置いて、この現実世界での公平性拡大に自身が力を尽くすことに主眼を置いているのだ。

ブラザー・ダーヴィトは非常に多くのものを見いだした人だが、九一歳になってもまるで自ら常に新たなものを求める初心者になっていくかのようで、それがいまだに非常によく見てとることができる。こうして感じ取れるbiginner's mind、彼の多様な好奇心、そしてほとんど子どものような喜びは、多くの人を引きつけている。彼は、人は確かに年と共に老いていくものかもしれないが、その際その人の精神の快活さが必然的に失われてしまうわけではないという一例でもある。また、もしかしたらこうしたことは人が自分で自分を作っていかなければならないということではなく、むしろ自分の存在を日々新たに受け取っていくなら、さらに容易になるのかもしれない。――「私は汝によってこうした私になっている」……。

この本がまだブラザー・ダーヴィトの九十歳をお祝いする年の年内に出版できたことを多くの方々に感謝しなければならないが、すべての人たちに先立ってブラザー・ダーヴィトご自身、企画の主導者であるVier-Türme出版のベネディクト会ブラザー・リヌス・アイビヒ、同じくまた、本ができていく際

に何度も繰り返し忍耐強く励まして助けてくださったベネディクト会の副修道院長ヨハネス・パウシュ神父に感謝したい。さらにはマルレーネ・フリッチュとブリギッテ・クウィッツダグレードラーにも感謝しなければならない。お二人は幾晩も注意深いまなざしで対話を書き起こしたテキストを校正し、数々の提案をしてくださった。シルヴィア・チュックには、テキストを編集する際の批判的かつ建設的な刺激と実際上の援助に感謝する。またアルゼンチン写真家ディエゴ・オルティッ・ムギカにも魅力的な表紙の写真に、そしてアルベルト・リッツォにはその仲介の仕事に、心から感謝しなければならない。Dr.マティアス・E・ガールには本のカバーとおびただしい数の古い写真の処理をやっていただいた。特にヨーロッパ修道院グート・アイヒの修道士の皆さんには感謝したい。この本の企画のための話し合いで行った時は、毎回もろ手をあげ広い心で私を迎え入れてくれた。こうした皆さんがいなければこの本は今あるようにはならなかっただろう。

この本が生きて来た人生を振り返った感謝の記録としてたくさんの読者の心に残ることを願っている。

ウィーン　二〇一六年九月一日

ヨハネス・カウプ

原注

（1）私は九か月でもう歩けるようになったので、この思い出は私が三歳の頃にさかのぼることになるだろう。
（2）私の父は、彼の伯父のフランツ・シラーからシェーンブルンの並木道にあったカフェ・シラーを相続した。この「カフェ・マイアーライ・シラー」の「マリア・テレジア宮」は、「マリエンヴィラ」とも呼ばれていたが、化粧天井、バロック様式の暖炉、放射線状の寄木細工の床がある優雅な建物だった。
（3）ハンスは一九二八年一二月一四日生まれ、マックスはその十三か月後の一九三〇年一月一七日生まれ。
（4）「デッタ」はチェコの愛称で「おばさん」だという。私たちの場合、この呼び名は自分たちが「保母のシスター」に対して、初め「シスター」と言おうとしたことから来ていると思う。僕たちはみんなデッタ、エルフリーデ・ゲーデルが好きだった。私がだいたい三歳のころに来て、私たちが大人になるまで二十年以上自分たちのところにいた。
（5）IMIは一九二九年に初めて輸入されたヘンケル社の洗剤ブランド。
（6）この夢は、その融合のイメージが、人間になっていく後の自分のすべての局面にも繰り返し重なり合うという意味で、土台を据えることになった。夢は私の中で畏敬や感動の感情を呼び起こすことはなかった。生きた感情では一切なかった。それはむしろ自分の理解をはるかに超えた洞察を呼び起こしたと言えばいいだろうが、ひょっとするとだからこそずっと記憶に残っているのかもしれない。
（7）プラトン『テアイテトス』155d。「驚きとは、英知（哲学）の友がやってくる状態であり、確かに、これより他に哲学の始まりは存在しない」。
（8）Theodor Haecker（一八七九―一九四五）。ドイツの著述家・文化批評家・翻訳家。カトリック実存主義を言論によって強く主張した代表的人物で、ワイマール共和国と第三帝国における急進的文化批評家の内に属する。
（9）Pius Parsch（一八八四―一九五四）。カトリック司祭。新聞や雑誌の仕事で典礼運動に著しい貢献をなした。

彼にとっては聖書の再評価もまた典礼のための主要な関心事だった。第一次世界大戦の東部戦線で野戦指導司祭だった際、正教会の典礼を知る。パルシュは、聖書を民衆のための本に、また、典礼をすべての人にわかりやすいものにすることを決心。修道院に帰還後、修練者のための聖書講習で教える。一九二二年からは共同体ミサを執り行い、その際ミサの一部が会衆によりドイツ語で歌われる（Betsingmesse）。彼はこれによってミサに参加する人々の積極的な関与と原始キリスト教回帰に至ろうとした。この祭儀がオーストリアにおける典礼運動誕生の時とみなされている。

（10）ノイランド（Neuland）は、ドイツキリスト教学生連盟から出て来たカトリックの青年運動。一九二一年創設。この連盟は一九三八年オーストリア併合後自ら解散したが、一九四八年再設立に至る。一九二七年にアンナ・エームがこのノイランド連盟出身の青年教師らと共に設立したのがノイランド学校で、これは一九四六年に再開され、一九四七年ラーエルベルクのノイランド学校の設立へと続いた。教育方針として、授業や自由時間のすべてを通じての一体的育成、確実な知識伝達、共同生活の促進、音楽的創造力の意図的喚起、生き方としてのキリスト教的価値の保持に基づく。詳しくは、https://www.wien.gy/at/wiki/index.php?tide=Neulannd

（11）Werner Bergengruen の詩“Poeta creator”から

Schuf ich alles dir zu Sinn,
alles dir zugut,
nimm die Welt willfährig hin
und mit hellem Mut.
Wie ja Liebe sie entwarf
bis zum ärmsten Keim —
nichts ist, was dich schrecken darf,
und du bist daheim.

（12）詩編51・14「Redde mihi laetitiam salutaris tui, et spiritu principali confirma me」。御救いの喜びを再び私に味わわせ、自由の霊によって支えてください。

(13) Ferdinand Ebner（一八八二―一九三一）。ウィーン近郊ガブリッツの国民学校教師、人格的対話の哲学者、マルティン・ブーバーと共に最も重要な対話の哲学者に属する。主著は、"Das Wort und seine geistigen Realitäten: Pneumatologishe Fragmente".

(14) Gröfaz とは、蔑称として使われた「Größter Feldherr aller Zeiten（史上最大の将軍）」の略語で、アドルフ・ヒトラーを指す。一九四三年スターリングラート戦に破れた後、このあだ名が広まった。

(15) Reinhold Schneider（一九〇三―一九五八）。ドイツの著作家、彼の最後の本が"Winter in Wien".

(16) Friedrich Heer（一九一六―一九八三）。文化史家、著述家、時事評論家。彼の数多い著作のうち、ここで問題になっているテーマに関して言及するなら"Der Glaube des Adolf Hitler. Anatomie einer politischen Religiosität" Wien 1968.

(17) Eric Voegelin（一九〇一―一九八五）。ドイツ生まれ、アメリカの政治学者、哲学者。主著は"Die politishen Religionen" Stockholm 1939, 新版 München 1996.

(18) sub specie boni（ラテン語）口実にして、善いことだと見せかけて。

(19) 路面電車の三八線が、ウィーン大学のそば（カフェ「Jonas-Reindl」）「Am Schottenring」停留所で終わる。

(20) Bruno Brehm、筆名 Bruno Clemens（一八九二―一九七四）。オーストリアの著作家。一九三八年から一九四二年まで雑誌「Der getreue Eckart」の編集者。ブレームはバンベルク詩人サークルの会員だった。

(21) Georg Trakl（一八八七―一九一四）。ドイツ語の著作家。

"Menschheit" から

Menschheit vor Feuerschlünden aufgestellt,
Ein Trommelwirbel, dunkler Krieger Stirnen,
Schritte durch Blutnebel; schwarzes Eisen schellt,
Verzweiflung, Nacht in traurigen Gehirnen:
Hier Evas Schatten, Jagd und rotes Geld.
Gewölk, das Licht durchbricht. Das Abendmahl.

Es wohnt in Brot und Wein ein sanftes Schweigen
Und jene sind versammelt zwölf an Zahl.
Nachts schrein im Schlaf sie unter Ölbaumzweigen;
Sankt Thomas taucht die Hand ins Wundenmal.

(22) Ernst Wiechert（一八八七―一九五〇）。ドイツ語の著作家、ナチス時代非常によく読まれた「内面的亡命」の作家に数えられる。

(23) Georg Thurmair（一九〇九―一九八四）。約三百の賛美歌を書いたドイツの詩人、著作家、ジャーナリスト、ドキュメンタリー映画の作者。

(24) Theodor Innitzer（一八七五―一九五五）。ウィーン大司教、新約聖書を講じた大学教授、オーストロファシズムの時代のエンゲルベルト・ドルフース政権でしばらくの間社会大臣。

(25) P. Heinrich Maier（一九〇八―一九四五）。オーストリア人のローマ・カトリック司祭、教育学者、哲学者で、ヒトラーに対する抵抗運動の闘士。

(26) 列王記上3・16―28（新共同訳）――そのころ、遊女が二人王のもとに来て、その前に立った。一人はこう言った。「王様、よろしくお願いします。わたしはこの人と同じ家に住んでいて、その家で、この人のいるところでお産をしました。三日後に、この人もお産をしました。わたしたちは一緒に家にいて、ほかにだれもいず、わたしたちは二人きりでした。ある晩のこと、この人は寝ているときに赤ん坊に寄りかかったため、この人の赤ん坊が死んでしまいました。そこで夜中に起きて、わたしの眠っている間にわたしの赤ん坊を取って自分のふところに寝かせ、死んだ子をわたしのふところに寝かせたのです。わたしが朝起きて自分の子に乳をふくませようとしたところ、子供は死んでいるではありませんか。その朝子供をよく見ますと、わたしの産んだ子ではありませんでした」。もう一人の女が言った。「いいえ、生きているのがわたしの子で、死んだのがあなたの子です」。さきの女は言った。「いいえ、死んだのはあなたの子で、生きているのがわたしの子です」。二人は王の前で言い争った。王は言った。「『生きているのがわたしの子で、死んだのはあなたの子だ』と一人が言えば、もう一人は、『いいえ、死んだのはあなたの子で、生きているのがわたしの子だ』と言う」。そして王は、「剣を持って来るように」と命じた。王の前に剣が持って来られると、王は命じた。「生きている子を二つに裂き、一人に半分を、もう一人に他の半分を与えよ」。生きている子の母親は、その子を哀れに思うあまり、「王様、お願いです。この子を生かしたままこの人にあげてください。この子を絶対に殺さないでください」と言った。しかし、もう一人の女は、「この子をわたしのものにも、この人のものにもしないで、裂いて分けてください」と言った。王はそれに答えて宣言した。「この子を生かしたまま、さきの女に与えよ。この子を殺してはならない。その女がこの子の母である」。王の下した裁きを聞いて、イスラエルの人々は、皆、王を恐れ敬うようになった。神の知恵が王のうちにあって、正しい裁きを行うのを見たからである。

(27) "Der goldene Wagen" 一九四七／四八／四九。一年目の第一号が一九四七年の復活祭号で始まる。雑誌は月ごとに発行され、DIN（ドイツ工業品標準規格）のA4サイズ、三年目からは多少大きく、人気の絵をつけた形態で子どもたちを取り込んだ。

(28) Sterz（シュテルツ）とは、小さく砕いた形の簡単な料理の調理法のことで、そば粉（Heidensterz）、トウモロコシの粗挽き粉（Türkensterz）、ライ麦粉（Brennsterz）、小麦粉（Grießsterz）、ジャガイモ（Erdäpfelsterz）、または豆（Bohnensterz）で作る。かつてシュテルツは典型的な「貧乏人の食べ物」だったが、ケルンテンやシュタイヤーマルクの農家や農業労働者はラードやベーコンと一緒にランチとして今でもよくシュテルツを食べる。

(29) マウントセイバー（Mount Saviour 修道院）。一九五〇年から一九五二年にかけ、マリア・ラーハ修道院（ドイツ）のダマスス・ヴィンツェン神父が、ロードアイランド州ポーツマス小修道院のグレゴリー・バーグステット神父とプラキドゥス・コールネイ神父と共に創設。

(30) Wilhelm Koppers（一八八六—一九六一）。神言修道会。ドイツのカトリック司祭、文化人類学者、神言会宣教師、文化圏説の「ウィーン学派」を基礎づけたうちの一人。国家社会主義人種論の激しい批判者・反対者とみなされていた。

(31) Wilhelm Schmidt（一八六八—一九五四）。神言修道会。ローマ・カトリック司祭、言語学者、文化人類学者。文化の世界史をうち立てることを試みた文化圏説で「ウィーン学派」の基礎を築く。シュミットは二〇世紀前半で最もすぐれた世界的比較言語学者とみなされている。

(32) Hubert Rohracher（一九〇三―一九七二）。オーストリアの心理学者、法律家。彼のよく知られた著作の一つが“Persönlichkeit und Schicksal” Wien 1926.

(33) Walter Schücker（一九一三―一九七七）。シトー修道会士、シトー会修道院ハイリゲンクロイツで指導司祭、告解司祭。一九五一年修道院長カール・ブラウンストルファーと共に祈りの共同体「ハイリゲンクロイツの友」を設立、現在一千八百人の会員を有し、一九七二年にはハイリゲンクロイツの平信徒共同体となる。

(34) Paul Claudel（一八六八―一九五五）。フランスの著作家、詩人、外交官。

(35) Rainer Maria Rilke（一八七五―一九二六）。

Sonette an Orpheus（オルフォイスへのソネット）一・七。

Rühmen, das ists! Ein zum Rühmen Bestellter,
ging er hervor wie das Erz aus des Steins
Schweigen. Sein Herz, o vergängliche Kelter
eines den Menschen unendlichen Weins.

Nie versagt ihm die Stimme am Staube,
wenn ihn das göttliche Beispiel ergreift.
Alles wird Weinberg, alles wird Traube,
in seinem fühlenden Süden gereift.

Nicht in den Grüften der Könige Moder
straft ihm die Rühmung Lügen, oder
dass von den Göttern ein Schatten fällt.

Er ist einer der bleibenden Boten,
der noch weit in die Türen der Toten
Schalen mit rühmlichen Früchten hält.

（36）John Henry Newman（一八〇一―一八九〇）「The Mission of the Benedictine Order」。

（37）創世記2・19。「主なる神は、野のあらゆる獣、空のあらゆる鳥を土で形づくり、人のところへ持って来て、人がそれをどう呼ぶか見ておられた。人が呼ぶと、それはすべて、生き物の名となった」。

（38）アバイ・サン・ピエール・ド・ソレム（Abbaye Saint-Pierre de Solesmes）は、フランスのサルト県にあるベネディクト会の大修道院。

（39）ライナー・マリア・リルケ：オルフォイスへのソネット、一・九。

（40）ライナー・マリア・リルケ：ドゥイノの悲歌、第九歌。

（41）Thomas Stearns Eliot（一八八八―一九六五）。イギリス系アメリカ人の抒情詩人で劇作家、現代文学を代表する重要な人物の一人。一九四八年ノーベル文学賞を受賞。

（42）Raimon Panikker（一九一八―二〇一〇）。スペイン人のローマ・カトリック司祭、宗教哲学の教授で、宗教間対話の著名な主導者。数多くの著作、特に“Trinität. Über das Zentrum menschlicher Erfahrung”“Gottes Schweigen. Die Antwort des Buddha für unsere Zeit”.

（43）Joseph Gredt（一八六三―一九四〇）。ルクセンブルク人のベネディクト会士、ローマで哲学の教授。

（44）Evagrios Ponticos（三四五―三九九）。エジプトの修道士で神学者、他の砂漠修道士と共にニトリアの砂漠で隠修生活を送った。エヴァグリオスは八悪霊論の創始者であり、これはヨハネス・カッシアヌスによって引き継がれ、さらなる発展をみた。“De octo spiritibus malitiae tractatus”“Über die acht Gedanken”（解説・翻訳 G. Bunge）Würzburg 1992.

（45）Apophthegmata Patrum は、四世紀から五世紀の砂漠の教父の短い格言を集めたもので、たとえばポイメン、マカリオス、アントニウスの箴言がよく知られている。この格言集は禅仏教の公案と非常に似ている。

（46）Samson ben Raphael Hirsch（一八〇八―一八八八）。ラビ、一九世紀ドイツの正統派ユダヤ教で指導的役割を果たした代表的人物、ネオ正統主義者とみなされている。

（47）Abraham Joshua Heschel（一九〇七―一九七二）。ポーランド出身のユダヤ人宗教哲学者、ラビ、著述家で、アメリカ合衆国に亡命中アフリカ系アメリカ人の権利のために尽力した。彼の著作と献身は教皇パウロ六世からも価値あるものと公式に認められた。一例を挙げるならば、「Man's Quest for God」Scribner, New York 1954, ドイツ語版「Der Mensch fragt nach Gott, Untersuchungen zum Gebet und zur Symbolik」Berlin 2000.

（48）Friedrich Nietzsche,「善悪の彼岸――将来の哲学への序曲」Jenseits von Gut und Böse. Votspiel einer Philosophie der Zukunft, in: Friedrich Nietzsche: Werke in 3 Bänden. München 1954, Band 2, S.565–567.

（49）ニーチェ、「悦ばしき知識」Die fröhliche Wissenschaft, München 1959, S.166f.

（50）否定神学は宗教的確信を哲学や理性と一致させ、はめ込もうとする。神の客観的認識や証明の可能性を否定するのである。神的なものの特性、名称、定義は否認される。なぜならこれらが神の神秘の特異性を叙述するには十分ではないからである。否定神学を代表する著名な人物の一人が中世の神学者で哲学者のマイスター・エックハルト。

（51）Gustav Mensching（一九〇一―一九七八）。彼が宗教学上で成した仕事は、今日、宗教間対話において重要な役割を演じている。メンシュングは宗教学を神学から切り離し、独立した学問領域として確立することに著しく貢献した。宗教はメンシュングにとって、「聖なるものとの体験的な出会いであり、聖なるものによって確定された人間の応答行為である」（「Die Religion」Stuttgart 1959, S.18–19）。

（52）Thich Nhat Hanh（一九二六年生まれ）、ヴェトナム人仏教僧で研究センターの創設者、著作家、抒情詩人。

（53）ルカによる福音書18・19。

（54）David Steindl-Rast「Credo–Ein Glaube, der alle verbindet」Freiburg im Breisgau 2010.

（55）世界倫理（Weltethos）とは、人類史における宗教的、文化的、さらにまた部分的には哲学的な伝統から導き出しうる倫理的規範や価値の根本を定義したもの。「Projekt Weltethos」は、世界宗教の共通性を描き出し、共通の倫理、すべての人に受容されうるような根本的に求められているものを切り詰めて規定する作業の試みである。このプロジェクトの主唱者が神学者ハンス・キュンク。

(56) グスタフ・メンシュングは神秘を「聖なるもの」と呼び、ルドルフ・オットー（Rudolf Otto）は、聖なるものとの出会いが、魅了されることとたじろぐことによって、すなわち畏怖によって特徴づけられていることを示した。

(57) Stabilitas loci（ラテン語「場所の安定性」）は、修道士や修道女のある特定の修道院への継続的な結びつきを表す。

(58) ヨハネの黙示録21・5、「新しいエルサレム」参照。

(59) Joseph von Eichendorff（一七八八―一八五七）。ドイツロマン派の著名な抒情詩人、著作家。

(60) Theophane the Monk「Tales of a Magic Monastery」（New York 1981）からの引用。

(61) ライナー・マリア・リルケ

「Fragment」

Ausgesetzt auf den Bergen des Herzens. Siehe, wie klein dort,
siehe: die letzte Ortschaft der Worte, und höher,
aber wie klein auch, noch ein letztes
Gehöft von Gefühl. Erkennst du's?
Ausgesetzt auf den Bergen des Herzens. Steingrund
unter den Händen. Hier blüht wohl einiges auf; aus stummen Absturz
blüht ein unwissendes Kraut singend hervor.
Aber der Wissende? Ach, der zu wissen begann
und schweigt nun, ausgesetzt auf den Bergen des Herzens.
Da geht wohl, heilen Bewusstseins,
manches umher, manches gesicherte Bergtier

wechselt und weilt. Und der große geborgene Vogel
kreist um der Gipfel reine Verweigerung. — Aber
ungeborgen, hier auf den Bergen des Herzens…

（62）ベアー島（Bear Island）は、アメリカ合衆国メイン州にある島。クランベリー・アイルズの五つの島の一つ。

（63）ライナー・マリア・リルケ
「オルフォイスへのソネット」二三

Rufe mich zu jener deiner Stunden,
die dir unaufhörlich widersteht:
flehend nah wie das Gesicht von Hunden,
aber immer wieder weggedreht,

wenn du meinst, sie endlich zu erfassen.
So Entzognes ist am meisten dein.
Wir sind frei. Wir wurden dort entlassen,
wo wir meinten, erst begrüßt zu sein.

Bang verlangen wir nach einem Halte,
wir zu Jungen manchmal für das Alte
und zu alt für das, was niemals war.

Wir, gerecht nur, wo wir dennoch preisen,
weil wir, ach, der Ast sind und das Eisen
und das Süße reifender Gefahr.

(64) ヨハネによる福音書3・8。

(65) サンド島灯台（Sand Island Lighthause）は、アメリカ合衆国アラバマ州の最南端をなす高さ四十メートルの灯台。アラバマ州モービルベイ河口沿いのドーフィン島の近くにある。

(66) Kathleen Jessie Raine（一九〇八―二〇〇三）。イギリスの詩人、学者、文芸評論家。特にウィリアム・ブレイク、ウィリアム・バトラー・イェイツやトーマス・テイラーについて書いた。スピリチュアリティーの形態にとりわけ関心を寄せた。テメノスアカデミーの創設者。ＣＢＥ（大英帝国勲章）受賞。

(67) "Alone with the Alone" It's one of my favorite phrases used by John Henry Cardinal Newman, referring to his relationship with God as a face-to-face encounter that none should come between. As a young and lonely man at Oriel College, he was once greeted on a solitary stroll by Edward Copleston, who, with a gentlemanly bow, said: *Numquam minus solus quam cum solus.* Solitude, many saints have learned, is where one best finds God, and solitude cannot be had without silence.

(68) スケティスとは、エジプトのスケティス砂漠の谷（ナトロン鉱床沿いの枯れ川）の名称。この名前は、古代エジプトのSechet-hematに由来し、塩田を意味する。今日もなお隠者たちが寝泊まりしており、後には複数のコプト派修道院も建てられている。

(69) 雅歌5・2。

(70) Henry David Thoreau（一八一七―一八六二）。アメリカ合衆国の作家、哲学者。とりわけ彼の著作『ウォールデン　森の生活』でよく知られるようになった。

(71) コーテ（Kohte）はもともとドイツの青年運動内部の一団体「一九二九年一一月一日ドイツ自治青年会」に由来する。一九三〇年ごろ、Eberhard Koebelによりフィンランドの（イナリ湖地域に居住する）サーミ人のテント形態をベースに開発された。

(72) プスタ：オーストリアのブルゲンランド州からモンゴルへと広がる大草原。青年団の若い人たちは、この種の柄の長いスプーンを旅行の時に初めて知ったに違いない。ハンガリー。ルーマニア。あるいは他の東ヨーロッパへの遠出の旅行は人気があった。

(73) Pio Taofinu'u 枢機卿（一九二三―二〇〇六）は、サモアの首都アピアのローマ・カトリック大司教。マリア修道会。
(74) マラエ（Marae）は、ポリネシア社会で宗教的・社会的な目的を果たす共有地または聖地。「開かれた、雑草・樹木などのない」ことも意味する。集会、祝い事、葬儀、その他の重要な部族の行事が行われる集会場。
(75) ホンギ（マオリ語で、においをかぐ、鼻をクンクンさせる）は、ニュージーランドマオリの伝統的な挨拶儀礼であり、あらゆる儀式で共通なのが、ホンギの際、相手の息を感じるため、互いに鼻を押し当てることである。ホンギは、互いに出会った二人の人間の間にあって、いのちの最初の息吹を象徴する。
(76) プジャは、「拝礼」あるいは「敬意を表す行為」などを意味する。プジャは、理想的には毎日実践されるべき儀礼として、ヒンズー教や仏教では宗教的日常生活の重要な構成要素の一つとなっている。
(77) マタイによる福音書25・35。
(78) Bede Griffiths（一九〇六―一九九三）。イギリスのベネディクト会の僧で、二〇世紀におけるキリスト教神秘主義者として知られる。一九六八年からは南インドの巡礼地シャンティヴァナムを引き受けた。グリフィスはヒンズー教との宗教間対話によりつとに知られることとなった。
(79) サンガ：互いに支え合いながら仏（ブッダ）と法（ダルマ）に従っていく、平信徒と聖職者（叙品された者）からなる共同体。厳密な定義はないが、サンガはすべての宗派において仏教の三宝（規範）の一つであり、これにより頼むことを通して人は仏教を受け入れる。
(80) ルカによる福音書22・25、26。
(81) www.gratefulness.org および www.dankbar-leben.org および www.viviragradecidos.org およびその他多くのもの。
(82) マタイによる福音書23・11。
(83) Dorothy Day（一八九七―一九八〇）。アメリカ合衆国のキリスト教社会主義者でジャーナリスト。一九二七年までラディカルな共産主義者だった。一九二八年カトリックに改宗し、キリスト教無政府主義を主張するようになった。ピーター・モーリンと共にカトリック労働者運動を創始。確信的な女性権利拡張主義者として、また平和主義者として幾度も拘留されている。政治情勢と彼女の良心・信仰とを一致させることができなかったからである。二〇〇〇年教皇ヨハネ・パウロ二世はニューヨーク司教区に列福の手続きを開始する権能を与えた。

(84) Friedrich Hölderlin（一七七〇—一八四三）。“An Zimmern” の詩から。

(85) 教皇フランシスコ使徒的書簡 “Evangelii Gaudium” 2, 52–53.

(86) www.gratefulness.org

(87) ライナー・マリア・リルケ「オルフォイスへのソネット」一・九（Sextett）。

(88) T・S・エリオット「四つの四重奏曲（Four Quartets）」から Little Gidding 4, 2.

Let me disclose the gifts reserved for age
To set a crown upon your lifetime's effort.
First, the cold friction of expiring sense
Without enchantment, offering no promise
But bitter tastelessness of shadow fruit
As body and soul begin to fall asunder.

(89) ライナー・マリア・リルケ「時祷詩集（Das Stundenbuch）」一。

(90) デュピュイトラン拘縮。ヴァイキングの中心都市ヘーゼビュー（ドイツ名 Haithabu）が主要分布地域である。

(91) ドイツの著作家・文芸評論家の Will Vesper（一八八二—一九六二）の同名の詩から。

(92) ライナー・マリア・リルケ「Nous butinons eperdument le miel du visible, pour l'accumuler dans la grande ruche d'or de l'Invisible」。

(93) サムエル記下7・4—11。

(94) W. B. Yeats「ビザンティウムへの船出（Sailing to Byzantium）」から。

An aged man is but a paltry thing,
A tattered coat upon a stick, unless

Soul clap its hands and sing, and louder sing
　For every tatter in its mortal dress…

(95) 詩編23・5。

(96) Otto Mauer 神父が、Thornton Wilder の小説『サン・ルイ・レイの橋』を要約して言ったもの。

(97) Clemens Brentano（一七七八―一八四二）の詩 “Was reif in diesen Zeilen steht” から。

(98) C・S・ルイス（一八九八―一九六三）。アイルランドの著作家・文学研究者で、文学批評作品のほか、『キリスト教の精髄』『人間廃絶』のような著名なキリスト教護教論的な著作、『天国と地獄の離婚』『ナルニア国物語』のような小説も書いた。

(99) カッパドキアは小アジアの大きな地域。四世紀、カイサリアのバシレイオス、ニュッサのグレゴリオス、ナジアンゾスのグレゴリオスといったカッパドキアの教父たちは、その後のキリスト教教会の歴史が形成されていく上で大きな影響を与えた。彼らは、「父と子と聖霊」からなる三位一体の信仰をめぐる論争で、カッパドキアの三羽烏として反対派の論駁に努めた。

(100) この定義はトマス・アクィナスに由来する。

(101) Edward Estlin Cummings（一八九四―一九六二）はアメリカ合衆国の詩人、著作家。

(102) ライナー・マリア・リルケの『Du wirst nur mit der Tat erfasst』から。

訳者あとがき

何事にも時があり、天の下の出来事にはすべて定められた時がある。生まれる時、死ぬ時、植える時、植えたものを抜く時、殺す時、癒す時、破壊する時、建てる時、泣く時、笑う時、嘆く時、踊る時、石を放つ時、石を集める時、抱擁の時、抱擁を遠ざける時、求める時、失う時、保つ時、放つ時、裂く時、縫う時、黙する時、語る時、愛する時、憎む時、戦いの時、平和の時。(『コヘレトの言葉』3・1―8)

本書の著者ダーヴィト・シュタインドル＝ラスト修道士は一九二六年(大正一五年)生まれである。一九二〇年代欧米はグローバル化が進み、空前の好景気「黄金の二〇年代」を謳歌、しかし一九二九年(昭和四年)大恐慌が到来し、やがて時代は第二次世界大戦へと突き進んだ。戦後、パクスアメリカーナのもと米国の大量生産・大量消費が西欧や日本にも広がった。

チャールズ・チャプリンの映画『モダンタイムス』に、主人公が巨大な時計に振り回されるシーンがある。近代において豊かな暮らしを求め、都市に向かった民衆は労働者となり大消費者となったが、大量生産・大量消費は環境破壊を引き起こし、人々は管理され、規律を求められ、合理化、効率化、時間に追われ、我を忘れてはたらきながらも、いざとなったら解雇される、取り替えのきき消費される〝ものの〟ともなった。

漫画家手塚治虫は「戦争を体験した私たちは生きることへの執着が強い」と語っている。アウシュヴィッツ絶滅収容所を生き延びた『夜と霧』の著者ヴィクトール・フランクルも同様のことを述べていて、ダーヴィト修道士の証言と重なる部分があるが、フランクルは、戦後「生きる意味」を見失った人々が増加したとも指摘している。

一九六〇年代、本書で描かれる東西の宗教交流が盛んになった時代は、アメリカで物質主義を批判し「生きる意味」を通俗的でないものに求めたカウンターカルチャーが大きなムーブメントとなった時代である。欧米の若者たちは、知的体系を築きあげ、制度的にも硬直化したように感じられた既成宗教以外の宗教に、より身体性に基づく霊性を求めた。

ミシェル・フーコーはコレージュ・ド・フランスの講義で「主体が真理に到達するために必要な変形を自身に加えるような探求、実践、経験は、これを『霊性』と呼ぶことができるように思われます」とスピリチュアリティーを定義している（『主体の解釈学』）。

『苦海浄土——わが水俣病』の石牟礼道子はインタビューで「他人《ひと》は変えることができない。自分を変えることも絶望的に難しい」と語っていた。私たちはごく小さな物の置き場をめぐって対立し、ちょっとした挨拶の仕方一つですら相手を変えたいと思ってしまう。おのれに幻滅し、どうにかして自分を変えたいと思ってもできないものだ。

しかし、我々は変わっていく。置かれた環境や経験、人生という旅の中での出会いによって。

私は二十年ほど前から少しずつキリスト教と仏教の本を読み始めた。そんな中、ウィーンの友人からクリスマスプレゼントとしてダーヴィト修道士の著書『Common Sence』が送られてきた。非常に面白く、修道士のほかの本も読みたいと思った。それで買い求めたのが本書だった。私にはウィーンでドイツ語を学んだ時期があり、当時知り合ったフリードリヒ・マイヤーさんにはあちこち山登りに連れていってもらったが、その一つドロミテアルプスのこともこの本には印象的に書いてあった。何よりも、ヨーロッパに憧れ、また日本に帰って来た自分がその後学んだ哲学、発達心理学、神学、仏教学の問題に統合的な解釈が与えられたように直観し、本格的に翻訳を始めた。

この本には仏教、ヒンズー教に学んだ欧米の神父たちが登場するが、日本でも奥村一郎神父、押田成人神父、井上洋治神父らは帰国後自国の仏教にあらためて目を向け多くを得ている。とりわけ井上神父は法然に学び、「南無アッバ」をとなえることを提唱した。「南無阿弥陀仏」の専修念仏は本書で触れられている「イエスのみ名をとなえる祈り」に通じるものがある。

『Ich bin durch dich so ich』が本書の原題で、米国で出版された英訳本の題名も『i am through you so i』となっている。文中では「私はあなたを通してこうした自分になっている」と訳したが、この「あなた」は「お前、君、汝」とも訳されうる。大いなる神秘を意味し、それは単に主体に対する客体ではない。神、全宇宙とも言える大いなるものでもあるし、自分自身の内にあるものでもあり、目の前の相手、すぐそばにいる家族や友人や同僚、私たちの出会う生きとし生けるものの内に存在するものでもあるであろう。

大乗仏教の経典『華厳経』は「一即多・多即一」「相即相入」として、この宇宙に存在する私たちは同時に一人ひとりの中に無限の宇宙を内包すると説く。この私には父母がいて、その父母にまたそれぞれの両親がいる。このようにたどっていくならば数えきれない命がこの私に注がれている。横に軸を移すと、私を生かしているのは米や野菜を作ってくれる他者であり、水や空気、太陽からの熱と光でこの命は支えられている。個々の虫や動物、小石までもがすべてつながり合って一つになっている。

『華厳経』入法界品には道を求めて旅する善財童子が登場し、五十三人もの人々に教えを乞う。その中には僧侶だけではなく仏教以外の修行者（外道）、船頭、遊女、子どもも含まれる。あらゆる人に教えを乞うのである。ならば、私としては、言葉を発しない知的障害を持つ人や罪を犯してしまった人などもその中に含まれるのではないかと思う。江戸時代の禅僧良寛は自分の布団を盗む者にも深い配慮をしたという。

振り返ると、子どもの頃、母の実家に行くと亡くなった祖母がよく長時間仏壇の前に座っていた。戦争に二人の息子を送り出し、失った祖母。晩年はほとんど目が見えない状態だったが、家族のために、自分以外の他者のために祈りを捧げていたのだろう。今でも母の実家にはその祈りがあふれているように感じる。そうした伝統が日本の市井の人々の中に存在したことをあらためて思う。

「永久の未完成これ完成である」と宮沢賢治は言う（『農民芸術概論綱要』）。人間は謎、世界を計り知ることはできない。自己、自己と他者、自己と世界、そしてまた自分自身となっていく過程、迷い、苦悩するありのままの私の中に無限の秘められたいのちが宿っている。それはダーヴィト修道士の言うように過去・現在・未来が一点となる「永遠の今」を生きることであろう。

青年時代、オーストリアの作曲家グスタフ・マーラーの音楽に深く傾倒した。私は何かをそこに求めていた。コヘレトは三十八回も「空しい」と言う。マーラーの交響曲第三番もくり返しくり返し聴いた。第一楽章はアルプスの山々、その大自然を前に一人立つ人間、そして夏の真昼の歓喜を表現する。第二楽章「草原の花々が私に語ること」(標題)、第三楽章、夕暮れの森にポストホルンがこだまする。遠くへの憧れ。そして第四楽章ではニーチェの『ツァラトゥストラ』からテキストがとられ、夜の深いしじまの中、いのちそのもののありかへと降りて行く。第五楽章で児童合唱の模す朝の鐘の音にはされ、イエスを否認したペトロの涙の悔恨と赦しが歌われた後、「愛が私に語ること」と題された終楽章。ゆっくりと、静かなコラールがアダージョで奏でられ、それは喜びと悲しみ、憧れと癒しを交替させながら壮大な祈りのフィナーレを築く。私が透き通っていく時、語られたものは私の心を満たし、やがて自分自身もおのずから調べを共に奏でていく。今になってだが、マーラーは霊性をテーマにした作曲家だったことに気づいた。

鈴木大拙は『日本的霊性』で仏の慈悲「大悲」について「衆生無辺誓願度は、分別の上で、他人の苦しみ、自分の苦しみというように分けて感ずるのでなくして、存在一般の苦しみ、世界苦、あるいは宇宙苦というようなものに対しての大悲の動きである」と書いている。ダーヴィト修道士の言う「世界の涙」もまた人が生きる上で避けることができない痛みのことを言うのではないか。存在には光と影があり、愛と悲しみは一体なのではないか。

学びの中で私は多くの方々からたくさんの教示をいただいた。それらは当然翻訳の助けともなっている。野本佳子シスター、伊藤幸史神父、ペーター・グラーフ（Peter Graf）教授、レギーナ・タイレ（Regina Theile）さん、畑戸輝夫さんには心からの感謝をこめて特にここにお名前を記させていただきます。また、この翻訳を出版するにあたって編集をしてくださった教友社の阿部川直樹さんには大変お世話になりました。とりわけドイツの出版エージェントとの調整は難航したが、非常に粘り強く交渉してくださった。これらのご尽力に心からの感謝を捧げます。

日日是好日
ふっても
てっても
日日是好日
泣いてもわらっても
きょうが
一番いい日
わたしの一生の中の
大事な一日だから

（禅語「日日是好日」相田みつを）

二〇二四年七月

櫻井　金昭

ダーヴィト・シュタインドル＝ラスト（David Steindl-Rast）

ベネディクト会修道士
1926年ウィーン生まれ。美術、人類学、心理学を学ぶ。1953年マウントセイバー修道院に入る。彼の著作や講演は世界中で多くの人々の高い評価を得ている。宗教間対話への尽力に対し、1975年、マルティン・ブーバーアワード受賞。2022年、ザルツブルク大学週間神学賞。www.dankbar-leben.org

編者
ヨハネス・カウプ（Johannes Kaup）

ウィーンで哲学とカトリック神学を学ぶ。現存在分析心理療法士の資格を持つ。はじめは青少年社会事業に宗教の教師としてたずさわった。1990年からＯＲＦ（オーストリア放送協会）で、宗教・学術・教育領域番組の企画、ラジオ・パーソナリティー。
ジャーナリストとして幾度も表彰。「成人教育ラジオ賞」「オーストリア環境保護賞」「シニアの薔薇賞」「カール・レンナー博士出版賞」など。国際会議の司会者のほか、五冊の本を執筆、出版。

訳者
櫻井金昭（さくらい　かねあき）

昭和音楽短期大学、立正大学卒業、立正大学大学院修士課程終了。公立中学教諭を経て、ドイツのオズナブルック大学に学ぶ。Dr. Phil.
著書　“Erscheinungsformen und Wahrnehmung von Gewalt bei Schuelern und Schulverweigerung im deutsch-japanischen Vergleich”
訳書　マルクス・トラウトマン『ナチスに声を上げた男　ミュンスター司教フォン・ガーレン』（教友社）

修道士、世界を旅する　東西のスピリチュアリティーを生きて

発行日………2024年11月11日　初版

著　者………ダーヴィト・シュタインドル＝ラスト
訳　者………櫻井金昭
発行者………阿部川直樹
発行所………有限会社 教友社
275-0017 千葉県習志野市藤崎6－15－14
TEL047 (403) 4818　FAX047 (403) 4819
URL http://www.kyoyusha.com
印刷所………モリモト印刷株式会社

ISBN978-4-911258-08-8　C3016